Bettina Vibhuti
Uzler

PARTY AM ABGRUND

Meine Nomadenjahre i[illegible]
Eine Auss[illegible]

W0394308

Eden
BOOKS

Bettina Vibhuti
Uzler

PARTY AM ABGRUND

Meine Nomadenjahre im
Drogen- und Technorausch.
Eine Aussteigerin erzählt.

Dieses Buch widme ich in Liebe und tiefer Dankbarkeit
meinem spirituellen Lehrer Sri Alakhananda Ji Al-Qahhar.

»Verbrennen musst du dich wollen in deiner eignen Flamme:
wie wolltest du neu werden, wenn du nicht erst Asche geworden bist!«
Friedrich Nietzsche, Also sprach Zarathustra

VORWORT

Diese Geschichte ist meine Geschichte. Die Geschichte meines Lebens, ohne die ich heute nicht die wäre, die ich bin. Ich bin weder stolz auf diesen Teil meiner Vergangenheit noch schäme ich mich für ihn. Aber ich habe mit dem, was war, abgeschlossen und das Schreiben dieses Buches hat mir dabei geholfen.

Es ist nicht meine Absicht, die Freetekno-Szene durch meine Geschichte in ein schlechtes Licht zu rücken. Es gibt auch heute noch viele Menschen, die begeisterte Anhänger dieser Szene sind, und viele, die Freetekno in ihr Leben integrieren und Spaß an dem kreativen Raum haben, den Freetekno bietet.

Alle Namen und Merkmale der Personen, die in diesem Buch genannt werden, wurden von mir so geändert, dass keine Rückschlüsse auf sie gezogen werden können. Die Namen bestimmter Soundsysteme und Plätze habe ich beibehalten, weil sie eine bestimmte Zeit dokumentieren. Zum großen Teil existieren sie heute nicht mehr.

Alles, was ich hier erzähle, liegt weit über zehn Jahre zurück.

TEIL 1

BRUCHLANDUNG

Der Regen über Paris an diesem Frühlingsmorgen scheint niemals wieder aufzuhören. Eine undurchdringliche Decke dunkler Wolken hängt tief am Himmel und taucht das Land in eine farbenverachtende Dämmerung.

Zum hundertsten Mal schaue ich auf die große Uhr über dem Eingang der Wartehalle. Ihre Zeiger schleppen sich so träge vorwärts, als würde die Zeit hier ihren eigenen Gesetzen folgen.

Unruhig rutsche ich auf meinem Stuhl hin und her. Kalter Schweiß läuft mir am Körper herunter und lässt das in aller Eile gekaufte Kostüm wie eine zweite Haut an mir kleben. Hinter meinen Schläfen pocht es. Ich muss jetzt durchhalten! Wenn alles gut geht, bin ich in drei Stunden in Zürich. Nur noch drei Stunden, bis ich meine Gier erneut befriedigen kann!

Die Uhr quält sich weitere fünf Minuten das Ziffernblatt entlang. Dann endlich kommen die Stewardessen mit klappernden Absätzen in die Wartehalle geeilt. Schnell stopfe ich die kolumbianische Frauenzeitschrift, an der ich mich festhalte, seit ich hier sitze, zurück in meine Handtasche und suche nach dem Flugticket. Jemand tippt mir auf die Schulter. Ich zucke zusammen. Meine Augen wandern ein paar graue Hosenbeine hoch, streifen ein Dienstabzeichen und verhaken sich oben mit dem strengen Blick eines französischen Zollbeamten.

»Passeport, Madame!«, höre ich ihn sagen. Sein Kollege, der neben ihm steht, wiederholt den Befehl: »Passeport, Madame!«

Das Flughafengebäude um mich herum verschwindet hinter der Gestalt dieser Männer, die mich misstrauisch beäugen.

Ich beuge mich über meine Handtasche und krame umständlich darin herum, um Zeit zu gewinnen. Was, verdammt noch mal, sollte ich im Falle einer Kontrolle tun? Wie waren Hectors Anweisungen? Das Pochen in meinem Kopf schwillt immer mehr an.

Ungeduldig tippt der Zöllner mit dem Fuß, ich krame verzweifelt weiter. Totaler Blackout!

»Sie müssen mit uns kommen«, höre ich ihn sagen.

»Aber dann werde ich meine Maschine nach Zürich verpassen«, quetsche ich zwischen zusammengebissenen Zähnen hervor und zeige auf die Menschenschlange, die gerade in der Gangway verschwindet.

»Keine Sorge, Sie können – wenn alles in Ordnung ist – mit einer späteren Maschine fliegen.«

Ein Zöllner greift nach meiner Handtasche, der andere zieht mich zu sich hoch. Eingeklemmt zwischen ihren mächtigen Körpern schieben sie mich aus der Wartehalle heraus, vorbei an Duty-free-Shops, Snackbars und geschäftig wuselnden Menschen.

Mir ist, als ob ich meinen Körper verlasse. Mein Geist löst sich und fliegt unter die Decke des Flughafengebäudes, um von dort aus zu beobachten, wie wir, Spielzeugmenschen gleich, uns immer weiter entfernen.

Eine Rolltreppe bringt uns in den Keller des Gebäudes. Unten angekommen, werde ich in einen kalten, mit Neonlicht grell ausgeleuchteten Raum geführt und vor einem viereckigen Tisch platziert.

Schon von Weitem erkenne ich den Koffer. Meinen Koffer, Marke »Jugar«, aus Kolumbien. Ich wusste es, schießt es mir durch den Kopf. Totale Ernüchterung ergießt sich auf mich wie ein Eimer kaltes Wasser. Schon auf dem Weg zum Flughafen in Bogotá wusste ich, dass das passieren würde!

Die Beamten leeren den Inhalt meiner Handtasche vor mir aus. Namen werden verglichen, Flugscheine kontrolliert, dann ist der Koffer dran. Es dauert nicht lange, bis die Beamten das in Silberband eingewickelte Paket, eingenäht in der dünnen Trennwand des Koffers, entdecken. Der Zöllner zieht ein Messer hervor und schneidet das Paket auf. Vorsichtig stippt er einen Finger in das weiße Pulver und probiert: »Das ist Kokain!«

Langsam schüttle ich den Kopf, spüre, wie mir Tränen in die Augen schießen. Mein Mund öffnet sich, ich will etwas sagen, aber stattdessen löst sich nur ein quietschender Schrei aus dem Knoten in meiner Gurgel. Wimmernd sinke ich vor den Beamten auf die Knie. Meine Arme werden nach hinten gebogen und kühles Metall schneidet mir in die Handgelenke. Ich bin verhaftet!

Ohne auf meine Verzweiflung zu reagieren, bringen die Beamten mich in einen weiteren Raum mit Neonlampen und grauen Schreibtischen. Man erwartet mich dort bereits. Der Zöllner hinter seiner Schreibmaschine schaut kaum auf, als ich auf einen Stuhl ihm gegenüber gedrückt werde. Routinemäßig rattert er seine Fragen herunter und tippt gelangweilt meine kurzen, zwischen einzelnen Schluchzern hervorgewürgten Antworten in ein Formular: dass ich den Koffer von einem Unbekannten, dessen Namen ich nicht weiß, auf dem Flughafen in Bogotá bekommen habe und dass jemand, den ich auch nicht kenne, in Zürich auf mich gewartet hätte, um den Koffer abzuholen. Auf die meisten Fragen reagiere ich nur mit einem Schulterzucken.

Nach dem Verhör werde ich erneut abgeführt. Eine Zollbeamtin bringt mich zur Toilette und schließt sich mit mir ein. Obwohl ich dringend muss, kommt kein Tropfen raus. Verächtlich schaut sie über ihren großen Busen auf mich herunter.

Schließlich lande ich in einem Raum, in dem noch weitere Passagiere in Handschellen auf das Polizeiauto warten, das uns später zur Kripo nach Paris bringen soll. Zwei Zollbeamten stehen Wache und passen auf, dass wir nicht miteinander sprechen.

Es geht mir beschissen. Alles um mich herum flimmert und flirrt und mein Kopf ist ein einziger, mit beißender Flüssigkeit vollgesogener Wattebausch. Noch immer laufen mir die Tränen runter. Ich kann einfach nicht aufhören zu heulen.

Was, verdammt noch mal, ist schief gelaufen? Hector hatte doch versprochen, dass in Frankreich auf dem Flughafen nichts passieren würde, dass der Koffer präpariert wäre, dass die Drogenhunde nichts riechen würden!

Jetzt eine Zigarette! Ich frage einen Beamten, bekomme aber keine. Der Suchtdruck macht mich wahnsinnig. Wie soll ich das aushalten? Kein Alkohol, kein Nikotin, keine Drogen ... Ich kann das nicht! Ich bettle den Beamten an, versuche ihm klarzumachen, dass in meiner Handtasche, die sie konfisziert haben, Zigaretten sind. Doch ich werde nicht mehr beachtet. Vor lauter Wut beiße ich mir so fest in die Lippe, dass sie blutet.

Als das Polizeiauto, das uns abholt, endlich vorfährt, ist es bereits stockdunkel. Die vom Regen feuchten Straßen eines Pariser Vorortes schimmern matt unter dem gelblichen Licht der Laternen. Es ist mir unbegreiflich, dass ich nicht einfach die Tür des Autos aufmachen, aussteigen und gehen kann.

Im Dezernat werden meine persönlichen Gegenstände in kleine Plastiktütchen gepackt und mit meinem Namen versehen. Ich muss Schnürsenkel, BH und Gürtel abgeben. Ein Polizist bringt mich in eine kameraüberwachte Minizelle mit einer Miniholzbank, zu kurz, um mich darauf auszustrecken. Ich bekomme einen Becher Wasser, eine Banane und ein Stück Brot. Dann schließt sich dic vergitterte Tür hinter mir. Ich bin allein.

Die Nacht liegt wie ein dunkler Abgrund vor mir. Tausend Fragen drehen quälend ihre Kreise. Haben mich die Kolumbianer verarscht? Was ist mit Pascal? Ist er durchgekommen? Und meine Eltern? Sie werden durch die Hölle gehen, wenn sie von meiner Verhaftung erfahren. Der Entzug zerrt an jeder einzelnen meiner Synapsen und die Einsamkeit der Zelle legt sich wie ein eisiger Mantel um mich. Mein Körper schreit nach Drogen. Jede Sekunde wechsle ich die Position, robbe auf dem kalten Boden von einer Ecke in die andere, heule hemmungslos, schlage mit der flachen Hand gegen die Wände, kämpfe gegen den Druck, die Angst, den Wahnsinn, der gierig seinen Schlund öffnet, um mich zu verschlingen. Bis ich nicht mehr kann und erschöpft auf dem harten Boden einschlafe.

Ein Klackern weckt mich. Meine Augen sind verklebt und zugequollen. Verwirrt schaue ich mich um. Die Holzbank, darauf die Banane, eine Papiertüte, der leere Plastikbecher. Erinnerung an gestern. Sofort fange ich wieder an zu heulen. Alle Knochen tun mir weh und ein Gestank wie Katzenpisse zieht mir in die Nase. Das ausgeschwitzte Gift hat meine weiße Bluse unter den Achseln gelb verfärbt. Dann entdecke ich den Polizisten in der Zellentür, der mir mit Handschellen zuwinkt.

Im ersten Stock des Gebäudes werde ich in ein Büro gebracht, durch dessen hohe Fenster die Sonne scheint. Das Braun der Wände wird von zahllosen Grünpflanzen verdeckt.

Kommissar Bertrand, ein Franzose mittleren Alters mit schwarzem Schnurrbart und dicker Hornbrille, hinter der mich ein paar sympathische Augen freundlich anlächeln, tritt mit ausgestreckter Hand auf mich zu. Die obersten Knöpfe seines Hemdes stehen offen und geben den Blick auf graues, krauses Brusthaar frei.

»Madame Bettina Uzler«, sagt er, »setzen Sie sich.«

Er deutet auf einen Stuhl an seinem Schreibtisch und nimmt dann selbst hinter seinem Computer Platz. Schweigend betrachtet er mich eine Weile mit aufgestützten Ellenbogen, seine Hände in der Luft gefaltet.

Die Wärme, die er ausstrahlt, ist verlockend. Alles in mir sehnt sich danach zu reden, Fragen zu stellen, Antworten zu bekommen. Aber ich werde niemanden verraten! Ich werde die Geschichte, die ich am Flughafen erfunden habe, weiter ausbauen, Details hinzufügen, sie mit Namen ausschmücken, sodass sie realer und glaubwürdiger wird.

»Alors«, Kommissar Bertrand legt seine Finger auf die Tastatur, »dann wollen wir mal. Erzählen Sie mir jetzt bitte so genau wie möglich, was Sie in Kolumbien erlebt haben und wie Sie in den Besitz dieses Koffers gekommen sind.«

»Kann ich eine Zigarette haben?«

Ich kann es kaum fassen: Der Kommissar nickt langsam und hält den Polizisten, der in der Tür steht, an, einen Aschenbecher und Zigaretten zu holen. Ich nehme einen tiefen Zug, genieße den Moment, in dem der Rauch meine Lungen füllt und mir ein bisschen Ruhe schenkt.

Das Verhör ist anstrengend. Ich bin erschöpft und immer wieder fallen mir mitten im Satz die Augen zu. Stunden vergehen. Kommissar Bertrand wiederholt ständig dieselben Fragen, bis ich mich kaum mehr an die Antworten erinnern kann, die ich fünf Minuten vorher erst gegeben habe. Als Bertrand den letzten Punkt unter meinen Bericht setzt, dämmert es bereits wieder. Während der Drucker vor sich hin surrt, nimmt er seine Brille ab, reibt sich die Augen und lehnt sich in seinem Stuhl zurück: »Sie behaupten also, dass das hier die Wahrheit ist, ja?« Ich nicke müde. »Und da sind Sie sich ganz sicher?«

Was will er? Was weiß er? Verunsichert blicke ich ihn an.

Er nimmt die mit schwarzen Buchstaben gefüllten Seiten aus dem Drucker, legt sie fein säuberlich vor mir zu einem Haufen zusammen. Dann wartet er.

»Was ist denn?«, frage ich nervös. Seine Augen verkleinern sich zu schmalen Schlitzen. Er steht auf, nimmt den Stapel Papier, reißt die Blätter demonstrativ vor meiner Nase einmal in der Mitte durch und pfeffert sie wütend in den Papierkorb. Dann beugt er sich bis auf Augenhöhe zu mir runter und fragt: »Warum, Mädchen, schützt du diese Typen?« Sein eindringlicher Blick scheint mich zu scannen. Ich schaue weg.

»Die haben dich doch in die Falle laufen lassen oder was denkst du, warum sie dich auf dem Flughafen erwischt haben, he?«

»Ja, warum denn?«, frage ich und heule gegen meinen Willen schon wieder los.

»Weil du denen einen Dreck wert bist. Sie haben ein bisschen Koks verloren, na und? Morgen schicken sie die nächste Touristin, Mädchen.« Er lässt von mir ab und tritt, die Hände in die Hüften gestützt, ans Fenster. »Wenn du nicht die Wahrheit sagst, stehen bis zu sechs Jahre Gefängnis auf dieses Vergehen. Du hattest immerhin 1,8 Kilogramm Kokain dabei. Der Reinheitsgrad ist noch nicht raus. Wenn du uns aber hilfst und uns Hinweise lieferst, kannst du mit etwas Glück in zwei bis drei Jahren wieder draußen sein.«

Oh mein Gott! Sechs Jahre! Ich überlege verzweifelt: Wenn ich die Wahrheit sage, werden Pascal, Gaël und Hector vielleicht verhaftet. Ich kann dann nie wieder nach Kolumbien und Pascal wird mich auf ewig hassen.

Aber was noch viel schlimmer ist – ich bin dann eine beschissene Verräterin!

Kommissar Bertrand öffnet eine Schublade seines Schreibtischs und holt etwas hervor. Mir stockt der Atem, als ich sehe, was er in der Hand hält: mein Tagebuch mit den Adressen und Telefonnummern von Pascal und Gaël, inklusive ein paar spärlicher Aufzeichnungen der letzten Wochen in Kolumbien.

»Das hier«, sagt Bertrand, »werden wir übersetzen lassen. Überleg dir genau, ob du bei deiner Aussage bleiben willst und dich damit noch tiefer reinreitest, als du schon drin steckst. Wir haben die Fluglisten von Air France hier. Pascal kam in der gleichen Maschine wie du in Paris an. Allerdings ist er nach Basel weitergeflogen.«

Er legt eine Hand auf meine Schulter: »Triff die richtige Entscheidung! Wir sehen uns morgen früh wieder«, sagt er und bedeutet dem Polizisten mit einem Kopfnicken, mich abzuführen.

Zurück in meinem Rattenloch wartet eine weitere einsame Nacht auf mich, voller Zweifel, voller Fragen. Wie sollte ich mich entscheiden? Wie sollte ich mit der Schuld umgehen, wenn ich die Wahrheit erzählen und Pascal verraten würde? Aber sechs Jahre Gefängnis ... dann würde ich mich umbringen! Außerdem hatten sie mein Tagebuch! Was sie wohl noch alles wussten? Welche Chance hatte ich denn überhaupt?

Am nächsten Morgen wartet Kommissar Bertrand mit einer Tasse Kaffee und einer Schachtel Zigaretten auf mich. Ich zünde mir eine an.

»Okay«, sage ich traurig, »es kann losgehen!«

KOKS, CRACK UND KARIBIK

Es war einer dieser trägen Nachmittage. Ich stand an der Bar des kleinen Hotels Sudamare und bestellte mir ein »Cerveza Polar«. Hier an der kolumbianischen Karibikküste war es so heiß, dass das prickelnde Bier, frisch aus dem Kühlschrank, schon nach kurzer Zeit zu einer lauwarmen Brühe wurde.

37 Grad Celsius zeigte das digitale Barometer unten am Strand tagtäglich an. Das Blut in den Adern pumpte und pulsierte wie in einem Triebwerk. Damals, vor zwei Jahren, während meiner ersten Südamerikareise, hatte ich mich wie eine Königin gefühlt, wenn ich, nur leicht bekleidet, durch die Straßen dieses Küstenstädtchens stolziert war und die ausgehungerten Blicke kolumbianischer Männer auf meinem Körper gespürt hatte. Die acht Monate, die ich gebraucht hatte, um von Argentinien nach Kolumbien zu reisen, hatten mich verändert. Ich hatte die chilenische Wüste durchquert, war im bolivianischen Dschungel den rosaroten Delfinen gefolgt, hatte in Peru die Anden durchwandert und all das hatte mich stark gemacht. Ich war bereit gewesen, die Welt zu erobern und mich von der Welt erobern zu lassen. Bis ich in Kolumbien ankam.

Mit einem Schluck Bier spülte ich die Erinnerungen an meinen Aufenthalt hier, in diesem Hotel, in dieser Stadt, in diesem verrückten Land hinunter. Es war mein Land gewesen. Jede Minute ein Abenteuer, angefüllt mit einer wilden Ungewissheit, dem Ruf ungebändigter Freiheit.

Aber dieses Mal war alles anders! Seit meiner Ankunft im Sudamare hatte ich das Hotel kaum verlassen und war noch kein einziges Mal in der Abenddämmerung an den Strand gelaufen, um die untergehende Sonne zu beobachten, die den türkisfarbenen Himmel langsam in einen Teppich aus feuriger Glut verwandelte. Wenn das dunkelgelbe Licht der Straßenlaternen nervös aufflackerte, der Duft von gebratenem Fisch sich über die Stadt legte und die Musik aus den umliegenden Bars sich mit dem Gelächter der Menschen vermischte. Noch kein einziges Mal hatte ich, nach einer durchgemachten Nacht, die hinter den schneebedeckten Hügeln der Sierra Nevada aufsteigende Sonne begrüßt.

Auch im Sudamare hatten sich die Zeiten geändert. Aus dem Geheimtipp für Rucksacktouristen, wo das freie Leben gefeiert wurde, war ein heruntergekommenes Hotel geworden, in dem schräge Gestalten im Zwielicht durch die Gänge schlichen, niemand auf einer Gitarre klimperte, kein Gelächter in den Zimmern zu hören war. Die Stille war bedrückend.

Ich trank mein warm gewordenes Bier aus. Irgendetwas musste geschehen. In wenigen Tagen ging mein Rückflug nach Deutschland, der mich vielleicht für immer von Pascal trennen würde. Das durfte ich nicht zulassen.

Meine Gedanken wanderten zurück zu jenem Tag vor wenigen Wochen, als ich zum ersten Mal in Pascals wunderschöne, wie grüne Smaragde leuchtende Augen geblickt und mich auf der Stelle in sie verliebt hatte. In ihnen erkannte ich dieselbe Sehnsucht, die auch in mir brannte. Es war der Tag meiner Ankunft im Hotel. Don Miguel hatte mir ein Bett in einem der Mehrbettzimmer zugewiesen: »Hay dos chicos – es gibt noch zwei Jungs in dem Zimmer. Das gefällt dir, oder?«, hatte er augenzwinkernd gesagt und mir den Schlüssel und ein zerschlissenes Betttuch über den Tresen gereicht.

Als ich das Zimmer betrat, saßen in einer dunklen Ecke auf dem hintersten Bett Pascal und Gaël. Ihre nackten Oberkörper waren mit Tätowierungen verziert und um den Hals baumelten Ketten aus Leder und Edelsteinen. Ich setzte meinen Rucksack ab und ging zu ihnen, um mich vorzustellen. Gaël legte schützend eine Hand über den silbernen Löffel, den er gerade über eine brennende Kerze hielt, und musterte mich kritisch.

»Hi, ich bin Bettina. Was ist das?« Ich zeigte auf den Löffel, in dem eine Pfütze durchsichtiger Flüssigkeit schwamm.

»Setz dich doch!«, antwortete Pascal und klopfte mit der Hand neben sich auf die Matratze. Ich musterte seinen Körper. Er war dünn. Sehr dünn. Seine Gesichtszüge wirkten jung, fast kindlich, wahrscheinlich war er nicht älter als zwanzig. Unter seinen hübschen Augen zeichneten sich dunkle Ringe ab und er wischte sich nervös alle paar Sekunden den Schweiß aus der Stirn.

Die Flüssigkeit in dem Löffel war jetzt verdampft. Gaël reichte ihn an Pascal weiter, der vorsichtig mit einem Messer über die härter werdende Masse auf dem Boden des Löffels kratzte. Er nahm ein paar von den kristallinen Steinchen auf die Messerspitze und beförderte sie auf eine zu einer Pfeife umgebaute leere Bierdose.

»Magst du probieren? Das ist Crack!« Er hielt mir die Dose hin.

Meine Hand zitterte, als ich die »Pfeife« entgegennahm. Crack war gefährlich, das wusste ich. Aber probieren konnte ja nicht schaden. Die Steinchen knisterten, als Pascal sie anzündete. Ich nahm einen tiefen Zug.

Im nächsten Moment war mir, als ob ein Paukenschlag mein Hirn zerriss!

Der Knall in meinem Kopf, als die Steinchen darin explodierten, schoss mich in ein namenloses Nichts, tauchte mich für Sekunden in ein endloses schwarzes Universum, aus dem ich viel zu schnell wieder auftauchen musste.

Seitdem waren fünf Wochen vergangen. Jede einzelne Nacht davon hatten wir uns in dieses Jenseits geraucht, das uns immer wieder zu sich rief und von dem wir nicht lassen konnten, obwohl wir uns immer mehr darin verloren.

Das viele Crack hinterließ inzwischen seine Spuren. Nachts hörten wir Schritte auf dem dunklen Gang vor unserem Zimmer und Stimmen, die durch Funkgeräte sprachen. Wir mussten die Tür verbarrikadieren, um uns halbwegs sicher zu fühlen. Zum Pinkeln nahmen wir den Mülleimer, der Weg zum Klo war viel zu gefährlich. Wir mussten weg von hier. Das Hotel und die Drogen machten uns fertig! Aber wohin? Meine Pläne, mit denen ich Berlin verlassen hatte, waren gescheitert, soviel stand fest. Hätte ich nicht ahnen können, dass ich mich hier nicht erholen und zu mir finden würde? Nach einem durchgemachten Clubwochenende, vollgedröhnt mit Speed und Ecstasy, war ich direkt zum Flughafen gefahren mit dem festen Vorsatz, in Kolumbien eine Pause von den Drogen zu machen, runterzukommen von meinem Techno-Film, von meinem ersten Winter in Berlin, in dem ich mir, statt zu studieren, die Nächte um die Ohren geschlagen hatte.

Unser kläglicher Versuch, in einen nahegelegenen Nationalpark zu fahren, war gescheitert. Drei Tage hatten wir die Ruhe dort ausgehalten, das Meeresrauschen, das Rumliegen in den Hängematten, völlig auf uns zurückgeworfen, ohne die Hektik des Crack-Konsums – Koks besorgen, aufkochen, rauchen. Dann waren wir zurückgefahren und hatten uns wieder in die vertraute Dunkelheit des Hotels geflüchtet.

Mein Studium konnte ich jetzt vergessen. Den Ausstieg aus den Drogen auch. Ich steckte tiefer drin als je zuvor. Scheiße! Im Grunde wollte ich doch nur mit Pascal zusammen sein.

Warum nur fuhr ich so auf ihn ab? Er war hart wie eine Nuss, an deren weichen Kern ich ran wollte. Ich vermisste sein Lächeln. Immer öfter wies er mich zurück und ließ den coolen Junkie raushängen. Es war verrückt: Je mehr er mich ignorierte, desto heftiger wurde meine Sehnsucht nach ihm. Ich kämpfte um seine Aufmerksamkeit wie ein Bettler um ein Stück Brot. Jede Berührung von ihm war ein kleiner Sieg, jeder Blick ein Krumen, der für mich abfiel, ohne den ich zu verhungern drohte.

Das einzige Mal, dass wir Sex gehabt hatten, war viel zu lange her. Dabei war ich so verliebt in ihn! Außerdem war Gaël ständig bei uns. Nur manchmal in den frühen Morgenstunden, wenn durch unsere ausgelaugten Körper das Crack wie ein wilder Fluss rauschte, legte ich mich mit klopfendem Herzen neben Pascal aufs Bett, beobachtete ihn von meinem Ufer aus, spürte seine Einsamkeit, die sich mit meiner in einem strudelnden Strom vermischte, die uns trennte und gleichzeitig verband.

»Darf ich dir ein Bier ausgeben?« Sanft drängte sich der Satz in meine Gedanken.

»Hallo Schönheit. Ich bin Alberto.«

Ein hochgewachsener Kolumbianer, wie es sie viele an der Küste gab, mit sonnengebräunter Haut, kaffeebraunen Augen und schwarzem, von Pomade glänzendem Haar verteilte flüchtige Küsse auf meine Wangen.

Nervös schaute ich in Richtung Eingang. Der Hoteldealer musste jeden Moment auftauchen.

»Ich habe dich schon ein paar Mal hier gesehen. Wo sind denn die beiden Jungs, mit denen du sonst abhängst? So ein Mädchen wie dich lässt man doch nicht allein an der Bar.«

Argwöhnisch schaute ich ihn an. Was wollte er von mir? Warum hatte er mich beobachtet?

»Hey, hey, keine Panik«, sagte er und bestellte zwei Bier. »Ich will mich nur mit dir unterhalten. Du sahst so nachdenklich aus und ich dachte, ich kann dich ein bisschen aufmuntern und dir die Zeit vertreiben.«

Ich hatte keine Lust, mich mit diesem Fremden zu unterhalten. Außerdem wartete ich auf unseren Stoff und wollte meine Ruhe. Ich drehte ihm den Rücken zu. Doch der Südamerikaner ließ sich nicht abwimmeln. Er stellte sich direkt vor mich und hielt mir auffordernd das kalte Bier hin. Ich nahm die Flasche und trank einen Schluck.

Alberto machte es sich auf dem Barhocker neben mir gemütlich und begann, mich mit kleinen Anekdoten und Geschichten über Kolumbien zu unterhalten. Beim dritten Bier war das Eis gebrochen. Fast vergaß ich, warum ich hier saß und wartete.

Als der Dealer endlich kam, tat es mir fast leid, dass ich mich von Alberto verabschieden musste. Ich rutschte von meinem Barhocker, doch Alberto nahm mich am Handgelenk.

»Sag bloß, du kaufst bei diesem Typen Stoff?«, zischte er. »Ich kann dir besseres und billigeres Zeug besorgen.« Er machte dem Dealer ein Zeichen, dass er verschwinden sollte.

»Hey«, sagte ich, »was soll das. Wir kaufen immer bei dem.«

»Vertrau mir.« Alberto drehte mich zu sich und legte eine Hand unter mein Kinn, sodass ich seinem Blick nicht ausweichen konnte. Feine rote Äderchen durchzogen seine Augen. »Geh jetzt hoch auf euer Zimmer und warte dort auf mich. In einer halben Stunde bin ich zurück und bringe euch allerfeinstes Koks!«

In unserem Zimmer roch es wie auf einer Müllkippe. Eine Mischung aus kaltem Rauch, altem Essen, verschwitzten Klamotten, umgekippten Bierdosen und Schweißfüßen. Die Glühbirne, die an einem langen Kabel von der Decke baumelte, knackte gefährlich, als ich den Lichtschalter bediente. Pascal war schon wach und saß, eine Zigarette rauchend, auf der fleckigen Matratze. Gaël rieb sich verpennt die Augen.

»Was soll das?«, fragte Gaël vorwurfsvoll, nachdem ich von meiner Begegnung mit Alberto berichtet hatte. »Du kennst den Typen doch gar nicht? Was ist, wenn er von den Bullen ist und nur schnüffeln will? Oder sonst irgendein Arschloch und morgen früh können sie unsere Leichen vom Boden kratzen.«

»Ich glaube, der ist in Ordnung«, erwiderte ich. »Außerdem, was soll er hier schon finden? Wir haben weder Drogen noch viel Geld.«

Gaël war aufgestanden und lief angenervt im Zimmer umher. Der Hoteldealer und unsere Portion Kokain für die anbrechende Nacht waren weg. Wir hatten keine Wahl.

»Ich geh Zigaretten holen und was zu essen«, sagte er missmutig, warf sich ein T-Shirt über und knallte die Tür hinter sich zu.

Einer der wenigen Augenblicke war gekommen, in denen ich mit Pascal allein war. Mein Herz fing sofort an, wie wild zu klopfen, und zwischen meinen Beinen spürte ich ein leises Kribbeln, das sich schnell über den ganzen Körper ausbreitete. Ich wollte ihm nahe sein, jetzt sofort, bevor Gaël zurückkehren würde. Ich wollte ihn berühren, wollte ihn spüren, ihn küssen und streicheln, seinen Körper zärtlich liebkosen, mich auf ihn legen, ihn in mir spüren, damit er mich in der Hitze des frühen Abends ausfüllen und mich von der Leere in mir erlösen konnte. Wir saßen keine Handbreit voneinander entfernt auf dem Bett. Die Luft knisterte wie elektrisiert und sehnsüchtig schaute ich zu ihm. Pascal starrte auf einen imaginären Punkt am Boden, steif wie ein Stock, und knabberte an seinen Fingernägeln. Er musste das doch auch spüren, musste doch das gleiche Verlangen haben wie ich! Ich räusperte mich, wollte etwas sagen, aber mir fiel nichts ein, was sich richtig angehört hätte. Sein zu Boden gerichteter Blick war das Brett vor meinem Kopf.

Ich stand auf und nahm das Päckchen Zigaretten vom Tisch. Es war leer. Was nun? Wo sollte ich mich wieder hinsetzen? Neben ihn? Auf mein Bett? Warum tat er eigentlich nichts?

Ich holte tief Luft und ließ mich neben ihn aufs Bett fallen. Mein Kopf landete in seinem Schoß. Ich schloss die Augen.

Pascal und ich liegen an einem einsamen Strand. Dunkelheit umgibt uns. Das Meer schlägt mit einer giftig-gelben Gischt zornig gegen den pechschwarzen Strand. Wir sind nackt. Unsere hellen Körper heben sich wie Kieselsteine gegen den dunklen Sand ab. Da fängt es plötzlich an zu regnen. Es ist kein normaler Regen. Vom Himmel, der sich kaum von der schattenhaften Umgebung abhebt, fällt ein weißes, zu dicken Hagelkörnern verklumptes Pulver. Eines der Körner trifft mich, löst sich zischend auf und hinterlässt auf meiner Haut eine tiefe, ätzende Wunde. Da trifft mich schon das nächste Korn. Ich greife nach Pascals Hand. Wir rennen los, um Schutz zu suchen. Doch weit und breit ist kein Baum, kein Strauch, keine Möglichkeit, sich unterzustellen. Nur eine karge, felsige Steilküste schneidet uns den Weg ab. Vor meinen Augen löst sich Pascal unter dem Hagelkörnerregen immer mehr auf. Ein Hagelkorn trifft seine Hand. An der Stelle, an der wir uns berührten, klafft ein riesiges Loch. Ich schreie, schreie um mein Leben und schreie und schreie ...

»Hey Baby, wach auf.« Schweißgebadet fuhr ich hoch. Es dauerte einen Moment, bis ich kapierte, wo ich war.

»Fuck! Was für ein Traum.«

Ich setzte mich auf. Pascal hielt mir eine Cola hin. Gierig trank ich davon und versuchte, die Bilder aus dem Traum abzuschütteln. Es war heiß in dem kleinen Zimmer. Der Deckenventilator war ausgestellt und auf dem Nachttisch brannte eine Kerze, über der Alberto gerade Koks aufkochte.

»Chicos«, Alberto schnalzte verächtlich mit der Zunge, »was ich hier sehe, macht mir Sorgen. Wie lange wollt ihr noch in diesem Loch hausen und euch die Birne wegblasen? Ihr seht krank aus. Und zwar alle drei!

Mir scheint, ihr braucht dringend Urlaub.« Er reichte mir die vorbereitete Bierdose. Der erste Zug war immer der beste!

»Warum machen wir vier nicht einen Ausflug, fahren mal raus aus diesem Scheißkaff? Ich kenne den richtigen Platz, eine Finca, keine zwei Autostunden von hier. Die Küste dort ist paradiesisch und Greta, eine alte Freundin von mir, wird sich sicher über Besuch freuen.«

Das knackende Geräusch der verbrennenden Steinchen war mir inzwischen wohl vertraut.

»Greta ist aus Hannover«, fuhr er in südamerikanischem Akzent fort, verschluckte dabei das »H« und dehnte das »R« zu einem rollenden Knurren aus.

»Na, was ist? Ja oder ja? Es wird euch nichts kosten.«

Der Kick setzte ein. Das Universum explodierte. Urknall, alles voller Sterne ...

»... esst ihr ein paar Tage frischen Fisch, Kochbananen und Reis, legt euch in die Sonne, damit ihr ein bisschen Farbe bekommt, und entspannt einfach mal. Ihr werdet sehen, nach dieser Kur seht ihr wieder fast wie neu aus!«

Alberto stand breitbeinig in der Mitte des Zimmers. Seine Stimme klang zuversichtlich, als ob er genau wüsste, was als Nächstes zu tun war. Die Gesichter der Jungs flackerten schemenhaft im Schein der brennenden Kerze. Ich reichte die Dose an Pascal weiter.

»Packt eure Sachen. Ich hole euch morgen früh hier ab. Eure Entscheidungslosigkeit ist ja nicht zum Aushalten!« Alberto öffnete die Zimmertür und ließ uns allein.

Der warme Wind streichelte durch das offene Autofenster sanft mein Gesicht. Links von der Straße erstreckte sich in einem endlosen Streifen das blaue Meer, in dem sich die Sonne tausendfach brach, es in einen glitzernden, funkelnden Teppich verwandelte und die Landschaft um uns herum mit einem goldenen Schleier überzog. Auf der rechten Seite hatten die grünen, hügeligen Ausläufer der Sierra Nevada kargen Mangrovensümpfen Platz gemacht.

Jeder Kilometer, den wir uns vom Sudamare entfernten, löste einen Knoten in mir, schuf Raum in meiner Brust und machte der frischen salzigen Luft Platz, die mich zu neuem Leben erweckte. Pascal döste neben mir auf dem Rücksitz, während Gaël sich vorn angeregt mit Alberto unterhielt und dabei alle zwei Minuten einen neuen Sender im Radio suchte.

Endlich ein paar Tage ohne Koks! Wir hatten letzte Nacht alles aufgeraucht und kein neues besorgt, was Pascal sichtlich schlechte Laune bereitete. Meine Finger suchten seine Hand. Wir würden das schaffen. Ein paar Tage Ruhe und wir wären wie neugeboren. Ich würde mit Pascal auf der Finca Pläne für unsere Zukunft schmieden. Bis zu meinem Rückflug war es nicht mehr lange ... Ich kuschelte mich an ihn.

Als Alberto den Jeep über ein unbefestigtes Sandsträßchen hinab zum Strand lenkte, an dessen Ende ein hölzernes Häuschen mit einem Dach aus Palmblättern auftauchte, wachte ich auf.

»Willkommen in Gretas Paradies«, sagte Alberto, als er den Wagen zum Stehen brachte. Greta, eine robuste Frau mit einem Turban aus rotem Tuch auf dem Kopf, stand im Eingang ihrer Finca und erwartete uns.

»Hola Alberto«, ihre Stimme klang tief und rauchig, »dann lass mal sehen, wen du uns da mitgebracht hast.«

Sie streckte mir ihre fleischige Hand entgegen. Als unsere Blicke sich begegneten, wirkte sie für einen Moment irritiert. Diese Augen! Wo hatte ich sie schon mal gesehen? Ich konnte mich nicht erinnern ... Sie begrüßte die Jungs und bat uns einzutreten. Die Finca war ein einzelner, schlicht eingerichteter Raum. Ein mit Bananen und Kokosnüssen beladener Tisch stand in der Mitte. An einer Wand hingen zwei Hängematten, ihnen gegenüber befand sich eine provisorisch ausgestattete Küche mit einem Regal, in dem sich Schüsseln und Töpfe stapelten. Darüber waren mit Lebensmitteln gefüllte Netze gespannt. Gleich neben der Küche kokelten in einer Feuerstelle ein paar Scheite duftenden Holzes. Zum Meer hin war die Finca offen; sie ging in eine Veranda über, von der aus ein paar Stufen zum Strand hinunterführten. Ich streifte meine Sandalen ab und rannte los.

Ein Stück Karibik wie auf einer Postkarte lag vor mir. Weißer, sauberer Sand, so weit das Auge reichte. Palmen, die im Wind rauschten, türkisfarbenes Meer, in dem rundgewaschene Steine wie überdimensionale Kiesel kleine Inseln bildeten. Kilometerweiter, menschenleerer Strand. Überwältigt ließ ich mich auf die Knie fallen, glücklich, endlich den Fesseln des Hotels und des Kokains entkommen zu sein.

Ich nahm eine Handvoll Sand, umschloss ihn mit meiner Faust und beobachtete, wie er leise durch meine Finger rieselte. Noch eine Handvoll. Ich presste die Finger zusammen, doch der feine Sand rieselte weiter durch die Ritzen. Ich wurde traurig. In diesem Moment wurde mir klar, dass ich nichts festhalten konnte, dass alles vergänglich war. Meine Zeit hier in Kolumbien, meine Liebe zu Pascal, jeder einzelne Tag, jede Stunde, jeder Augenblick.

Die Erholungskur zeigte ihre Wirkung. Nach einer Woche auf der Finca tummelten sich die Sommersprossen auf meiner Haut und selbst Pascal, der kaum einen Fuß vor das Haus setzte, hatte ein bisschen Farbe bekommen. Es war schwieriger, als ich gedacht hatte, mit den Steinchen aufzuhören. Ich war unruhig und es fiel mir schwer, in meiner Hängematte einzuschlafen. Morgens wachte ich mit dem metallenen Geschmack frisch verbrannter Steinchen im Mund auf und joggte meine aufsteigende Gier am Strand weg. Pascal hatte durchgehend schlechte Laune, trotz der vielen Joints aus feinstem kolumbianischem Gras, das Alberto, wohl wissend, was so ein Entzug bedeutete, mitgenommen hatte. Ohne das Koks kehrte auch der Appetit zurück. Wir verdrückten riesige Mengen Obst, das rund um die Finca wuchs, Papayas, Ananas und Bananen. Alberto ging täglich auf Fischjagd, dazu gab es Reis mit schwarzen Bohnen. Aber trotz der guten Verpflegung waren unsere Nerven angeknackst, die Atmosphäre angespannt.

Ich verlangsamte mein Tempo und hielt keuchend an. Es war mein letzter morgendlicher Sprint am Meer. Endlich hatte ich mich zu einer Entscheidung durchgerungen. Mein Blick schweifte über das weite Meer und die Wellen, die mit einer weißen Gischt beharrlich auf den Sand klatschten.

Dann ließ ich mich auf die Knie fallen, legte Daumen, Zeige- und Mittelfinger auf mein Herz und schwor: »Mein geliebtes Land, ich werde zu dir zurückkommen, und zwar für immer. Ich werde einen Weg finden. Ich möchte hier leben, mit Pascal, und nie wieder in diesem kalten Deutschland.« Hier fühlte ich mich zu Hause, hier gehörte ich her.

Ich würde nach Berlin fliegen und irgendwie Geld besorgen. Wie genau, wusste ich noch nicht, aber mir würde etwas einfallen. Ich würde Pascal helfen, seine Schulden an Gaël zu bezahlen. Fünftausend Dollar. Das war nicht wenig, aber irgendwie musste es gehen. Ich verabschiedete mich vom Strand und von den Wellen und lief hoch zur Finca.

Pascal, Gaël und Alberto saßen auf den Stufen der Veranda, als ich verschwitzt oben ankam. Die drei machten Gesichter, als hätten sie schlechte Nachrichten erhalten.

»Ist irgendwas?«, fragte ich. Alberto schaute mich an. »Ich fliege morgen mit den Jungs nach Bogotá. Sie haben mir von ihren Schwierigkeiten erzählt und ich kann ihnen helfen.«

Er war also informiert darüber, dass die beiden in Guatemala wegen ein paar Grassamen im Knast gesessen hatten und Gaëls Vater zehntausend Dollar gezahlt hatte, um sie dort wieder rauszuholen. Pascal schuldete seitdem Gaël seine Hälfte, fünftausend Dollar, was die Freundschaft schwer belastete. Aber wo hatten sie mich bei ihren Überlegungen eingeplant?

»Ach ja«, erwiderte ich gereizt, »zufällig wollte ich euch auch gerade mitteilen, dass ich zurück nach Berlin fliegen werde, um Geld für Pascal zu besorgen ... und ...« Ich drehte mich weg. Sie hatten mich einfach vergessen.

»Prinzessin«, Alberto war aufgestanden. »Pascal wird als Mula für uns arbeiten. Mit dem Geld kann er Gaël bezahlen, dann ist er wieder frei!«

Als Mula! Diesen Ausdruck hatte ich schon gehört. Das waren Drogenkuriere, die für die kolumbianische Drogenmafia Kokain außer Landes schmuggelten. Ich drehte mich zu Pascal um. Wie konnte er diesen Deal zusagen, ohne mit mir darüber zu sprechen? Es war, als ob er plötzlich meine Hand losgelassen hätte, die Hand, von der ich mich bereitwillig hätte führen lassen, der ich überallhin gefolgt wäre.

»Keine Sorge, Bettina, du kommst selbstverständlich mit nach Bogotá«, sagte Alberto, der anscheinend mitbekommen hatte, wie sehr der Boden unter mir wackelte.

»Vielleicht änderst du ja auch deine Pläne und fliegst gar nicht nach Berlin. Wer weiß ...«, Alberto kam dichter an mein Ohr und flüsterte, »... vielleicht bleibst du bei mir, Prinzessin, und wir machen hier das große Business. Alberto kennt sich aus ...«

»Ich mach den Scheiß nur, wenn ich ab morgen wieder Koks bekomme, und zwar jeden Tag bis zum Abflug.« Pascals Mine war düster.

»Bist du wahnsinnig! Du siehst gerade mal wieder wie ein Mensch aus! Der Drogentourismus lässt grüßen, oder was?«, rief Greta von drinnen.

»Habt ihr nicht verstanden? Wenn ihr mich nicht mit Stoff versorgt, könnt ihr es vergessen!« Pascal meinte es ernst.

In dem kleinen Flugzeug, das uns nach Bogotá bringen sollte, waren wir die einzigen Touristen. Müde ließ ich mich in den Sitz neben Alberto sinken. Die letzte Nacht hatte ich mich schlaflos in der Hängematte gewälzt, Sterne gezählt und dem Klatschen der aufschlagenden Wellen gelauscht, bis der Morgen graute. Vor dem Schlafengehen hatte Alberto mir angeboten, auch eine Ladung, vielleicht ein oder zwei Kilo, in die Schweiz zu bringen. Das würde bedeuten, dass ich bei Pascal bleiben konnte. Er konnte seine Schulden zurückbezahlen und mit meinem Geld könnten wir zurückkommen und uns eine Existenz aufbauen. Vielleicht ein Café eröffnen oder ein kleines Hotel für ausländische Touristen. Ich könnte meinem Leben in Berlin entfliehen und alle Probleme wären gelöst.

Das Leben bescherte mir diese Herausforderung, diese Mutprobe, diese einmalige Chance. Ich musste zugreifen. Wenn ich das geschafft hätte, dann wäre ich so abgebrüht und cool, wie ich es mir immer gewünscht hatte! Mit diesem Akt würde ich meinen rosa Strampelanzug, in den mich meine Eltern gesteckt hatten und den ich einfach nicht los wurde, endlich von mir streifen. Dieses Ritual würde wie eine Initiation werden. Mein Übergang ins Erwachsenenleben.

Die Motoren sprangen an und das Flugzeug kam langsam ins Rollen. Auf ins Abenteuer, dachte ich noch, bevor ich einschlief.

Am Flughafen in Bogotá wartete ein großer Amischlitten auf uns. Alberto reichte uns in Streifen geschnittene Tücher, um uns die Augen zu verbinden: »Hier. Es ist besser für euch, wenn ihr nicht wisst, wo wir euch hinbringen.«

Die kühle Bergluft Bogotás ließ mich frösteln. Schnell kroch ich auf den Rücksitz des Autos und legte mir die Augenbinde an.

Das Appartement lag irgendwo in den Vororten Bogotás. Im Fernsehen lief gerade eine der vielen Telenovelas, Serien mit den immer gleichen Storys über hoffnungslose Liebe, Intrigen und Betrug, als die Tür aufging und Alberto zusammen mit einem leicht untersetzten Kolumbianer schwungvoll unseren Unterschlupf betrat: »Darf ich vorstellen: Hector, euer Chef für die kommenden Tage!«

Ein Typ mit Vollbart, Sonnenbrille und Hut, ganz der Mafiaboss, platzierte sich vor unserem Sofa, auf dem wir bekifft rumlungerten.

»Hola chicos!« Er nahm die Sonnenbrille ab, sondierte rasch den Raum, den Tisch mit unseren Drogenutensilien, Pfeife, leere Plastikfolien, rußgeschwärzter Löffel, das Döschen mit Natriumbikarbonat zum Aufkochen, und rückte seine Hose zurecht. Eine Pistole blitzte unter dem offenen Jackett hervor.

»Hört mal, das ist kein Spiel«, sagte er und setzte sich auf einen Stuhl. »Der Stoff trifft spätestens morgen früh aus Medellín ein. Seid ihr bereit für eure Aufgabe?«

Es war schwül im Appartement. Die Luft war angereichert mit dem süßlichen Duft der letzten Joints, mit denen wir uns vom Crack runterkifften. Der Nebel in meinem Kopf war so dicht, dass Hectors Worte einzeln darin hängen blieben.

»Habt ihr euch überlegt, wie ihr den Stoff transportieren wollt?« Hector ging in die Küche und kam mit ein paar Dosen Bier wieder. »Die sicherste Methode ist hier drin«, er deutete auf seinen Bauch. »Aber ihr seid aus Europa und aus Amerika. Diese Hurensöhne am Zoll checken vorrangig unsere kolumbianischen Mädchen. Also seid ihr im Vorteil, versteht ihr?« Mit einem kräftigen Schluck stürzte er das Bier hinunter und zerquetschte die Dose mit einer Hand.

»Wir holen euch heute Abend ab und machen einen kleinen Ausflug mit euch. Heute Abend gibt es eine Modenschau!« Er grinste. Aus seiner Hosentasche holte er ein kleines Plastiktütchen mit Koks und legte es vor uns auf den Tisch: »Hier, damit ihr bei guter Laune bleibt. Wir sehen uns später.«

Aus dem Autoradio tönte die Nummer eins der kolumbianischen Hitliste *Tu Vas A Volar* – »du wirst fliegen«. Unter der Augenbinde rasten meine Gedanken, vom Koks beschleunigt, und eine seltsam melancholische Stimmung breitete sich in mir aus. »Freiheit« – was sollte das sein? Waren wir nicht nur Marionetten in einem Theaterstück auf der Bühne des Lebens und unsere Wege alle schon vorgezeichnet?

Das hier war mein Leben! Es war nicht durchschnittlich, nicht spießig. Es war aufregend, gefährlich und so ganz anders als das, was meine Eltern mir vorgelebt hatten. Was war der Sinn des Lebens? War es nicht der Augenblick – hier und jetzt voll und ganz gelebt? Es bedurfte nur eines Windhauchs und schon war man ausgelöscht – so schnell konnte es vorbei sein. Ich hatte Angst, »es« zu verpassen ...

Der Wagen stoppte und das riss mich aus meinen Gedanken. Die Augen noch immer verbunden, stolperten Pascal und ich Hand in Hand ein paar Stufen hinauf. Gaël war im Appartement geblieben, er war bei dem Deal nicht eingeplant. Nachdem eine Tür quietschend hinter uns ins Schloss gefallen war, durften wir die Binde von unseren Augen entfernen. Aus dem Halbschatten des nur spärlich beleuchteten Innenhofs, der nach oben hin offen war und ein Stück Himmel freigab, trat eine mollige Frau mit dunkler Haut auf uns zu.

»Lucía, das sind die beiden«, sagte Alberto und zündete sich eine Zigarette an.

Lucía näherte sich mir, kramte ein Maßband aus ihrer Schürze und legte es um meine Taille. Sie notierte die Zahl auf einem Zettel, bog meine Arme nach oben und nahm meinen Brustumfang ab, bevor sie Pascal derselben Prozedur unterzog.

Mit dem Zettel in der Hand verschwand sie hinter einem Vorhang aus dicken Kordeln in einem der angrenzenden Zimmer. Eine Nähmaschine ratterte.

Nervös zupfte ich an meinen Locken. Hector saß rauchend auf der Lehne eines roten Samtsofas. Ein Kolumbianer mit Knarre, der gerade dabei war, ein Geschäft mit uns zu machen. Die Situation war absurd!

Dann wurde der Vorhang erneut beiseitegeschoben und Lucía kam mit fleischfarbenen Westen über dem Arm auf mich zu. Mit ein paar Handgriffen streifte sie mir eine Weste über, zog die Schnallen an der Vorderseite fest, prüfte sorgfältig den Sitz, besserte nach und schnürte weiter, bis sie perfekt saß.

»Lauf mal ein paar Schritte«, sagte Hector. »Dein neues Kostüm steht dir gut.«

Mit Elefantenbeinen stapfte ich los. Die eingenähten Pakete waren schwer und pressten sich kalt gegen meinen Körper, jedes einzelne wie eine tickende Zeitbombe.

»Auf keinen Fall, Hector!« Entschlossen drehte ich mich zu ihm um. »So bringen mich keine zehn Pferde über die Grenze. Jeder Vollidiot wird mir ansehen, mit was ich beladen bin. Das bringe ich nicht!«

Hectors Lächeln erstarrte zu einer eiskalten Maske. Mein Herz klopfte hart gegen meine Brust. Ich dachte an die Knarre, die sich hinter seinen Hosenträgern verbarg.

»Mierda!« Er spuckte verächtlich auf den Boden und wandte sich Pascal zu: »Na, vielleicht hast du ja mehr Eier in der Hose.«

Meine Hände zitterten beim Lösen der Schnallen. Wenn dieser Typ wollte, konnte er uns einfach so abknallen. Niemand würde nach uns suchen, kein Mensch wusste, wo wir waren, und nicht umsonst verschwanden in Kolumbien jeden Tag Hunderte von Menschen spurlos.

»Putain du merde, wie viele Kilos sind da drin?« Pascal wog die Weste abschätzend in einer Hand, dann warf er Hector die Weste vor die Füße.

»Vergiss es! Damit fliege ich bestimmt nicht los.«

»Drei beschissene Kilos«, rief Hector aufgebracht und versetzte der Weste einen Tritt. »Aber das ist wohl zu viel für solche Kindsköpfe wie euch. Ich habe euch anscheinend überschätzt.« Er stand auf. »Los, lasst uns abhauen.«

Zurück im Appartement begannen die Verhandlungen. Hector hatte Koks dabei, Pascal kochte es auf und Gaël bombardierte ihn dabei mit Fragen. Ich lag zurückgelehnt auf dem Sofa und hörte dem hitzigen Gespräch über Transport, Kosten und Bezahlung mit halber Aufmerksamkeit zu. Draußen war es dunkel, in der Ferne heulte die Sirene eines Polizeiautos. Ich war müde. Zu müde zum Nachdenken. Auch zu müde zum Reden. Und erst recht zu müde, um Entscheidungen zu fällen.

Die Pfeife kreiste. Auch Hector und Alberto rauchten mit. Mit schweren Lidern beobachtete ich, wie ihre Schatten Bilder in die Luft zeichneten. Ich nahm tiefe Züge, wenn ich an der Reihe war, saugte meine Lungen voll bis zum Anschlag, hielt die Luft an, bis mir schwindlig wurde. So vertraut war der metallene Geschmack inzwischen. Der Kick. Alles in mir gierte danach, nach dem Gefühl der explodierenden Steine in meinem Kopf, wenn meine Poren sich öffneten, Schweiß meinen Körper bedeckte, mein Herz galoppierte. Für einen Moment, eine halbe Minute nur, tauchte ich ein in die absolute Grenzenlosigkeit. Ein Rausch jenseits aller Vorstellungen. Alles um mich herum raste. Schneller, schneller und noch schneller. Intensität des Augenblicks. Nur ich, eine abgeschossene Rakete auf dem Weg ins All.

Doch viel zu schnell war der Rausch wieder zu Ende und das Crack war aufgebraucht. Aufgeraucht, weggegiert, in den Kopf geballert. Das war der Moment, in dem man sich wünschte, nie damit begonnen zu haben ...

Alberto starrte ängstlich aus dem Fenster, sein Körper zuckte und er wisperte in einem fort: »Ihr Hurensöhne, haut ab. Haut doch endlich ab. Verpisst euch ...« Paranoia! Die Droge hatte sein Gehirn zerfressen, schon lange vor unserer Zeit.

Hector und Gaël tasteten auf allen vieren den Boden nach heruntergefallenen Steinchen ab. Lächerliche Hampelmänner, ohne Würde und Verstand.

Ich fühlte mich schlecht. Leer. Ausgepumpt. Ausgelaugt. Wie ein Stück Scheiße. Jetzt kamen die schlimmsten Augenblicke der Sucht. Jetzt, wo das Crack alle war. Das Herz pumpt dann wie wahnsinnig, das komplette System ist hochgefahren, aber im Kopf ist nichts außer einer fetten Masse Beton, und schon fängt die Leere an zu schmerzen, reißt dich mit unsichtbaren Widerhaken in Stücke. Die Gegenwart ist ein einziges gefühlloses Loch. Der Körper, zu kaputt, um wach zu sein, und zu aufgedreht zum Schlafen. Nichts ist mehr am richtigen Ort. Die Angst sitzt dir wie eine hungrige Hyäne im Rücken, wartet gierig darauf, dir ihre Zähne ins Fleisch zu rammen. Du kannst ihren fauligen Atem bereits riechen.

In meinem Kopf herrschte Bombenalarm, als ich aufwachte. Auf dem Weg ins Badezimmer, wo ich auf Aspirin hoffte, überflog ich den Raum. Alberto, Hector und Gaël waren an Ort und Stelle auf dem Boden eingeschlafen. Pascal musste irgendwann aufs Sofa gekrochen sein. Er schnarchte leise und mit weit geöffnetem Mund. Mein Körper fühlte sich tonnenschwer an. Im Zeitlupentempo ließ ich mich auf den Boden der Dusche gleiten und befahl meiner Hand, den Hahn aufzudrehen. Nach und nach massierte der warme Strahl meine verspannten Muskeln. Ich blieb eine Ewigkeit dort sitzen.

Die anderen waren bereits wach, als ich, nur mit einem Handtuch bekleidet, aus dem Badezimmer trat. Hector sah gar nicht gut aus. Sein Gesicht war aufgeschwemmt, unter den manikürten Fingernägeln zeigten sich schwarze Ränder und sein weißes Hemd war mit undefinierbaren Flecken übersät. In der Küche setzte ich Wasser für Kaffee auf und beobachtete stumpf, wie es zu sprudeln begann. Ich hasste diese ersten Stunden am Morgen nach einer durchgerauchten Nacht, die undefinierbare Spannung, die beschämten Blicke, die alles beherrschende Sprachlosigkeit.

Alberto kam in die Küche geschlurft. Die Hände tief in den Hosentaschen vergraben, stand er verloren rum, als würde er auf etwas warten. Zweifel zeichneten sein Gesicht.

»Buenos dias, Alberto«, presste ich hervor. »Und, seid ihr gestern Abend zu einem Ergebnis gekommen?«

Seine geröteten Augen blickten verständnislos.

»Ich meine, wie soll es denn nun laufen mit dem Transport?«

Alberto schüttete etwas Kaffeepulver in eine Tasse und goss heißes Wasser drauf, ohne zu antworten. Plötzlich war er hinter mir, bohrte seine Nase in meinen Nacken, ließ seine Hände über meinen Körper gleiten und presste sein Becken hart gegen meinen Hintern. Das Handtuch, das ich umgelegt hatte, löste sich. Jetzt konnte ich seinen steifen Schwanz in meinem Rücken spüren und mich durchfuhr ein leichter Schauer.

»Ihr habt Kaffee gemacht?«

Hectors Stimme ließ uns auseinanderfahren. Verlegen befestigte ich das Handtuch wieder über meiner Brust.

Mit Kaffee und Zigaretten bewaffnet gingen wir geschlossen ins Wohnzimmer. »Also«, setzte Hector an. Seine Hand führte zitternd den Kaffeebecher zum Mund. »Gaël fliegt als Erstes nach Basel und wartet dort im Haus seiner Eltern auf die Ankunft von Pascal.« Er rang um Fassung. Das Spiel gestern Abend hätte er sich nicht leisten dürfen, es passte nicht zu seinem Image als Drogenboss.

»Pascal schicken wir mit einer Dreiliterflasche Rotwein los, so eine, wie man sie in den Duty-free-Shops auf dem Flughafen kaufen kann. Da sind drei Kilo Flüssigkoks drin. In Basel haben wir ein Labor, in dem wir das Koks wieder in Pulver umwandeln können. Ihr bekommt fünftausend Dollar pro Kilo. Und du, chica«, damit wandte sich Hector an mich, »bei dir gehen wir auf Nummer sicher. Wir bringen dir eine präparierte Handtasche mit einem Kilo Koks eingenäht in das Hotel, in das du mit Pascal am Abend vor eurem Flug einchecken wirst. Du trägst die Tasche mit dir rum, gewöhnst dich an sie, okay?«

»Also fliege ich gemeinsam mit Pascal nach Basel?«

»Nein«, sagte Hector bestimmt. »Du fliegst nach Zürich, wo dich einer unserer Männer am Flughafen erwartet. Pascal fliegt nach Basel. Ich selbst komme einen Tag später nach. Und jetzt«, damit stand er auf und gab Alberto ein Zeichen, dass er los wollte, »haben wir noch eine Menge zu erledigen. Wir sehen uns heute Abend wieder.«

Ich kauerte mich unter meinem Handtuch zusammen. Zum ersten Mal, seit ich mich entschlossen hatte, diesen Trip zu machen, spürte ich echte Angst. Sie würden Pascal und mich trennen! Wenigstens für ein paar Stunden war ich auf mich allein gestellt und damit hatte ich nicht gerechnet.

Schnell krabbelte ich zu Pascal, der neben einem halb aufgerauchten Joint wieder eingeschlafen war. Ich zündete diesen an, inhalierte ein paar Mal tief und rüttelte vorsichtig an seiner Schulter: »Mi amor, magst du rauchen?«

Im Halbschlaf streckte er seine Hand danach aus. Ich öffnete das Handtuch und legte mich nackt neben ihn. Seine Lippen waren weich und warm, wie frisch geplatzte Marshmallows. Vorsichtig drängte sich seine Zunge zwischen meine Lippen und eroberte zärtlich meinen Mund. Sein Kuss, so intensiv, dass ich vergaß, wo ich war, wer ich war, ließ die Zeit stillstehen und alle Sorgen schmolzen dahin, alle Gedanken lösten sich in seiner Absolutheit auf. Er drückte den Joint in einem Glas aus, streifte sich die Unterhose ab und sagte: »Komm, chica! Lass uns Liebe machen.«

Meine Beine öffneten sich wie von selbst, um ihn in mir aufzunehmen. Jeder Stoß in meine feuchte Hitze war ein verzweifelter Versuch, die Mauern zwischen uns zu durchbrechen. Pascal kämpfte angespannt auf mir und ich wollte, dass er kam. Es wäre der Beweis, dass er mich liebte. Sein Orgasmus würde mich beruhigen, wenigsten für einen Moment würde er ganz mir gehören. Sein Orgasmus sollte der Trost für die vielen Stunden sein, in denen er mich nicht beachtet hatte. Aber alles ackern half nichts. Mit schwerem Atem, klitschnass geschwitzt, sank er neben mich und drehte mir den Rücken zu.

Das Kokain aus Medellín war endlich eingetroffen und Gaël bereits auf dem Weg in die Schweiz. Hector und Alberto mussten jeden Moment auftauchen, um uns ins Hotel zu bringen. Morgen um diese Uhrzeit würden wir schon im Flugzeug sitzen.

Pascal war seit unserem Zwischenspiel wieder zurück in sein Schneckenhaus gekrochen und streckte noch nicht mal einen Fühler raus. Was hatte ich falsch gemacht? Was stimmte nicht an mir? Warum redete er nicht mit mir?

Seine Kälte machte mich wahnsinnig und brachte alle meine Ängste auf einmal zurück.

Ich ging zu meinem Rucksack und holte mein Tagebuch raus. Jetzt half nur noch schreiben. Das einzige Mittel, um ein bisschen Druck loszuwerden und mich zu sortieren. Im Bucheinband entdeckte ich Pascals und Gaëls Adressen, die sie an unserem ersten Tag im Sudamare eingetragen hatten. Damals war alles noch so leicht gewesen, aber es schien Jahre her zu sein. Niemals hätte ich gedacht, dass unsere Reise so enden würde. Die wenigen Einträge der letzten Wochen spiegelten mein Gefühlschaos wider, an dem sich bisher nichts geändert hatte. Die reinste Achterbahnfahrt, und Pascal war der Wagen, in dem ich saß. Ich setzte gerade den Stift an, da ging die Tür auf und Alberto kam rein.

»Wir müssen los«, sagte er und schnappte sich die beiden fertig gepackten Rucksäcke. Plötzlich war mir alles zu viel.

»Hast du was dabei für uns?«, platzte es aus mir heraus und ich stürzte mich in Albertos Arme. »Bitte, nur eine kleine Line!«

Alberto packte mich und schüttelte mich. »Hör auf damit! Hast du verstanden?«, schnauzte er. »Du hast eine Aufgabe zu erledigen und brauchst jetzt einen klaren Kopf.«

Ich schluckte und zwang mich, die aufsteigende Panik unter Kontrolle zu bekommen. Dann nahm ich die Augenbinde, die Alberto mir hinhielt. Ich würde ihn später nochmals fragen.

Im Auto wartete Hector mit weiteren Instruktionen auf uns: »Wir halten nachher an einem Passbildautomaten, an dem ihr nacheinander Bilder zieht. Wir haben einen der Flughafenbeamten geschmiert, der die Fotos bekommt und der dann weiß, wer ihr seid. Hier kommt ihr also ohne Probleme durch. Sobald wir in der Nähe des Hotels sind, darf man euch nicht mehr zusammen sehen.«

Alberto verabschiedete sich: »Wir sehen uns heute Abend, Prinzessin. Ich bringe dir die Handtasche ins Hotel. Greta ist auch schon dort!«

Das Auto setzte sich in Bewegung und nach ein paar Kilometern durften wir die Augenbinden abnehmen. Hector lenkte den Wagen, nachdem wir die Passfotos gemacht hatten, ins Zentrum von Bogotá und hielt dort vor einem McDonalds. Wie überall in der Hauptstadt standen am Eingang Männer im Armeedress und mit Pumpguns, die den Laden bewachten. Drinnen war die Hölle los. Hector bestellte drei Menüs und führte uns zu einem freien Tisch in einer Ecke. Er nahm seine obligatorische Sonnenbrille ab, griff in die Innentasche seines Jacketts und legte vier Flugtickets auf den Tisch. Zwei für mich, zwei für Pascal. Der Laden war voll mit Menschen, die lauthals gestikulierend Hamburger mit Pommes in sich reinstopften, und Kindern, die mit ihren kleinen Händen im Ketchup rumpanschten. Sie alle gehörten zu Bogotás wohlhabender Oberschicht. Draußen auf der Straße tummelten sich in der gleißenden Sonne die Ärmsten der Armen: Lotterielosverkäufer, Kinder mit kleinen Bauchläden voller Kaugummis und Zigaretten, mit Schuhcreme beschmierte Schuhputzer, Frauen, die ihre Babys in Tücher gewickelt auf dem Rücken trugen, Bettler mit nur einem Bein.

Zu wem gehörte ich eigentlich? Auf welcher Seite stand ich? Mein Traum, einmal in einem Projekt mit Straßenkindern zu arbeiten, der Grund meines Studiums und meiner ersten Reise nach Südamerika, war vom Koks aufgefressen worden. Plötzlich schämte ich mich dafür, hier zu sitzen.

»Dein Ticket«, Hector stupste mich an.

»Was?«, fragte ich verwirrt.

»Du sollst mir dein altes Flugticket geben.«

Ich holte das Ticket aus meinem Brustbeutel und gab es ihm. Er nahm es und zerriss es auf der Stelle. »Also noch mal: Wenn ihr in Paris gelandet seid, vernichtet ihr dieses Ticket.« Damit zeigte er auf das Ticket mit dem Flug von Bogotá nach Paris. »So kann euch quasi niemand nachweisen, dass ihr aus Übersee kommt. Gebt mir jetzt die Passbilder.«

Er wischte sich mit seiner Serviette über den Mund und stand auf. Wir hatten unsere Menüs nicht angerührt. Auf dem Weg nach draußen sagte er, dass er nun Pascal zum Hotel und mich zum Markt fahren würde, damit ich mir ein Businessoutfit besorgte. Was für ein Schwachsinn, dachte ich, damit würde ich nur noch mehr auffallen. Aber ich hatte nicht die Kraft zu protestieren.

Zwei Blocks vom Hotel entfernt stieg Pascal aus, ohne ein Wort des Abschieds. Ich saß auf der Rückbank des großen Wagens und spürte wieder den Druck vom Morgen, die aufsteigende Panik. Es war, als ob Pascal gerade ein Stück von mir rausgerissen und mitgenommen hätte.

»Bitte Hector«, ich beugte mich zu ihm nach vorn und säuselte, »lass mir ein bisschen Koks da, bitte. Nur ein wenig, damit die Nacht schneller vorbeigeht.«

Hector blickte mich kurz über den Rückspiegel an, dann griff er ins Handschuhfach, holte eine kleine, in Zellophan eingewickelte weiße Kugel hervor und reichte sie mir samt ein paar Geldscheinen nach hinten.

»Aufpassen, okay!«, ermahnte er mich.

Vor dem Mercado Central ließ er mich aussteigen. Der Markt war voll und laut. Am erstbesten Stand besorgte ich ein Kostüm und die dazu passenden Schuhe, dann ließ ich mich von einem Taxi zurück ins Hotel bringen. Jetzt wollte ich nur noch schlafen. Schlafen und vergessen.

Um mich herum war alles dunkel. Suchend tastete ich mich an der Wand entlang, bis meine Finger einen Lichtschalter berührten. Neben meinem Bett standen mein Rucksack und ein paar blaue Plastiktüten vom Markt. Langsam kam die Erinnerung zurück. Ich griff in meine Hosentasche und fühlte die kleine, in Zellophan eingepackte Kugel. Das Koks brannte in der Nase. Meine Gedanken wurden klarer.

Wie spät war es? Sollte nicht Alberto schon lange hier sein und mir die Handtasche gebracht haben? Ich löschte das Licht und ging hinunter zur Rezeption, um herauszufinden, in welchem der Zimmer Greta wohnte.

»Alberto hat mich angerufen«, beruhigte sie mich, nachdem sie mich begrüßt hatte. Sie zog ein Tütchen Marihuana aus ihrer Umhängetasche und setzte sich im Schneidersitz aufs Bett.

»Sie brauchen mehr Zeit für die Handtasche, aber er bringt sie, sobald sie fertig ist.« Ein Grassamen platzte knallend, als Greta den Joint anzündete.

»Weißt du eigentlich«, sie hielt mir den Joint hin, »dass ich dich von früher kenne. Es ist mir wieder eingefallen. Du warst vor zwei Jahren schon mal in Kolumbien, oder?« Ich blickte sie fragend an.

»Wir sind uns begegnet. Hier in Bogotá.«

Noch immer keine Erinnerung.

»Du kamst gerade von der Küste. Völlig durchgeknallt bist du barfuß durch die Straßen von Bogotá geirrt und hast das deutsche Konsulat gesucht. Ich habe dich erst einmal in ein Hotel gebracht und dir klargemacht, dass du so auf dem Konsulat nicht aufzutauchen brauchst.« Sie schüttelte den Kopf.

Mein Mund war trocken. Ich ging zum Waschbecken und schüttete mir Wasser ins Gesicht. Plötzlich tauchten verschwommen ein paar Bilder auf.

Ich fuhr herum. »Ich hatte einen Bandwurm und du warst die Frau, die mir geholfen hat, das Visum für Venezuela zu bekommen, um dort ins Krankenhaus zu gehen, stimmt's?«

Sie nickte. Diese Frau hatte mir damals vielleicht das Leben gerettet. Das musste ein gutes Zeichen sein!

»Wie bist du den Bandwurm denn losgeworden? Konnten sie dir in Venezuela helfen?«

Ich setzte mich neben sie aufs Bett und gab ihr den Joint zurück. »Nein. Ich musste nach Deutschland fliegen, weil ich immer dünner wurde. Sonst wäre ich niemals freiwillig zurückgegangen und hätte jetzt wahrscheinlich auch eine Finca am Meer, so wie du. Der Bandwurm war bestimmt zwölf Meter lang, als er raus kam.«

Greta verzog das Gesicht: »Geh jetzt auf dein Zimmer und versuch zu schlafen.«

Im Rausgehen streifte ich ihre Hand. »Danke, dass du mir damals geholfen hast!«

Nur noch wenige Stunden bis zum Abflug. Alberto war noch immer nicht aufgetaucht. Notdürftig schminkte ich mich vor dem kleinen Spiegel in meinem Zimmer und begutachtete mich. Ich sah scheußlich aus. Das Kostüm war hässlich und viel zu groß, der schwarze Kajal schon jetzt verschmiert.

Aber das war ja nicht meine Idee gewesen, dass ich so fliegen sollte. Bitte, das hatten sie jetzt davon, dachte ich trotzig. Mein Gott, wo blieb denn Alberto mit der Tasche?

Die letzte Line lag auf dem Tisch bereit. Ein letztes Mal rollte ich einen Geldschein, zog das Pulver hoch, kostete diesen speziellen Geschmack, eine Mischung aus Aluminium, Benzin und Putzmittel, zog noch einmal nach und spürte, wie das Koks mir die Kehle runterlief, wie es meine Nase und meinen Mund betäubte und die Motoren in mir in Gang setzte. Das musste reichen, bis ich in der Schweiz gelandet war.

Es klopfte: Alberto!

Mit zwei Schritten war er im Zimmer, in seiner Hand ein Monstrum von einem Koffer. Stürmisch bedeckte er mein Gesicht mit Küssen.

»Prinzessin. Das mit der Handtasche hat nicht geklappt. Du musst mit diesem Koffer fliegen.« Was? Ich starrte den Koffer an. Das hatten wir nicht abgemacht!

»Was soll die Scheiße?« Ich stieß Alberto von mir. »He? Wollt ihr mich verarschen?«

«Beruhige dich.« Er kam auf mich zu. Ich wich ihm aus.

»Pass auf, Prinzessin ...«

»Was«, schrie ich, »was willst du, Scheiße noch mal.«

»Psst, leise.« Er presste eine Hand auf meinen Mund und hielt mich fest.

»In Paris«, flüsterte er, »wandert der Koffer von einem Flugzeug ins nächste. Ohne Kontrolle! Das Koks ist so präpariert, dass die Hunde es nicht riechen können. Du musst keine Angst haben, okay!« Er lockerte seinen Griff: »Falls dir in Zürich was passiert, haben wir Kontakte zu guten Anwälten. Sollte etwas schiefgehen, bist du in weniger als drei Monaten wieder draußen. Das verspreche ich dir.«

Ich betrachtete den Koffer. Wenn ich das gewusst hätte ... aber jetzt war es zu spät.

»Was ist mit meinen Sachen?«, fragte ich. »Mit meinem Rucksack?«

»Die bleiben hier! Wenn du möchtest, kannst du dir noch was dazuverdienen.«

»Ich verstehe nicht.«

»Du kannst, sobald wir das Koks in der Schweiz verkauft haben, mit dem Erlös hierher zurückfliegen und die Dollars in kolumbianische Währung umtauschen. Wir Kolumbianer dürfen keine größere Mengen Dollars eintauschen. Das dürfen nur Ausländer. Für jede tausend Dollar, die du eintauschst, bekommst du fünfzig von uns.« Alberto nahm meinen Kopf in beide Hände und kam ganz dicht vor mein Gesicht. Sein Atem roch nach Bier und Zigaretten. »Prinzessin«, insistierte er, »ich warte hier auf dich! Ich passe auf deinen Rucksack und auf deine Sachen auf. Komm zurück! Wir steigen aus diesem Business aus. Du und ich, wir können heiraten, wir können ganz von vorn anfangen.«

Alberto! Er hatte sich ernsthaft in mich verliebt und ich hatte es nicht gemerkt, weil ich nur Augen für Pascal gehabt hatte. Seine Aufregung wirkte wie eine Beruhigungsspritze auf mich. Plötzlich war ich die Stärkere. Ich streichelte über seine Wangen und sagte: »Ist ja gut, Alberto, alles wird gut, aber wir müssen jetzt los.«

Ein letzter Check, ob alles da war. Flugtickets, Reisepass, Geld, mein Tagebuch. Dann zog ich die Tür hinter mir zu.

Der Taxifahrer fuhr schweigend, den Blick stur geradeaus gerichtet, durch die belebten Straßen Bogotás. Ich saß Händchen haltend mit Alberto auf der Rückbank und schaute aus dem Fenster. Der marineblaue Himmel war durchsetzt mit tief hängenden Regenwolken, in denen sich die Sonnenstrahlen zu einem riesigen, weißen Fächer brachen. Leichter Nieselregen befeuchtete die Straßen und am Horizont über den Kordilleren erstreckte sich ein bunter Regenbogen, wie ein Hoffnungsschimmer.

»Alberto, haben wir noch Zeit für einen letzten Drink?«

Alberto gab dem Fahrer die Anweisung, an der nächsten Bar zu halten. Wir bestellten doppelte Whiskys. Ich war traurig, weil ich dieses Land verlassen musste, weil Pascal jetzt nicht bei mir war, weil ich nicht allein in dieses verdammte Flugzeug steigen wollte.

»Prinzessin«, Alberto sank vor mir auf die Knie, die Hände wie zum Gebet erhoben. »Bitte flieg nicht! Wir besorgen uns irgendwie anders Geld. Du musst diesen Job nicht machen. Bitte bleib hier bei mir.«

Ich schaute auf ihn runter. »Bitte!«, flehte er. Armer Alberto! Er träumte von etwas ganz anderem als ich. Ich nahm seine Hände, zog ihn hoch und schüttelte den Kopf. Für mich gab es keinen Weg zurück. Ich musste das jetzt durchziehen.

Das Taxi hielt in einiger Entfernung zum Flughafen. Wir umarmten uns ein letztes Mal.

»Ich warte hier auf dich. Viel Glück!«, sagte Alberto. Dieses Mal ging ich fort, ohne mich umzudrehen.

Am Check-in-Schalter war wenig los. Ich legte den Koffer aufs Band und wartete mit klopfendem Herzen, bis der Knall des Ausreisestempels mir den Weg in Richtung Europa freigab. Ich hielt nach Pascal Ausschau. Wo war er nur? Unruhig irrte ich durch die Duty-free-Shops und suchte ihn. Ein Blick auf ihn würde mir genügen, um mich zu beruhigen. Das einfache Wissen, dass er auch hier war, in der gleichen Situation wie ich, dass wir uns gemeinsam im selben Raum bewegten. Aber ich konnte ihn nirgends entdecken.

Mein Platz im Flugzeug war in den mittleren Reihen. Weit und breit kein Pascal in Sicht, dafür nahm ein junger, deutsch aussehender Mann neben mir Platz.

»Hi«, sagte ich, »ich heiße Bettina, und du?«

Die wenigen Minuten allein auf dem Flughafen hatten mein Gedankenkarussell in Gang gesetzt. Der Whisky begann, seine Wirkung zu verlieren. Ich spürte, wie mein Selbstbewusstsein schrumpfte, wie die Angst zurückkam. Ich musste mich ablenken.

»Alex, angenehm.« Er lächelte mich an.

»Hast du Urlaub in Kolumbien gemacht?«

Alex war gesprächig und erzählte stolz von einem Studium der Ethnologie in Köln, für das er in Kolumbien Recherchen betrieben hatte. Er wirkte so ausgeglichen und entspannt, aber ich konnte mich nicht auf seine Worte konzentrieren.

»Und, hast du mal probiert?«, fragte ich, während ich mir an die Nase tippte. Er lachte und schüttelte den Kopf. Es ging nicht mehr! Der Druck war zu groß! Ich konnte das Geheimnis nicht länger für mich behalten.

»Weißt du«, flüsterte ich, »ich habe nämlich ein Kilo Koks im Gepäck. In meinem Koffer hier unten, in dieser Maschine.«

Der Kapitän warf die Motoren an und begrüßte uns auf unserem Flug von Bogotá nach Paris. Alex starrte mich entsetzt an.

»Bist du verrückt«, sagte er und schaute sich nervös um. »Das kannst du doch nicht einfach so sagen. Wenn das jemand gehört hat!«

Die Maschine fing an zu rollen. Ich nahm Alex' Hand und drückte sie: »Ist schon okay«, sagte ich, »sei einfach bei mir, bis wir in Paris landen.«

Ein leichtes Rütteln an meiner Schulter weckte mich: »Bettina, wir sind gleich da.« Verschlafen blickte ich mich um. Alex hielt mir einen kleinen Zettel hin: »Hier ist meine Adresse in Köln. Du kannst dich ja mal bei mir melden, wenn du gut angekommen bist.«

Das kleine, weiße Stück Papier in meiner Hand berührte mich. Seine sorgenvolle Stimme berührte mich. Warum konnte ich jetzt nicht er sein? Ich fühlte mich unerträglich nüchtern. Sofort kroch die Anspannung mit spitzen Nadeln meinen Körper hoch. Es gab nichts mehr zu sagen. Ich steckte den Zettel in meine Handtasche und dankte ihm, dann setzte das Flugzeug auf.

»Bien venidos a Paris, Señoras y Señores.«

Ich torkelte die Stufen runter zum Bus, der uns zu den einzelnen Gates brachte. Zwischen eng aneinandergepressten Körpern konnte ich endlich einen Blick auf Pascal erhaschen. Abwesend starrte er auf die graue Rollbahn und verließ den Bus am ersten Gate mit schnellen Schritten. Der Impuls, ihm nachzulaufen, war übermächtig. Krampfhaft klammerte ich mich an der Haltestange des Busses fest und presste die Lippen zusammen, um nicht seinen Namen zu schreien.

Das Flughafengebäude war ein riesiges Labyrinth voller Menschen, die darin herumirrten. Vier endlose, einsame Stunden lagen vor mir, Stunden, in denen niemand und nichts mich von der Realität, die mir jetzt brutal und abweisend entgegenschlug, ablenken konnten. Nur das Gespenst der Sucht lauerte hämisch grinsend in meinem Nacken. »Komm«, hauchte es, » komm zu mir. Komm in meine Arme. Ich werde dich halten. Du bist nicht allein.«

Der Entzug hatte schon lange eingesetzt. Der ganze Flughafen schien Augen zu haben, die mich beobachteten, als ob ich, von Scheinwerfern beleuchtet, einen Laufsteg entlangschreiten würde. Wo ich auch hinschaute, überall standen Menschen, die mich zu verfolgen schienen – Flughafenangestellte, Polizisten, Passagiere.

Mein Blick streifte ein Schild in neonfarbenen Lettern: Businesslounge. Ich stieß die Tür auf und trat ein. In dem abgedunkelten Raum mit einer kleinen Bar in der Mitte standen mehrere Sofas um kniehohe schwarze Tische. Außer dem Barkeeper, der gelangweilt Gläser polierte, und einem Herrn im Anzug, der in einer Ausgabe der Financial Times blätterte, war niemand in der Lounge. Genau der richtige Ort für mich. Ich setzte mich auf einen der Barhocker und bestellte eine Flasche Rotwein.

»Den Rest der Geschichte kennen Sie«, sagte ich zu Kommissar Bertrand. Es war spät geworden. Alle Zigaretten waren aufgeraucht und ich ließ mich ausgelaugt in meinem Stuhl zurückfallen.

»Mehr weißt du nicht? Namen, Adressen, Kontaktdaten?« Kommissar Bertrand lugte fragend hinter seiner Nickelbrille hervor. Ich schüttelte den Kopf. Was ich gesagt hatte, war genug. Er setzte den letzten Punkt hinter seine Aufzeichnungen, ordnete den Berg Papier, auf dem er meine Geschichte festgehalten hatte, und reichte ihn mir zur Unterschrift.

»Mädchen, Mädchen«, seine Stimme klang mitfühlend, »was machst du nur für Sachen, hm?« Dann stand er auf und wies mir den Weg zur Tür.

»Möchtest du duschen, bevor sie dich nach Bobigny ins Gericht bringen?«

Ich nickte dankbar. All das Gift, das ich die letzten Tage und Nächte ausgeschwitzt hatte, klebte auf meiner Haut und hatte mein Businesskostüm in ein ätzend riechendes Stück Stoff verwandelt. Es wunderte mich, wie Kommissar Bertrand das ausgehalten hatte.

Ein junger Franzose in Uniform brachte mich zurück in den Keller. Wir folgten einem schmalen Gang, an dessen Ende hinter einer Tür mit einem kleinen Milchglasfenster eine enge, gekachelte Nasszelle lag. Der Franzose quetschte sich nach mir in die Minizelle, zog die Tür hinter sich zu und hielt mir mit einem dämlichen Grinsen ein Stückchen Seife hin. Es gab keinen Vorhang, hinter den ich mich hätte stellen können, nichts, was mich vor seinen demütigenden Blicken geschützt hätte. Er sagte etwas auf Französisch, deutete auf den Duschkopf und auf seine Armbanduhr. Beschämt drehte ich ihm den Rücken zu und zog mich aus.

Die Gemeinschaftszelle im Keller des Gerichtshofs von Bobigny, einem riesigen verglasten Gebäude in einem der Pariser Außenbezirke, war vom Boden bis zur Decke mit beigefarbenen Kacheln verkleidet. Die Luft war stickig und stank nach Erbrochenem. Es gab keine Fenster in dem Raum. Bevor sie mich in die Zelle brachten, kontrollierten zwei mürrisch blickende Beamtinnen meine Körperöffnungen, Ohren, Mund und Nase. Dann musste ich, nackt ausgezogen, ein Bein auf einen Schemel stellen und husten. Danach durfte ich mich wieder anziehen. Erneut bekam ich eine Papiertüte und einen Plastikbecher mit Wasser in die Hand gedrückt. Dann schloss sich die dicke blaue Stahltür hinter mir.

In der Zelle schlief auf einem in die Wand eingelassenen Vorsprung ein Mädchen mit schwarzer Hautfarbe. Aus der hintersten Ecke glotzte mich eine verwahrloste junge Frau an, die zusammengekauert am Boden saß. Wir betrachteten uns eine Weile stumm, bis sie das Interesse verlor und anfing, irgendetwas von den Kacheln zu kratzen. Mit starrem Körper hockte ich mich nahe der Tür auf den Boden, legte meinen Kopf auf die Knie und weinte.

Ich fühlte mich so unendlich schuldig. Zu unwürdig für dieses Leben. Und es gab nichts hier drin, das mich von meinem Zustand erlösen könnte. Kein Alkohol, keine Drogen, keine Männer, kein Sex, keine Party, keine Freundin zum Reden.

In der Papiertüte waren Weißbrot, ein Apfel und ein kleines Stück Camembert. Wasser und Brot! Ich hatte seit Tagen nichts gegessen und wollte auch nie wieder etwas essen. Ich wollte einfach verhungern, dann müsste ich das hier nicht aushalten, müsste diese verdammten Schuldgefühle nicht ertragen.

Das hier würde meinen Eltern die Augen öffnen. Ihr tolles Mädchen war keine Klavierkünstlerin, kein Tennisstar und ich hatte auch keinen netten, vorzeigbaren Freund. Nein! Ich saß im Knast, war eine Verbrecherin, eine Kriminelle, jemand, für den man sich schämen musste. Das schwarze Schaf der Familie.

Die heruntergekommene Gestalt aus der Ecke regte sich, krabbelte auf allen vieren quer durch die Zelle, zog sich an der großen, blauen Tür hoch und fing an, mit beiden Fäusten dagegen zu hämmern. Immer mehr steigerte sie sich in ihr wütendes Trommeln rein, wiederholte schreiend irgendein französisches Wort. Wieder und wieder. Dann drehte sie sich plötzlich zu mir, griff nach dem Plastikbecher mit Wasser, der vor mir auf dem Boden stand, und leerte ihn sich in gierigen Zügen in die Kehle. Aus ihren Mundwinkeln, in denen sich alte Spucke gesammelt hatte, liefen kleine Rinnsale.

»Merci. Je suis Fatu«, sagte sie mit krächzender Stimme und lächelte.

Eine Reihe verfaulter Zähne kam zum Vorschein. Sie war ein Junkie. Ihre Arme waren übersät mit entzündeten Einstichen, das Gesicht voller aufgekratzter Furunkel. Sie guckte in die Papiertüte, zog erfreut das Stückchen Camembert heraus, ging damit zurück in ihre Ecke und rollte sich, nachdem sie den Käse gegessen hatte, wie ein Hündchen auf dem Boden zusammen und schlief wieder ein.

Jetzt hatte ich kein Wasser mehr. Mein Mund war trocken, fast staubig. Ich ging zur Tür und klopfte, aber niemand kam, auch dann nicht, als ich lauthals nach Wasser rief.

Irgendwann, Ewigkeiten später, brachte eine Aufseherin drei Plastikbecher mit Wasser und neue Papiertüten. Ganz langsam, um nichts zu verschütten, setzte ich den Becher an meine Lippen und trank. Es schmeckte gut, so gut. Ich hätte einen Ozean davon austrinken können.

Wieder wurde die Tür aufgeschlossen und mein Name gerufen. Ich hatte jegliches Zeitgefühl verloren. Das Innere meines Schädels fühlte sich an wie klebriges Gummi, alles war so unwirklich. Ich spürte meinen Körper nicht mehr und selbst der Durst war inzwischen verschwunden. Mühsam rappelte ich mich hoch. In Handschellen wurde ich zum Aufzug geführt und in ein Zimmer in den oberen Stockwerken gebracht.

Eine Frau mittleren Alters, mit strengen Gesichtszügen, das Haar straff nach hinten zu einem Dutt gebunden, saß hinter einem massiven Schreibtisch, auf dem sich Berge von Papier stapelten. Sie studierte eine Akte, als wir den Raum betraten. Eine junge, hübsche Araberin in schwarzer Anwaltsrobe war ebenfalls anwesend.

»Hmhm«, räusperte sich die Richterin, nachdem ich mich auf den von ihr zugewiesenen Stuhl gesetzt hatte. Beschämt schaute ich auf den Boden. Für diese Menschen hier war ich ein Stück Dreck, jemand, der das Gesetz gebrochen hatte.

»Sind Sie Madame Bettina Uzler, geboren am 27. Mai 1972 in Deutschland?«

Dieses Mal war eine Dolmetscherin anwesend, die für mich übersetzte.

»Das hier ist Madame Turajallah.« Die Untersuchungsrichterin zeigte auf die junge Anwältin, die mir aufmunternd zulächelte.

»Sie ist Ihre Pflichtverteidigerin«, fuhr die Richterin fort. »In Ihrem Koffer«, sie legte suchend einen Finger auf die Akte, »sind 1780 Gramm Kokain mit einem Reinheitsgrad von 82 Prozent gefunden worden.« Ihre Stimme wurde lauter: »Sie haben zugegeben, dass Sie die Drogen wissentlich transportiert haben, dass Sie jedoch nicht die eigentliche Besitzerin der Drogen sind. Liege ich da richtig?«

Ich schaute zu Madame Turajallah. Sie nickte.

»Ja, das stimmt«, bestätigte ich die Aussage.

Die Richterin wiederholte die Geschichte, die ich Kommissar Bertrand am Tag zuvor erzählt hatte, und ich bestätigte in jeder Redepause die Richtigkeit der Aufzeichnungen.

»Was haben Sie denn in Deutschland gemacht, bevor Sie nach Kolumbien geflogen sind?«

»Ich habe studiert. Sozialpädagogik in Berlin.«

»Und warum haben Sie dann dieses Verbrechen begangen? War Ihnen nicht klar, dass Sie damit Ihr ganzes Leben ruinieren können?«

Ich zuckte mit den Schultern. Ich wusste es nicht. Vielleicht, weil ich gedacht hatte, dass mich Pascal dann respektieren würde, vielleicht, um mir etwas zu beweisen, vielleicht, weil ich nicht Nein sagen konnte ...

»Wie dem auch sei«, seufzte sie. »Sie werden des internationalen Drogentransportes beschuldigt, deshalb veranlasse ich Ihre Einweisung in die Frauenhaftanstalt Fleury-Merogis, bis die Untersuchungen beendet sind und es zu einer Urteilsverkündung kommen kann.«

Die Richterin erhob sich. Auch Madame Turajallah stand auf und kam mit der Übersetzerin auf mich zu.

»Wir haben jetzt keine Zeit zu sprechen, aber ich werde Sie im Gefängnis besuchen. Ich glaube Ihre Geschichte.«

Sie schaute mich an und ihr warmer Blick sagte mir, dass ich ihr vertrauen konnte. Ich musste ihr vertrauen! Ich hatte ja sonst niemanden.

»Ich möchte Sie verteidigen! Dafür müssen Sie einen Antrag stellen, sobald Sie im Gefängnis sind.« Schnell zog sie eine Visitenkarte heraus und gab sie mir.

»Gibt es irgendjemanden in Deutschland, den ich benachrichtigen soll? Vielleicht Ihre Eltern?« Ich schüttelte den Kopf. Als ob ich damit verhindern könnte, dass sie von meiner Verhaftung erfuhren.

»Sie werden heute Abend nach Fleury gebracht. Es werden ein paar Monate vergehen bis zu Ihrer Verurteilung. Die französische Bürokratie ist sehr langsam. Bis dahin«, sie legte mir eine Hand auf den Arm, »sehen wir uns noch ein paar Mal. Ich kümmere mich um Sie. Jetzt halten Sie durch. Die Zeit wird vorbeigehen. Und denken Sie daran: Stellen Sie den Antrag, dass ich Ihren Fall übernehmen soll. Alles Gute!«

Damit verließ sie den Raum und ich wurde zurück in die Gemeinschaftszelle gebracht.

Der Gefängnistransporter, der mich spät in der Nacht vom Gericht abholte, erlöste mich von dem Horror der Gemeinschaftszelle, mit ihrem elektrischen Licht, dem Gestank, dem anhaltenden Durst, dem Betteln um einen Gang aufs Klo und dem Warten darauf, dass einer der Wärter auf unser Klopfen reagierte.

Ich dachte an Pascal und Gaël. Würden sie die beiden aufgrund meiner Aussage erwischen? Ich durfte keinen Kontakt zu ihnen aufnehmen, bis die Untersuchungen abgeschlossen waren, hatte die Richterin gesagt. Das schmerzte. Würde ich Pascal jemals wiedersehen?

Die Vorstellung, jetzt eine Gefangene zu sein, ich, immer auf der Suche nach Freiheit und Grenzenlosigkeit, war noch vollkommen unwirklich. Wie sollte ich die Monate überleben? Ich würde eingehen, wie ein Vogel, dem man die Flügel gekappt hatte.

GEFANGEN

Der Knast!

Fleury-Merogis!

350 inhaftierte Frauen!

Jede einzelne nicht mehr als eine Nummer!

Entmündigt!

Ein Alltag voller Regeln, alles vorbestimmt, jeglicher Verantwortung entzogen.

Am Empfang wurde protokolliert, was ich mitgebracht hatte – viel war es nicht –, um mir die Dinge nach meiner Entlassung wieder aushändigen zu können. Fingerabdrücke wurden genommen und mit einer Polaroidkamera ein Foto geschossen. In einem kleinen Nebenraum gab es den Bodycheck: Kleider aus, Haare durchwühlen, unter die Zunge, in die Nase und in die Ohren schauen. Fuß auf einen Stuhl stellen und husten, in die Hocke gehen und nochmals husten. Ich hatte mich schon fast daran gewöhnt. »Vous avez des vêtements?«, fragte mich eine der Wärterinnen.

Warum konnten die hier kein Englisch? Als ob das alles nicht schon schrecklich genug war. Ich zuckte mit den Schultern.

Sie deutete auf den Haufen dreckiger Klamotten auf dem Boden: »New, new«, sagte sie. Ich schüttelte den Kopf.

Aus einem großen Plastiksack zog sie ein paar Liebestöterunterhosen, einen alten, blauen Jogginganzug, einen grau-weißen Wollpullover, zwei einfache T-Shirts, Tennissocken und eine Sportjacke. Die Sachen waren hässlich. Schnell schlüpfte ich in Unterwäsche und Jogginganzug. Schuhe waren nicht dabei. Dann stapelte die Wärterin einen zweiten Haufen Dinge auf den Tisch: eine Rolle Klopapier, ein Stück Seife, Zahnbürste und Zahnpasta, fünf Damenbinden, Waschlappen, Handtuch und Bettwäsche. Ich bekam eine große Plastiktüte für meine Sachen und einen Gefängnisausweis, ein viereckiges Stück Pappe, auf dem das Polaroidbild befestigt war. Darunter stand:

Madame Bettina Uzler, No d'écrou: 316278. Maison d'arrêt des femmes. Fleury-Merogis.

Unsere Schritte hallten in den endlosen, schmutzig graugrün gestrichenen Gängen wieder. Fernsehgeräusche sickerten durch die Türspalten der Zellen, irgendwo klopfte es, eine Frauenstimme rief etwas. Über eine Wendeltreppe wurde ich in einen Trakt im zweiten Stock des Gebäudes gebracht. Mit einem »Bonne nuit« übergab mich die Wärterin gnadenlos der ersten, einsamen Nacht in meiner Zelle.

Viel gab es nicht zu sehen hier drin. Hinter einer metallenen Absperrung befanden sich das Klo, ein Bidet und ein Waschbecken. Direkt davor standen ein kleiner Tisch mit zwei Stühlen, ein in die Wand eingelassener Metallschrank und ein schmales Stockbett mit einer kratzigen, grauen Wolldecke darauf. Es war kalt in der Zelle. Ich setzte mich aufs Bett. Ich war allein, der Einsamkeit ausgeliefert, meinen dunklen Abgründen, aus denen die Sehnsucht herausbrüllte nach etwas, nach irgendjemand, der mich vor diesem riesigen Nichts, das auf mich wartete, retten würde.

»Killing me softly with his song, singing my life with his words, killing me softly with his song ...«

Woher kam diese zarte Stimme? Wie ein heimlicher Trost erfüllte sie plötzlich die Zelle und machte meiner Angst den Platz streitig. Ich ging zum Fenster und blickte in den Innenhof, der durch die einzelnen Gefängnistrakte und eine hohe Mauer begrenzt war. Zur linken Seite zeigte sich der Schatten einer Frau am Fenster, die dort stand und aus vollem Herzen dieses Lied, für mich, für uns, für all die inhaftierten Frauen, die gerade genauso einsam waren wie ich, sang und die Sehnsucht stillte, mich beruhigte wie eine Mutter ihr Baby. Ich legte mich aufs Bett und lauschte weiter. Noch bevor das Lied zu Ende war, war ich eingeschlafen.

Am nächsten Morgen weckte mich eine aufgebrachte Schließerin, indem sie mir unsanft in die Rippen stieß und mich dabei auf Französisch vollmotzte. Ich verstand kein Wort. Sie deutete mir an, meinen Plastiksack zu nehmen und ihr zu folgen.

Der Knast war riesig! Wir passierten mehrere zentrale Kontrollpunkte, von denen die einzelnen Gefängnistrakte abgingen, bis wir vor einer Zelle stehen blieben. Eine ältere Französin saß gerade auf dem Klo, als wir eintraten. Ohne weitere Erklärungen abzugeben, schob mich die Schließerin in die Zelle.

Knastalltag!

Sechs Uhr: Wecken. Raus aus dem Bett, Decken auf Kante zusammenlegen.

Halb sieben: Frühstück. Eine Schale lauwarmes Wasser, eine Portion Getreidekaffee, eine Portion Milchpulver, eine Portion Zucker, dazu altes Brot vom Vortag.

Warten ...

Neun Uhr: »Mesdames, la promenade.« Ausgang. In Reihe aufstellen. Auf dem Hof Kippen schnorren oder Stummel vom Boden aufsammeln, um den letzten Zug zu rauchen.

Warten ...

Zwölf Uhr: Mittagessen. Eklig! Gummifleisch und Dosengemüse, dazu Brot.

Warten ...

Zwei Uhr: »Mesdames, la promenade«. Ausgang. In Reihe aufstellen. Zwei Stunden Hofgang, sonntags drei. Laufen, Kippen schnorren, Stummel suchen, Kontakte knüpfen.

Warten ...

Fünf Uhr: Abendessen. Käse, Wurst, Obst, Brot. Annehmbar.

Warten, warten, warten ...

Endlose, langweilige, mit der unerträglichen Sinnlosigkeit ungenutzter, ungelebter Zeit angefüllte Stunden warteten darauf, dass der zu kleinen Portionen aufgeteilte Tag vorbeiging, überging in eine ebenso endlose Nacht ohne Schlaf, nur unterbrochen von einzelnen Rufen der Frauen, nach der Schließerin, nach Sex, nach Freiheit, immer wieder unterbrochen vom prüfenden Blick der Schließerinnen durch das Guckloch in der Zellentür, alle eineinhalb Stunden, zur Demonstration der permanenten Kontrolle.

Geld regiert die Welt, auch im Knast! Es gab zwei Möglichkeiten, das Knastkonto zu füllen. Entweder überwiesen Verwandte oder Freunde außerhalb der Mauern von Fleury etwas oder man bekam Arbeit im Knast und arbeitete für einen Hungerlohn von drei Mark am Tag. Einen Job gab es aber erst nach ein paar Wochen guter Führung.

Die ersten beiden Monate in Fleury blieb mein Konto leer. Ich hatte Kontaktsperre und meine Briefe lagen gesammelt auf der Post- und Zensurstelle, wo sie gelesen und je nach Inhalt zurückgegeben wurden.

Ohne Geld war das Leben im Knast richtig scheiße, weil jede zusätzliche Annehmlichkeit, um die Eintönigkeit des Knastalltags ein bisschen erträglicher zu machen, etwas kostete. Kein Fernsehen, kein Radio, kein Tabak, keine zusätzlichen Kosmetikartikel, obwohl das Klopapier nie reichte, kein Papier zum Schreiben, kein zusätzliches Essen, kein Müsli, keine Schokolade, kein Zucker ... Der Knastfraß war ungenießbar und die Frauen verschlangen kiloweise das frische Stangenweißbrot, das täglich geliefert wurde. Die Frauen ohne eigenes Geld litten alle unter Verstopfung und quollen auf wie Dampfnudeln. Das Dauerthema beim Hofgang war: Wer hatte wann das letzte Mal geschissen und wie gut wirkte welches Abführmittel.

Im Hof wurde alles getauscht. Zucker gegen Tabak, Briefmarken gegen Schokolade, Abführmittel gegen Damenbinden. Natürlich alles heimlich. Erwischen lassen durfte man sich nicht.

Meine Periode blieb nach der Verhaftung aus. Ein Hormonsturz durch den Schock, meinte der Knastgynäkologe. Mir war es recht. So brauchte ich wenigstens kein Geld für Tampons.

Der Knast machte geizig. In Fleury war jede Frau sich selbst die Nächste. Neid und Missgunst waren an der Tagesordnung. Die Frauen gruppierten sich nach ihren Nationalitäten, ihrem Glauben oder nach der Art ihres Verbrechens. Innerhalb der Gruppen hielten sie zusammen. Meistens jedenfalls.

Ich fand Anschluss an eine Gruppe von Baskinnen, die Angehörige der ETA waren. Sie versorgten mich mit dem Nötigsten, hielten mich im Arm, wenn meine Ängste überhandnahmen, wenn ich meinte, durchzudrehen, wenn ich diese ganze Scheiße einfach nicht mehr aushielt. Sie waren einfach da. Menschliche Nähe! Das war wichtig im Knast.

Es war mein vierter Morgen in Fleury. Die alte Nebelkrähe, mit der ich mir die Zelle teilte, ging mir auf die Nerven. Im Fernseher liefen bis spät in die Nacht ununterbrochen französische Unterhaltungssendungen. Kaum war die Glotze aus, legte sie mit ihrem Schnarchen los. Ruhe war eigentlich nie in der Zelle und dabei sehnte ich mich so danach.

Die mir aufgezwungene Nähe zu einer fremden Person machte mich verrückt. Die permanenten Kontrollen, das Geräusch, wenn der Verschluss vom Guckloch weggezogen wurde, machten mich verrückt. War eine von uns nicht zu sehen, befand sie sich im toten Winkel oder auf dem Klo, so wurde der Name gerufen und wir mussten uns zeigen. Egal wie! Auch nachts wurde kontrolliert. Alle anderthalb Stunden.

Überall lauerte die Demütigung. Wir waren eben nur Nummern auf einem Stück Papier.

Jeder Furz musste mit einem kleinen Bittschreiben bei der Knastleitung beantragt werden. Natürlich auf Französisch. Ob man zum Arzt wollte, in die Bibliothek, um Arbeit ersuchte, das Klo verstopft war ... Dafür waren Zettel und Stift nötig, bei mangelnden Französischkenntnissen jemand, der übersetzte, und Geduld beim Warten auf die Antwort. War die formelle Anrede falsch, kam der Antrag zurück. War die Danksagung am Schluss falsch, kam der Antrag zurück. Außerdem war eine gut gestimmte Schließerin nötig, um die Anträge zu übermitteln.

Das Mittel, mit dem Zucht und Ordnung im Knast sichergestellt wurden, hieß »Mitard«, die disziplinäre Isolierungshaft. Ein dunkles Loch, brutale Einsamkeit.

Wenn dich nichts bricht, bricht dich der Mitard!

Jedes Vergehen wurde bestraft. Die Verweigerung des Morgengrußes, der Streit mit einer Aufseherin, das Schmuggeln von Lebensmitteln auf den Hof. Einfach jede Regel, die gebrochen wurde – und davon gab es eine Menge. Wie ein Damoklesschwert hing der Mitard über dem Knast. Wer schon mal drin war, wurde bemitleidet und bewundert. Die Höchststrafe lag bei dreißig Tagen. Doch dazu war noch keine der Frauen verdonnert worden.

Dieses ganze System fraß sich in mein Nervenkostüm und zerstörte es von innen. Beim kleinsten Anlass flippte ich aus, bekam Heulkrämpfe bis zur Erschöpfung.

Aber ich wollte weder Beruhigungsmittel noch Psychopharmaka. Ich wollte clean bleiben, wollte diese Zeit nutzen, um mich wieder auf die Reihe zu kriegen und um meinen angeknacksten Stolz zurückzugewinnen.

Zwischen meinen Zusammenbrüchen befand ich mich in einer Art durchsichtiger Luftblase, getrennt von der Außenwelt. Ich nahm alles wahr, konnte aber nichts fühlen. Meine Reaktionen waren wie ferngesteuert, wie bei einem Roboter ohne Seele.

Die grünen Blätter an den Baumspitzen hinter der Mauer zeigten uns, dass der Frühling gekommen war. Nun begann die schönste Zeit des Jahres, die Zeit, in der die Tage länger wurden und die Parks und Straßencafés sich mit Menschen füllten, die Zeit der Festivals und Freiluftpartys, der nächtlichen Ausflüge zum Nacktbaden an die Seen und die Zeit, in der ich mich immer am lebendigsten gefühlt hatte. Was ich hier drin alles verpassen würde!

Wie sehr hatte ich mich nach Freiheit gesehnt! Wie viele Kilometer war ich gereist, um sie zu finden.

Freiheit! Dieses undefinierbare Gefühl, das in besonderen Momenten wie eine leise Vorahnung auf eine größere Dimension plötzlich auftaucht und dann, ohne Spuren zu hinterlassen, einfach wieder verschwindet.

Ich hatte Freiheit gesucht, als ich zum ersten Mal nach Südamerika aufgebrochen war. Damals hatte ich das Gefühl, ein Chamäleon zu sein, das je nach Umgebung die Farbe wechselt. Ich hatte viele Masken im Gepäck, für jeden die passende. Eine für meine Eltern, eine für meine Freunde, eine für die Männer, die ich toll fand und die mich toll finden sollten. Nur wenn ich allein war, wusste ich nicht, wer ich war.

In Südamerika, so hatte ich gehofft, wo niemand mich kannte, würde ich zu dem Menschen werden, der ich eigentlich war. Ich hatte gehofft, dass die Masken, hinter denen ich mich eingesperrt fühlte, verschwinden würden.

Es hatte diese Augenblicke gegeben, Sekunden, in denen ich glücklich war, frei von dem Gefühl, irgendwie sein zu müssen, um gut anzukommen, Momente, in denen alles gestimmt und das Leben sich leicht angefühlt hatte. Momente, in denen es ruhig war in mir. Aber ich konnte diese Momente nie festhalten, sie rieselten mir wie Sand durch die Finger. Sofort kam die Sehnsucht wieder und trieb mich vor sich her wie ein hungriges Tier, ließ mir keine Ruhe, war niemals befriedigt.

Hier war das Tier in Ketten gelegt. In den Nächten, in denen ich wach auf meinem Bett lag, spürte ich neben der Sehnsucht auch Erleichterung. Ich war erleichtert, dass jemand die Zügel in die Hand genommen hatte. Hier war ich beschützt vor mir und vor diesem Tier in mir, das ständig nach Nahrung suchte und niemals satt wurde. Ich hatte schon längst die Kontrolle darüber verloren. Hier musste ich keine Entscheidungen mehr treffen, hier wurde mir jegliche Verantwortung abgenommen. Niemand wusste, welchen Tribut dieses Tier als Nächstes von mir gefordert hätte.

Die Wochen vergingen und langsam lebte ich mich in Fleury ein. Ich besuchte einen Französischkurs und lernte Karate. Wenn es irgendwo im Knast ein verstopftes Waschbecken oder Klo gab, kam ich, um es zu reinigen. Dafür wurde mir ein Fernseher zur Verfügung gestellt. Mein Antrag auf einen Arbeitsplatz in der Küche lag in mehrfacher Ausfertigung der Knastleitung vor.

Inzwischen hatte ich mehrmals die Zelle gewechselt. Beim letzten Wechsel wurde ich mit Erika, einer jungen Deutschen aus Sachsen-Anhalt, zusammengelegt. Erika war blond, naiv und »ostig«.

Als Fernfahrerin hatte sie bei ihrer letzten Tour fast eine halbe Tonne Haschisch für ihren Freund, einen Afrikaner, geschmuggelt. An einer Ampel in Paris wurde sie von Zivilbullen gestoppt und überführt. Ihr Freund saß in Deutschland im Knast und schrieb ihr täglich Liebesbriefe voll sexueller Fantasien, die mir Erika stolz vorlas.

Ebenso tagtäglich stieg Erika morgens vom Bett, setzte sich auf die Toilette und sagte im breitesten Sächsisch: »So, jetzt erst amol uff'n Topp.« Das war das Zeichen, die Nase unter die Decke zu stecken. Ansonsten war Erika umgänglich, sodass ich endlich das Gefühl hatte, es in dieser Zelle eine Weile auszuhalten.

Ich wartete auf Nachricht von Madame Turajallah. Der Antrag, dass sie meinen Fall übernehmen sollte, war schon lange geschrieben.

Ein Pflichtverteidiger bekam in Frankreich pro Fall vom Staat achthundert französische Francs. Das war nicht viel. Entsprechend waren das Interesse und das Engagement der Anwälte. Die Frauen berichteten nach der Rückkehr von ihren Verhandlungen über die Teilnahmslosigkeit ihrer Verteidiger, die Härte der Richter, die unverschämt hohen Summen, die der französische Zoll für die beschlagnahmten Drogen verlangte. Wer es sich leisten konnte, bezahlte einen eigenen Anwalt.

Da war zum Beispiel Anna. Kolumbianerin, angeklagt wegen illegalen Drogentransports. Sie und ihr Mann hatten aus purer Not je ein Kilo Kokain geschluckt, um es für die Drogenmafia nach Europa zu schmuggeln. Sie hatten einen zweijährigen Sohn und keine Möglichkeit, in Kolumbien mit legaler Arbeit Geld zu verdienen. Eines der in Zellophan verpackten Päckchen hatte sich während des Fluges im Magen ihres Mannes durch die Magensäure geöffnet. Während sie ihren kleinen Sohn im Arm hielt, vergiftete das Kokain ihren Mann langsam neben ihr im Flugzeugsitz. Er starb kurz nach der Landung, sie wurde verhaftet und der Sohn einer französischen Pflegefamilie übergeben. Einmal im Monat brachte ihn die Familie nach Fleury. Hilflos musste sie miterleben, wie er sich immer weiter von ihr entfernte und ihre Liebkosungen, die sie ihm in ihrer Landessprache ins Ohr flüsterte, nicht mehr verstand.

Anna bekam für ihr Kilo vier Jahre! Sie war eben nur eine Kolumbianerin. Ich lag auf meinem Bett und dachte an Anna – im Angesicht ihres Schicksals kam mir meines so lächerlich vor –, als die Zellentür aufging und die Schließerin ein Päckchen Briefe reinreichte.

»Da ist ein Brief für dich«, sagte Erika und hielt mir einen weißen Umschlag hin. »Na, was ist, willst du ihn nicht aufmachen?«

Zögernd griff ich nach dem Kuvert. Endlich ein Lebenszeichen von der Außenwelt. Seit über zwei Monaten wartete ich darauf. Jetzt traute ich mich kaum, auf den Umschlag zu schauen. Mit Sicherheit war er von meinen Eltern. Die Stunde der Wahrheit hatte geschlagen.

Es war ein Umschlag mit Sichtfenster. Der Absender war eine Adresse aus Straßburg, die ich nicht kannte. Ich riss den Umschlag auf und überflog den Inhalt. Eine Anwaltskanzlei in Straßburg forderte mich förmlich auf, die vorgefertigte Einverständniserklärung zu unterschreiben, damit sie meinen Fall übernehmen konnten. Unter dem Schreiben der Kanzlei standen in der spitzen Handschrift meines Vaters ein paar Worte gekritzelt: »Bettina, bitte unterschreib das und sende es schnellstmöglich nach Straßburg. Alles Weitere regeln wir. Gruß, Papa.«

Was? Ich konnte es nicht fassen! Das war alles?

Glaubten sie etwa, sie müssten nur mal wieder ihren Geldbeutel zücken und alles würde gut? Wütend zerriss ich das Schreiben, sprang vom Bett und feuerte die Schnipsel in den Mülleimer. Erika schaute mich verdutzt an.

»Das verstehst du nicht. Lass mich in Ruhe!«, fuhr ich sie an.

Ich legte mich aufs Bett und weinte. Wie ich diesen Knast hasste. Ich wollte hier raus!

Die Kontaktsperre war aufgehoben und am folgenden Tag übergaben mir die Wärterinnen einen großen Stapel Briefe, die die Zensur passiert und sich in der Zwischenzeit angesammelt hatten. Die Kunde, dass ich in Frankreich im Knast saß, hatte sich anscheinend rumgesprochen wie ein Lauffeuer. Die Briefe kamen von sämtlichen Orten, an denen ich gelebt und Freunde gefunden hatte. Ich war gerührt und überwältigt von so viel Zuspruch.

Die Briefe machten mir Mut, durchzuhalten, sie gaben mir das Gefühl, dass auf mich gewartet wurde und dass das reale Leben weiterging.

Meinen Eltern schrieb ich, dass ich hier drin allein klarkam und ihr Geld nicht brauchte.

Erneut wurde ich nach Bobigny vor die Untersuchungsrichterin bestellt. Im Gerichtsgebäude wartete Madame Turajallah auf mich und ich war glücklich, sie zu sehen. In Kurzversion erzählte sie mir, dass Pascal und Gaël in der Schweiz verhaftet worden waren. Es hatte eine Hausdurchsuchung gegeben, bei der die Polizei das Kokain gefunden hatte. Die Adressen in meinem Tagebuch! Das würde mir Pascal niemals verzeihen.

»Darf ich ihnen schreiben?« Madame Turajallah schüttelte den Kopf. »Die beiden haben mit dem Schweizer Drogendezernat einen Handel abgeschlossen. Sie hatten sich mit Hector für die Übergabe des Kokains verabredet und er konnte in flagranti überführt werden.«

Das wurde ja immer schlimmer! Was wäre, wenn Hector die kolumbianische Mafia auf meine Familie ansetzte? Außerdem würde ich jetzt nie wieder nach Kolumbien zurückkehren können. Nie wieder!

»Die Verhandlung in der Schweiz findet in drei Wochen statt. Gaël ist schon auf freiem Fuß und Pascal wird vermutlich nach der Verhandlung wegen seines kooperativen Verhaltens entlassen und in die USA zurückgeschickt.«

Madame Turajallah stand auf, nahm ihre schwarze Aktenmappe und zog mich sanft vom Stuhl: »Sie müssen heute ein paar Leute auf Fotos identifizieren. Die Bande ist uns schon länger bekannt.«

Ich konnte es kaum glauben, als ich kurz darauf die Gesichter von Greta und Hector auf den Fotos wiedererkannte. Alberto war nicht dabei.

Es war Hochsommer und in unserer Zelle war es heiß wie in der chilenischen Wüste. Jede Bewegung löste einen Schweißausbruch aus. Ich lag in Unterhose und T-Shirt auf meinem Bett, was verboten war, aber anders war es einfach nicht auszuhalten. Durch den geöffneten Spalt im Fenster blies der Wind noch mehr heiße Luft in unsere Sauna.

Ich drehte mich mit dem Gesicht zur Wand. Wenigstens durfte ich, seit ich meinen Job in der Küche angetreten hatte, einmal am Tag duschen. Die Arbeit hauchte dem Knastalltag eine Art Normalität ein. Zwischen den nichtssagenden Zeilen meiner Briefe, die alle zensiert wurden, drückte sich die Leblosigkeit der abgesessenen Zeit aus, hin und wieder unterbrochen durch eine aufregende Szene im Fernsehen, das uns mit Informationen und Gefühlen versorgte – unser Nabel zur Welt.

Auf dem Gang waren Schritte zu hören. Ich kletterte vom Bett, zog die Laken glatt und schlüpfte in meine Hose. Anstelle des Gucklochs wurde die Tür geöffnet. »Madame Uzler. Sie bekommen Besuch. Morgen um 13 Uhr kommt Ihr Vater«, sagte die Schließerin.

Die Besuchszellen waren eng, mit einem breiten Tisch in der Mitte, der für Abstand zwischen Besuchern und Gefangenen sorgte.

Mit eiskalten Händen zupfte ich nervös an meinem T-Shirt und hielt meine inneren Soldaten an, ihre Stahlhelme aufzusetzen, die Schutzschilder hochzuziehen und ihre Lanzen bereitzuhalten. Wenn es sein musste, würde ich kämpfen! Ohne schützende Mauern um mich herum, nur noch diesen popeligen Tisch zwischen mir und ihm, fühlte ich mich bei Weitem nicht so stark, wie ich es in meinen Briefen vorgab. Es war einfach gewesen, auf dem Papier anzuklagen, mich herauszureden, die Schuld wie einen Pingpongball zwischen uns hin- und herzuspielen. Jetzt würden wir gleich voreinander sitzen, eine ganze Stunde lang der Gegenwart des anderen ausgeliefert.

Schritte waren zu hören, Türen wurden auf- und wieder zugeschlossen, bis er plötzlich vor mir stand. Ich erhob mich und mit weit vorgelehnten Oberkörpern umarmten wir uns steif, bis uns die Aufseherin ein Zeichen gab, uns zu setzen.

Ich wollte nicht weinen. Ich hatte es mir fest vorgenommen. Doch meine Hände in seinen mir so sehr vertrauten Händen zu sehen, seinen gebeugten Kopf, mit den immer grauer werdenden Löckchen, und seine traurigen Augen ließen meine Soldaten den Rückzug antreten. Es war nicht der richtige Zeitpunkt zum Kämpfen. Wir saßen uns gegenüber, sprachlos, überschwemmt von Gefühlen, von Erinnerungen, von all den Dingen, die wir niemals ausgesprochen hatten.

»Du fehlst uns«, sagte mein Vater. »Warum Bettina, warum? Was haben wir falsch gemacht?«

Ich schüttelte den Kopf. Ich spürte seine Liebe und ich spürte meine Liebe für ihn. In diesem Moment hatte keiner von uns etwas falsch gemacht.

»Au revoir, les filles, à demain«, verabschiedete uns Simon, der Küchenchef, ein unattraktiver Franzose mit roten, abstehenden Segelohren, der gegen unsere ständigen Neckereien immun zu sein schien. Wo sie den wohl aufgetrieben hatten? Aber er hielt sich wacker auf seinem Posten und bemühte sich redlich, die aufgescheuchte Schar hysterischer Insassinnen unter Kontrolle zu halten, indem er laut fluchend durch die Küche raste, überall gleichzeitig war, probierte und abschmeckte und, wenn er einen guten Tag hatte, auf unsere Provokationen mit gespielter Wut reagierte. Hin und wieder ließ er einen Kuchen oder eine Extraportion Käse springen, erlaubte uns, aus altem Brot, Milch und Zucker eine Süßspeise herzustellen, und sorgte so dafür, dass wir uns auf die Arbeit in der Küche freuten.

In der Zelle warf ich mir schnell mein Handtuch über, vergewisserte mich, dass die Packung Tabak mit dem bereits fertig gerollten Joint noch auf dem Tisch lag, und lief zur Dusche. Ich musste mich beherrschen, ruhig zu bleiben, damit kein Verdacht aufkam. Während das lauwarme Wasser in der braun gekachelten, mit Schimmel übersäten Nasszelle auf mich niederprasselte, dachte ich an die kleine Araberin, die sich in mich verguckt hatte und die mir tags zuvor das Stückchen Haschisch beim Hofgang in die Hand gedrückt hatte: »Für dich, Bettina. Ich werde morgen entlassen.«

Endlich wieder Kiffen! Wie oft hatte ich mir gewünscht, meine Denkmaschine mit einem Joint abzuschalten – während ich sonntags im Hof im Gras lag und die afrikanischen Mamis in ihren bunten Gewändern beobachtete, wie sie zusammensaßen und mit Muscheln spielten, daneben eine Gruppe Araberfrauen, die sich gegenseitig aus der Hand lasen, wenn die Sonne mein

Gesicht streichelte und die Illusion, im Berliner Mauerpark zu sitzen, frei und losgelöst, so greifbar war.

Meine Haare klebten nass auf den Schultern. Hinter mir klackerten die Absätze der Schließerin, als ich von Weitem die beiden Weißkittel vor der offenen Tür meiner Zelle stehen sah.

Zellenkontrolle!

Bitte nicht! Bitte, bitte nicht!

Die Oberaufseherin erwartete mich mit strengem Blick: »Madame Uzler, wir haben das hier auf Ihrem Tisch, in Ihrer Zelle gefunden.«

Sie hielt mir das Päckchen Tabak hin und zog daraus den Joint hervor. »Was ist das?«

Ich senkte den Blick. Das war der allgegenwärtige Neid hier im Frauengefängnis. Irgendeine musste mich verpfiffen haben!

Drei Wochen später war die Laboranalyse da. In dem Joint war eine kleine Menge Haschisch gefunden worden. Ich musste meine Sachen packen, meine Bilder von den Wänden nehmen und ein graues Hemd anziehen.

Der Leiter der Haftanstalt erwartete mich und teilte mir meine Strafe mit:

Fünfzehn Tage Mitard und vorläufiger Entzug der Arbeitserlaubnis!

Dass ich erneut, nach über einem halben Jahr Haft, mit Drogen zu tun hatte, würde sich auf alle Fälle negativ auf mein Urteil auswirken. Das gab er mir noch mit auf den Weg, bevor ich in den abgelegenen Teil des Gefängnisses, in dem sich die Dunkelzellen befanden, gebracht wurde.

Le Mitard!

Erster Tag:

Die dreckige Matratze am Boden stinkt. Ich halte meine Knie umschlungen und starre die graue Wand an. Über mir summt eine Neonröhre. Zwölf Stunden elektrisches Licht, zwölf Stunden Dunkelheit. Wieder reißt der Abgrund in mir auf. Die Hölle der Einsamkeit. Kein menschlicher Laut dringt zu mir. Ich bin voller Hass. Mama, wo bist du?

Zweiter Tag:

Die Stunden vergehen nicht. Schuld und Angst wechseln sich ab, lassen die Enge der Zelle noch enger erscheinen, nageln mich auf meiner Matratze fest und lassen mich nicht mehr klar denken. Wie eine Wahnsinnige bitte ich um Vergebung. Ich muss das hier verdient haben, weil ich böse bin.

Dritter Tag:

Der Psychiater kommt und gibt mir Schlaf- und Beruhigungsmittel. Ich habe mir die Arme mit den Fingernägeln aufgekratzt. Der Schmerz hilft mir, mich zu spüren.

Vierter Tag:

Die Tabletten helfen. Ich fühle mich ruhiger. Drei Tage habe ich schon geschafft. Ich nehme die Stunde Ausgang in Anspruch. Zwanzig Quadratmeter Beton. Ein Gitter, durch das ich den Himmel sehen kann. Die frische Luft tut gut. Ich merke, dass ich noch lebe.

Fünfter Tag:

Ich schreibe Briefe voller Reue an meine Eltern. Fühle mich ausgelaugt und leer.

Sechster Tag:

Ich bin so allein und bete zu Gott, dass er mich besuchen möge, führe Selbstgespräche und singe. Das Singen hilft gegen die Einsamkeit.

Siebter Tag:

Heute geht es mir besser. Die Hälfte der Zeit ist fast um. Ich überlege mir ein Beschäftigungsprogramm für die zweite Woche.

Aufstehen, frühstücken, dann Gymnastik, eine Stunde frische Luft und im Viereck umherjoggen, mittags schreiben, irgendwas, egal, all der Schrott, der in meinem Kopf rumspukt. Dann wieder Gymnastik.

Ich bin so verdammt wütend. Wütend auf dieses Scheißsystem. Was habe ich denn groß gemacht? Ich wollte ein bisschen Haschisch rauchen, um diesen beschissenen Knast besser ertragen zu können, und dafür werde ich hier gefoltert? Ihr könnt mich alle mal!

Die zweite Woche halte ich irgendwie durch, zähle die Tage, sammle die Tabletten, um sie abends alle auf einmal zu nehmen. Ich kann damit ein paar Stunden durchschlafen. Alle Gedanken sind schon einmal gedacht, alle Bewegungen schon hundertmal ausgeführt. Mein Körper ist wie abgestorben, ohne Gefühl. Dann ist es vorbei, ich darf zurück auf meine Zelle.

Mit ungeahnter Härte treffen die äußeren Reize auf meine lahmgelegten Sinne. Das helle Tageslicht brutzelt sich in meine Netzhaut ein, Geräusche explodieren wie durch ein Megafon in meinem Trommelfell. Ich fühle mich schutzlos und verletzlich, als ob man mir die Haut abgezogen hätte. Benommen folge ich, meinen Plastiksack in der Hand, der Aufseherin, die mich zurück in meine Zelle bringt, wo ich mich vor Erikas Blicken verstecke und schnell unter meiner Decke verkrieche, zurück in die mir vertraute Dunkelheit.

Das Verstreichen der Zeit im Knast ist ein Paradoxon. Die Minuten tropfen wie dickflüssiger Sirup durch einen viel zu dünnen Flaschenhals, der Blick wandert tausendmal am Tag zur Uhr, die Abendstunden dehnen sich endlos in die Länge, als ob es keinen weiteren Morgen gäbe. Doch gleichzeitig verschwinden die Tage einfach so, und ohne dass es wirklich auffällt, ist wieder ein Monat vergangen. Es passiert einfach nichts, an dem man die Zeit festmachen könnte. Blubb, blubb, blubb, versinkt die Zeit im klebrigen Morast der immer gleich bleibenden Routine des Knastalltags.

Die Blätter hinter der Mauer färbten sich bunt und es wurde wieder kalt in Fleury. Ende Oktober erhielt ich ein Schreiben mit meinem Termin für die Gerichtsverhandlung wenige Wochen später.

Pascal und Gaël waren schon lange frei und ich hatte nichts von ihnen gehört. Hector war bei ihrer Verhandlung in der Schweiz, Ende Juni, zu acht Jahren Haft verurteilt worden.

Madame Turajallah konnte die Aktion mit dem Joint nicht nachvollziehen. Ob ich denn in den Monaten in Fleury nicht zur Besinnung gekommen wäre? Glaubten sie etwa wirklich, dass man durch den Knast geläutert wurde? Wer hatte jemals behauptet, dass der Entzug von Freiheit, Verantwortlichkeit und Selbstbestimmtheit bessere Menschen hervorbringen würde? In mir hatte sich in den letzten Wochen nur ein Bild klar abgezeichnet: Nie wieder würde ich dulden, wenn ich das hier überstanden hatte, dass man mir in irgendeiner Art und Weise Vorschriften machte. Nie wieder würde irgendjemand Macht über mich bekommen und nie wieder würde ich eine wie auch immer geartete Autorität über mir akzeptieren!

Amabel drehte das Radio lauter, zog mich, die Hüften schwingend, vom Bett und sagte: »Na los, Bettina, es ist Zeit für deine Salsastunde!«

Diese Frau! Wie konnte sie, bei allem, was ihr passiert war, so viel Lebensfreude in sich tragen? Sie war wie ein sprühender Vulkan mit einem glühenden Kern, der alles Eis zum Schmelzen brachte. Ihr Lachen erwartete mich nachmittags, wenn ich von der Arbeit kam. Ihre Tränen, die aus der Tiefe ihres großen Herzens aufstiegen, begleiteten mich, wenn ich traurig oder wütend war, und an ihren mächtigen Körper kuschelte ich mich, wenn die Nächte in Fleury kalt und lang waren. Sie war mein Fels in der Brandung, auf den ich mich jederzeit retten konnte.

Amabel, Venezuelanerin und verhaftet mit einem Kilo Koks im Magen, hatte ihrem Schicksal zum Trotz laut singend und tränenüberströmt in der Gemeinschaftszelle in Bobigny auf ihren Abtransport nach Fleury gewartet, am selben Tag, an dem auch ich zum wiederholten Male dort war, um verhört zu werden. Es war Liebe auf den ersten Blick. Etwas an dieser Frau berührte mich und ich dankte dem Himmel, dass er mir endlich eine Freundin nach Fleury geschickt hatte.

Nach ihrer Einlieferung und der obligatorischen ärztlichen Untersuchung stellte sich heraus, dass Amabel HIV-positiv war. Die Südamerikanerinnen, die Intrigen liebten, behandelten sie wie eine Aussätzige und machten ihr das Leben in der kleinen Zelle zur Hölle, bis unser Antrag durch war und wir zusammenziehen durften.

Nachts, wenn wir nicht schlafen konnten, nahm Amabel mich mit in ihr Dorf an der Karibikküste in Venezuela. Sie beschrieb in allen Farben ihre Kindheit mit zwölf Geschwistern in einem alten Kolonialhaus und wie sie den Rio Orinoco nach Manaus in Brasilien hinuntergeschippert war, um Marihuana zu verkaufen und von dem Erlös ihre drei Töchter zu ernähren. Der Brasilianer, der sie vermutlich mit dem Virus infiziert hatte, war ein schöner Mann gewesen, erzählte sie. Dass sie ihre Töchter, die jetzt bei der Großmutter in Venezuela lebten, alleinlassen musste, schmerzte sie am meisten.

»Wie war es denn bei dir zu Hause?«

Wir saßen rauchend an unserem kleinen Tisch. Ich zuckte mit den Schultern. Die Erinnerungen an meine Kindheit bestanden aus einer einzigen enormen Lücke, in der sich die wenigen Bilder, die ab und an auftauchten, unsortiert verloren. Ich konnte mich nur an den Fakten festhalten. Das Haus, das meine Eltern gebaut hatten, die beiden Autos in der Garage, die vier Paar Skier an den Wänden im Keller, die von gemeinsamen Winterurlauben erzählten, mein Klavier, die Tennisschläger – alles Beweismittel einer glücklichen Kindheit, die mich verwirrten und meine Gedanken in einen Strudel zogen, der sich um die immer gleiche Frage drehte: Was war der Grund, warum ich so geworden war, wo es mir doch an nichts gefehlt hatte? Ich wusste darauf keine Antwort und verstand mich selbst nicht. Ich suchte die Gründe dort, irgendwo hinter den sauber geputzten Möbeln, den gut einsortierten Schränken und dem pastellfarbenen Anstrich unserer Wände, in deren Glanz sich der Wohlstand einer gutbürgerlichen Kleinfamilie spiegelte. Ich suchte sie hinter dem spannungsgeladenen Schweigen des familiären Mittagessens, bei dem mein Vater das Essen abwesend in sich hineinschaufelte, hinter dem enttäuschten Blick meiner Mutter, die ihren Platz an seiner Seite still leidend der Firma überließ, für die mein Vater lebte.

Neun lange Monate und drei Tage hatte ich in der Untersuchungshaft auf den Tag meiner Verhandlung gewartet. Eine unverschämt lange Zeit!

Beschissene französische Bürokratie, verfickter Knast, dachte ich wütend, während ich der Aufseherin den Gang entlang zu meiner Zelle folgte. Es war spät und durch die meisten Türschlitze der Zellen war kein Licht mehr zu sehen. Die Frauen schliefen, vollgepumpt mit Beruhigungsmitteln und Schlaftabletten. Sobald ich hier raus war, würde ich eine Bombe legen und alles in die Luft sprengen!

All die Hoffnung, die ich in diesen Tag heute gelegt hatte, all das Warten und Bangen – umsonst! Die Mühe, mich schick zu machen, das bisschen Geld für Schminksachen auszugeben, um vor Gericht einen guten, gesunden Eindruck zu machen – umsonst! Der lange Weg im Gefängnistransporter, die schrecklichen, endlosen Stunden in der Gemeinschaftszelle in Bobigny, der Rücktransport nach Fleury – umsonst! Der Tag, an dem ich erfahren sollte, wann ich diesen Ort des Grauens endlich verlassen durfte, an dem ein Datum, eine Zahl, etwas Reales das Ende dieser sinnlosen Warterei definierte, war ergebnislos verstrichen!

Amabel erwartete mich ungeduldig, gespannt auf das Ergebnis der Verhandlung, als ich aufgebracht die Zelle betrat.

»Diese Arschlöcher! Warum lassen sie mich nach Bobigny fahren, wenn der Richter krank ist? Das ist doch nur eine weitere Schikane, mit der sie uns fertigmachen wollen. Ich hasse diesen Staat. Ich hasse diesen Knast. Ich muss vier verdammte Wochen warten. Um vier Wochen wurde die Verhandlung verschoben. Nein, nicht nächste Woche. In vier Wochen!«

Amabel verschränkte die Arme vor der Brust und sagte: »Que hijos de puta, mierda – Hurensöhne!«

Wenigstens verstand sie meine Verbitterung. Wie sehr hatte ich mich auf die Verlegung in den offenen Vollzug gefreut, wo Telefonate und Besuch erlaubt waren, wo die Briefe nicht mehr zensiert wurden und mindestens die Hälfte aller Regeln, die hier galten, nicht mehr notwendig waren. Vielleicht wäre ich sogar nach Deutschland verlegt worden?

Am Abend vor meiner Verhandlung stand ich nackt auf einem Stuhl in der Mitte unserer Zelle. Amabel zog an einem dicken Zigarillo, den sie sich extra aus der Tabakkantine bestellt hatte. Damit paffend hüllte sie meinen Körper in dicke, weiße Qualmwolken ein und murmelte unverständliche Worte.

Es war das Ritual einer alten Schamanin, um mich von bösen Geistern zu reinigen.

»So, mamacita«, Amabel hob mich vom Stuhl und küsste mich auf die Stirn, »ich habe im Rauch gesehen, dass du schon sehr bald in Freiheit sein wirst.« Ihre Augen glitzerten. »Ich werde dich vermissen! Niemals werde ich dich vergessen. Hörst du! Egal, was auch passiert. Und wenn dich das Leben in den hintersten Winkel dieser Erde verschlägt. Meine Gedanken und mein Herz werden immer bei dir sein!«

Ein warmes Gefühl durchströmte mich. Diese Frau liebte mich unfassbarerweise, obwohl sie all meine Fehler, meine Ängste, meine Wut und meinen Starrsinn so lange aushalten musste.

Ich wollte dieses Gefühl mitnehmen, raus, auf die andere Seite der Mauern, um es in einsamen Momenten hervorzuholen und mich damit zu trösten.

»Ich werde auf dich warten, Amabel. Ich werde dir schreiben, ich schicke dir Sachen, ich lass dich hier drin nicht allein, ganz fest versprochen. Und wenn du rauskommst und zurück nach Venezuela geschickt wirst, komme ich zu dir. Wir werden für immer zusammen sein. Du bist der wichtigste Mensch in meinem Leben. Ohne dich wäre ich hier drin gestorben. Dieser Scheißknast wird uns nicht trennen. Niemand kann uns trennen.«

Meine Finger krallten sich fest um die hölzerne Absperrung der Anklagebank, bis die Knöchel wie verschneite Bergspitzen weiß hervortraten. Madame Turajallah saß, vertieft in ihre Notizen, neben mir. Nachdem die Verurteilung Ende Januar erneut um zweieinhalb Monate verschoben worden war – man hatte vergessen, Hectors Anwalt in der Schweiz über die Verhandlung zu informieren –, beauftragte mich Madame Turajallah, alle Freunde von mir zu bitten, Briefe an die Richterin zu schreiben. In diesen Briefen sollten sie beschreiben, woher sie mich kannten und in welcher

Beziehung sie zu mir standen. Dies sollte beweisen, dass ich keinem kolumbianischen Drogenkartell angehörte, sondern einfach eine naive junge Frau war, die einen großen Fehler begangen hatte.

Es war seltsam, nun bereits zum dritten Mal hinter der braunen Holzabsperrung zu sitzen, als ob jemand den Film zurückgespult hätte. Die Besucher der Verhandlung machten sich wahrscheinlich keine Gedanken über ihr Privileg, einfach aufstehen zu können und den Saal zu verlassen, hinauszugehen in die Sonne, um ein Eis zu essen oder ein kaltes Bier zu trinken. Der Knast hatte wie ein Blutegel das Leben aus mir gesaugt.

Die Richterin stand auf: »Der Fall Uzler ist jetzt dran!«

Unsere Blicke begegneten sich, ihre Augen wirkten sachlich, kühl und distanziert.

»Leider müssen wir Ihnen mitteilen, dass die Postzustellung an Herrn Lecomte in Basel, Anwalt des Herrn Hector Ricardo Mundez-Villarriba, der Gegenstand Ihrer Verhandlung ist, aus uns unbekannten Gründen nicht funktioniert hat. Deshalb müssen wir die Verhandlung ein weiteres Mal vertagen. Durch die Sommerpause wird der neue Termin für Ihre Verurteilung leider erst Anfang September stattfinden können.«

Nur langsam drangen die Worte der Richterin zu mir durch. Etwas in mir weigerte sich, den Inhalt zu verstehen.

Wie in Trance drehte ich mich zu Madame Turajallah und flüsterte: »Das dürfen die nicht! Los, sagen Sie es ihnen. Sie dürfen das nicht tun!«

Und mit lauter werdender Stimme: »Sie dürfen mich nicht mehr länger festhalten, okay. Ich will jetzt mein Urteil!«

Ich werde fliehen! Jetzt! Über diese blöde Absperrung springen und losrennen. Meine Anwältin legte eine Hand auf meine Schulter, drückte mich entschlossen auf die Bank zurück und wandte sich an die Richterin.

«Madame le Juge«, ihre Stimme klang empört, »ich beantrage hiermit die Freilassung auf Kaution von Madame Uzler bis zum Tag ihrer Verhandlung. Madame Uzler steht nun schon zum dritten Mal vor Ihnen, Euer Ehren, und es ist nicht die Schuld von Madame Uzler, dass wir in diesem Fall zu keinem Ergebnis kommen ...«

Im Schnelldurchlauf spulten sich die letzten Monate vor meinem inneren Auge ab und tiefster Hass, genährt aus all der Demütigung und Ohnmacht, die ich in Fleury erfahren hatte, überflutete mich. Das Bild des Gerichtssaals verschwamm hinter meinen Tränen.

Dann verkündete die Richterin ihre Entscheidung:

Die Verhandlung war auf September desselben Jahres verlegt worden. Gegen eine Kaution von dreißigtausend französischen Francs durfte ich bis zu diesem Termin nach Deutschland ausreisen. Trotz meiner Proteste und des Versuchs, das Geld über Freunde zu organisieren, zahlten meine Eltern die Kaution umgehend.

Es war mein letzter Abend in Fleury. Auf Amabels Bett sitzend, hielten wir uns schweigend an den Händen. Die untergehende Sonne warf ihre letzten Strahlen auf die grauen Wände und im Innenhof zwitscherten ein paar Vögel. Plötzlich verlor die Zelle ihre Bedrohlichkeit und fast war mir, als würde ich sie, die mein Zuhause der letzten 14, unerträglich langen Monate gewesen war, vermissen. Die ausgeschnittenen Zeitungsbildchen an den Wänden, die Matratze, die mich durch meinen Schlaf getragen hatte, und selbst der prüfende Blick der diensthabenden Schließerin hatten plötzlich etwas Fürsorgliches. Sollte ich tatsächlich traurig sein, Fleury verlassen zu müssen?

Tief sog ich Amabels Duft ein, eine Mischung aus Kokos und Schweiß, und strich ihr zärtlich über das dunkle, kurze Haar. Wie sehr sie mir fehlen würde!

Jetzt sollte ich also die Zügel für mein Leben wieder selbst in die Hand bekommen. Das wilde Tier in mir war gezähmt, trabte jetzt ruhig und brav seine Bahnen. Doch wenn die Tore sich morgen für mich öffneten, mir die Ketten abgenommen wurden und es niemanden mehr gab, der mich bremste, was würde dann sein? Hatte ich inzwischen tatsächlich die Kontrolle über mich? Wollte ich sie? Ich hatte Angst!

»Geh, mamita. Da draußen wartet das Leben auf dich«, waren Amabels letzte Worte, bevor sie sich sanft aus meiner Umklammerung löste und mich der Schließerin entgegenschob. Ein letzter Blick, die Zellentür schloss sich ... wir waren getrennt.

Ein letztes Mal lief ich durch die langen Flure von Fleury-Merogis, Maison d'arrêt des femmes. Vorbei an den endlosen Reihen grauer Türen, durch die, wie an meinem ersten Tag, leise Fernsehgeräusche zu hören waren, vorbei an den »Ronds Points«, den zentralen Kontrollpunkten, und vorbei an dem runden Innenhof, in dem ich Tausende von Runden gelaufen war. Ich hatte erwartet, in Hochstimmung hier rauszustolzieren, doch ich spürte nichts als Traurigkeit und Angst vor der Welt, die mich draußen erwartete.

Am Empfang nahm ich die Dinge entgegen, die ich vor unendlich langer Zeit hier abgegeben hatte, den Schmuck aus Kolumbien, Zigaretten und Geld, mein Tagebuch. Dann gab ich meinen Knastausweis ab.

Die Türen öffneten sich für mich – Freiheit?!

Die Freude meiner Eltern war echt, als sie mir etwas verunsichert entgegenkamen und mich nacheinander umarmten. Aber ich konnte dem Frieden nicht trauen. Ich sollte dankbar sein, aber ich spürte keine Dankbarkeit. Alle Türen in mir waren verschlossen. Ich hatte Fleury mitgenommen. Fleury war jetzt in mir!

Als wir weit nach Mitternacht unser Haus erreichten, verabschiedete ich mich kurz angebunden und verzog mich in mein ehemaliges Kinderzimmer. Auf meinem Bett lag ein Brief mit etwas Gras darin, den mir eine Freundin als Willkommensgruß geschickt hatte.

Mit geschlossenen Augen rauchte ich am Fenster, leise, den Schritten meiner Eltern im Stockwerk über mir lauschend. Nach ein paar Zügen spürte ich die Wirkung des Marihuanas und legte mich ins Bett. Ich vermisste Amabel. Traurig schlief ich ein.

Die Welt hatte sich, während ich in Fleury war, weitergedreht!

Den Rest Marihuana in meiner Tasche, flüchtete ich in den Wald hinter unserem Haus, wann ich nur konnte. Am vierten Tag war alles aufgeraucht und ich startete einen Versuch, bei Karstadt Unterwäsche zu kaufen.

Aber die vielen Menschen, der Lärm, das hektische Hin und Her ... das war alles zu viel für mich.

Zivilisation! Verrückte Welt! Ich verkroch mich in meinem Kinderzimmer.

Nach einer Woche im Haus meiner Eltern hielt ich es definitiv nicht mehr länger aus. Die gemeinsamen Mahlzeiten waren für mich eine einzige Lüge. Wir spielten Normalität, lächelten verbissen und bleckten darunter unsere Zähne. Es war eine Lüge, hier am Tisch zu sitzen, das Essen zu loben und so zu tun, als würde ich hierher gehören.

Das hier war nicht meine Welt. War es nie gewesen. Alles kam mir falsch und aufgesetzt vor. Jedes Lächeln, das ich mir abrang – eine Lüge. Jedes Gespräch, das wir aus unseren Schützengräben heraus führten – eine Lüge. Ich musste hier weg!

BACK TO BERLIN

Am U-Bahnhof Eberswalder Straße kroch mir die wohlbekannte Mischung aus Abgasen, Currywurstbuden und Hundekacke in die Nase. Berlin! Autolärm, wuselnde Menschen, bunte Graffitis – eine flirrende Atmosphäre voller abenteuerlicher Möglichkeiten. Ab hier stand mir der Weg wieder offen, ins Leben zu springen. Endlich! Ich zündete mir eine Zigarette an und lief die Pappelallee hoch.

Melvin hatte mir in einem Brief nach Fleury geschrieben, dass mein WG-Zimmer im Prenzlauer Berg geplündert worden war, als er meine Sachen ein paar Wochen nach meiner Inhaftierung zu sich holen wollte. Anlage, Platten und anderer Kleinkram waren einfach weg, er hatte nur ein paar Klamotten und ein paar Ordner mit Unterlagen retten können.

Mein Herz klopfte Sturm, als ich vor der Nummer 54 ankam. Ich atmete tief durch. Gleich würde der verrückte, schwarzhaarige Wuschelkopf mit den frechen grünen Augen, das Powerpaket, das niemals ruhte, immer auf der Jagd nach der nächsten Party, in der Tür auftauchen. Wir hatten uns getroffen und gefunden, an einem kalten Freitagabend im November, meinem ersten Berliner Winter, im Labyrinth aus illegalen Bars und Clubs.

Nächtelang war ich vor meinem dunklen Hinterhofzimmer geflüchtet, war, wie Alice im Wunderland, auf XTC und Speed durch diese Parallelwelt aus bunten Lichtern, schwitzenden Körpern und ohrenbetäubender Musik geflogen, verliebt in den Rausch des Augenblicks, hatte fleißig Telefonnummern auf Bierdeckel gekritzelt und für eine Nacht Freunde fürs Leben gefunden, an deren Gesichter ich mich am nächsten Tag kaum noch erinnern konnte. Bis ich Melvin traf.

Damals wusste ich: Er würde bleiben!

Er hatte Speed von mir gekauft. Ich hatte immer ein paar Gramm in der Tasche, um mir meine Clubwochenenden zu finanzieren. Im hinteren Raum des kleinen, illegalen Clubs am Hackeschen Markt, in den kaum mehr als eine Handvoll Leute passten, hatten wir die erste gemeinsame Line gezogen und die Nacht hindurch geredet, uns high geredet, uns aneinander satt geredet, bis wir, von allem Gedankenschrott befreit, in den kühlen Wintermorgen hinaus auf die Straße getorkelt waren. Ich hatte den Kopf des Drachens geküsst, der als Tätowierung seinen Hals verzierte, und mich an ihn geschmiegt.

Die Tram war die Kastanienallee hinaufgeschaukelt, an unwirklichen Häuserfassaden entlang, bis Melvin gefragt hatte: »Kann ich noch mit zu dir kommen?«

Plötzlich war alles anders. Die Vertrautheit futsch, stattdessen nur ein Typ, einer von vielen, der Sex von mir wollte. Doch ich hatte eingewilligt.

Mein dunkles Parterrezimmer wartete kalt auf mich. Einsame, leere Stunden.

Wir hatten Jägermeister gekauft, er hatte den Ofen angeheizt, ich einen Joint gebaut, um danach, ohne mich auszuziehen, unter die Bettdecke zu kriechen. Das Licht im Zimmer war schummrig gewesen, wir hatten Chill-out-Mucke gehört. Er hatte seine Jeans abgestreift und war zu mir ins Bett geschlüpft.

Vorsichtig hatte er einen Arm um mich gelegt und zärtlich meinen steifen Körper gestreichelt. »Keine Angst«, hatte er geflüstert, »ich will nicht mit dir schlafen. Nicht jetzt.«

Ich holte noch einmal tief Luft und drückte auf den Klingelknopf. Es dauerte nicht lange, bis die Tür aufging. Zwei Treppen auf einmal nehmend, rannte ich nach oben.

Und da stand er. Unverändert. Mit strubbeligem, unsortiertem Haar, einem schlabberigen T-Shirt voller Löcher, mit dem Aufdruck irgendeiner unbekannten Punkband, mit seinen schönen breiten Handwerkerhänden, die eine Flasche Sternburg Pilsener umschlossen.

Seine spitzbübischen Augen, sein süßer Mund, der immer lächelte, wenn er mich sah, seine starken Arme, die mich jetzt fest umschlungen hielten, sein nach Anarchie riechender Körper lösten diese Welle in mir aus, eine Mischung aus Glück, Aufregung und Heimat.

Auf den wenigen, antiquarisch anmutenden Möbeln in seiner Einzimmerwohnung stapelten sich Klamotten. Berge von Schallplatten türmten sich vor einer Anlage, zu der zwei für dieses Zimmer viel zu große Boxen gehörten. In einer Ecke brannte eine Stehlampe, um dem Raum mehr Licht zu geben, als das einzige Fenster durch die von Nikotin und Straßenstaub dunkel getönten Scheiben durchließ.

Melvin bahnte sich einen Weg zur Anlage, legte eine Scheibe von Nirvana auf, nahm zwei Flaschen Bier aus dem Kasten, der in der Mitte des Zimmers stand, und deutete damit auf sein selbst gebautes Hochbett, das sich wie eine zweite Etage über der Hälfte des Zimmers erhob.

Ich kletterte die Leiter hoch und machte es mir auf einer der Matratzen bequem, während Melvin unten noch nach irgendetwas kramte. Die mit selbst gedrehten Kippen überquellenden Aschenbecher, die leeren Bierflaschen, das Chaos aus Kassetten, T-Shirts und Büchern, die den Rand des Bettes säumten, und die schmuddeligen Decken waren Zeichen, dass ich angekommen war. Zu Hause, da wo ich hingehörte. Ich lehnte mich zurück und ließ die Musik in sanften Perlen über meinen Körper rieseln.

Es war wieder wie in unserer ersten Nacht. Wir tranken, rauchten und redeten. Ich kotzte mich aus, kotzte all die Scheiße, die ich in Fleury in mich hineingefressen hatte, vor ihm aufs Bett und musste mich nicht dafür schämen.

Wir saßen uns im Schneidersitz gegenüber, zwischen uns der Aschenbecher, am Rand des Bettes ein paar Kerzen aufgestellt. Melvin blickte mich schüchtern, fast zärtlich und voller Bewunderung an, so, als wollte er mir sagen, dass ich zu ihm kommen sollte.

Es wäre natürlich. Wäre normal. Er wollte es, das wusste ich. Er hatte sich vom ersten Augenblick an in mich verliebt.

»Was ist los mit dir?«, hatte er mich gefragt, damals an diesem grauen Novembernachmittag, als wir verkatert in meinem kleinen Zimmer nebeneinander aufgewacht waren. Der Ofen hatte eine gemütliche Wärme verbreitet und Melvin hatte mir zärtlich meine Locken aus dem Gesicht gestreift.

»Ich weiß es nicht«, hatte ich geantwortet. »Ich glaube, ich nehme zu viele Drogen. Ich habe einfach keine Lust auf Sex. Gib mir etwas Zeit. Bitte.«

Aber das war nicht die ganze Wahrheit gewesen. Ich hatte ihm nichts davon erzählt, dass ich, wenn ich nicht auf Drogen in Clubs unterwegs war, um dieser seltsamen Leere in mir zu entkommen, zu Hause vor dem Kühlschrank saß und ganze Gläser Mayonnaise in mich hineinlöffelte, um sie hinterher wieder auszukotzen. Ich hatte ihm nichts von meinen Masturbationsattacken erzählt, die ich nicht stoppen konnte, bevor alles wund war und der innere Druck, der mich keine Minute zur Ruhe kommen ließ, endlich weniger wurde.

Aber er hatte gespürt, dass es mir nicht gut ging. In der kurzen Zeit unserer Freundschaft vor meiner Reise nach Kolumbien hatte er mich niemals bedrängt. Hatte nie unangenehme Fragen gestellt. Er war einfach immer nur da gewesen.

Vielleicht war das ja das Problem. Er war einfach zu gut zu mir, machte es mir zu leicht. Die Liebe und Bewunderung, die er mir entgegenbrachte, zwangen mich, ihn auf Abstand zu halten.

Das war verrückt! Das war Scheiße! Aber es war stärker als ich! Ich konnte nichts dagegen tun.

Er tat mir leid, so hilflos, wie er vor mir saß, auf ein Zeichen von mir wartend, dass ich jetzt bereit wäre, meine Türen für ihn zu öffnen. Ich stellte den Aschenbecher zur Seite und warf mir eine Decke über: »Komm Melvin, lass uns schlafen.«

An seiner Hand zog ich ihn zu mir unter die Decke, kuschelte mich in seinen Arm und schlief sofort ein.

Die Zeit in Berlin verging viel zu schnell. Melvin ließ sich krankschreiben, um bei mir sein zu können. Wir erlebten einen herrlichen Sommeranfang, schliefen lange, zogen abends durch die Straßen, ließen uns durch die Stadt treiben, besuchten alte Bekannte und genossen unsere neu entflammte Freundschaft in vollen Zügen.

Über Sex redeten wir nie. Alles war okay, solange unsere Bruder-Schwester-Beziehung nicht durch seine vorsichtigen Annäherungsversuche gestört wurde, wenn seine Hand im Halbschlaf meinen Bauch zärtlich berührte und ich mich reflexartig von ihm zurückzog. Die Spannungen spülten wir mit Bier weg.

Es war Sonntagmorgen. After-Hour in irgendeinem Techno-Club. Ich machte mich auf die Suche nach XTC und bekam welche von einem Typen an der Bar. Die Pille knallte nach der langen Zeit ohne Drogen voll rein. Der Beat riss meinen Körper mit, schwitzende Leiber rieben sich an meinem. Melvin stand am Rand der Tanzfläche und beobachtete mich.

Zeitloses Tanzen, bis meine Beine weich und zittrig waren. Ich kämpfte mich zur Bar durch, um ein Bier zu besorgen.

»Na, alles klar?« Der Typ mit den Pillen stand plötzlich neben mir und lächelte mich an.

»Ja, die Teile sind gut!«, rief ich gegen die Lautstärke der Musik in sein Ohr und streckte ihm meine Hand hin. »Wie heißt du?«

»David, angenehm.«

Er nahm meine Hand und hielt sie fest: »Darf ich dich zu einem Jägermeister einladen?« Ich nickte und musterte ihn genauer. Er sah gut aus und strahlte mich verpeilt an.

»Bist du aus Berlin?«

»Ja, das heißt, fast sozusagen.« Wir stießen mit unseren Jägermeistern an.

»Hier, probier die mal, die sind auch gut.«

David hielt mir unter der Theke seine Faust hin und ließ etwas kleines Rundes in meine Hand fallen. Ich spülte die Pille mit einem Schluck Bier runter.

Plötzlich waren Davids Lippen auf meinen. Seine Zunge drängte sich in meinen Mund, als hätte sie die ganze Zeit nur darauf gewartet. Er packte mich mit festem Griff im Nacken, während sein Becken fordernd gegen meines stieß.

Der Bass pulsierte in mir, pulsierte zwischen meinen Beinen, dort, wo ich schon so lange nichts mehr gefühlt hatte. Unsere Körper drückten sich wie von selbst gegeneinander. Ich wollte! Sex! Ja! Endlich!

David löste sich. »Komm«, rief er, »wir nehmen ein Taxi.«

Suchend schaute ich mich nach Melvin um, aber er war nicht mehr an seinem Platz.

Es musste die Pille gewesen sein! Es gab Tanz-Ecstasys und Fick-Ecstasys. Die zweite Pille gestern war auf jeden Fall zum Ficken. Es war geil gewesen! Wir hatten gevögelt wie die Tiere. Ausgehungerte, besessene Tiere. Bis wir satt waren und müde voneinander ließen. Auf der Matratze, in dem großen Altbauzimmer, neben einer Yucca-Palme und der Stereoanlage. Ich drehte mich auf die Seite und streichelte über Davids Wange. Meine Lippen suchten erneut seinen Mund.

Zärtlichkeit am Nachmittag. Noch eine halbe Pille. Ekstatisches Fließen zwischen weißen Laken. Haut pur. Langsame Stöße in schmatzende Nässe. Die Welt – sein Schwanz in mir. Die stillende Brust. Auflösung im Gefühl.

Meine Kehle war trocken. Ich krabbelte unter der Decke hervor. Durst! Die Muskeln in meinen Beinen schmerzten. Im Bad schüttete ich mir Wasser in mein verquollenes Gesicht und betrachtete mich im Spiegel. Die Pupillen waren noch immer groß wie Teller, aber die Wirkung der Pille war verflogen. Weggevögelt! Scheiße, und wir hatten kein Kondom benutzt. Ich wollte weg hier. Raus. Nach Hause zu Melvin. Hoffentlich war er nicht beleidigt. Ich spürte, wie sich Schuldgefühle in mir breit machten und den schönen Film, in dem ich mich eben noch befunden hatte, jäh beendeten. Scheiße! Ich kramte leise meine Sachen zusammen, schlich zur Tür und trat raus auf die Straße. Es dämmerte bereits. David wohnte nur wenige Blocks von Melvin entfernt. Ich konnte die Strecke zu Fuß laufen.

Die Cafés waren voll mit Menschen. Blätter rauschten sanft im lauen Abendwind. Was für ein Tag war heute? Ich zündete mir eine Zigarette an und inhalierte tief.

Was sollte ich Melvin sagen? Ich beschleunigte meinen Schritt, achtete nicht auf die Menschen links und rechts von mir, bis ich vor seiner Wohnung ankam.

Ich zögerte, bevor ich auf den Klingelknopf drückte.

»Wird schon okay sein«, sagte ich mir. »Schließlich sind wir kein Paar«, beruhigte ich mich. Es dauerte lange, bis er die Tür öffnete.

»Hallo.« Meine Umarmung prallte an seinem harten Körper ab. Ich quetschte mich an ihm vorbei in die Wohnung und verschwand im Badezimmer. Ich musste Davids Geruch loswerden. Unter der Dusche überlegte ich fieberhaft, was ich Melvin sagen konnte, mit was ich mein Verhalten entschuldigen konnte. Die Pille war schuld gewesen. Ja genau. Es hatte nichts mit ihm zu tun. Es waren mal wieder die Drogen ...

Als ich fertig war, warf ich mir eines seiner schlabberigen T-Shirts über. Melvin saß rauchend in Unterhose auf dem Hochbett. Seine Tätowierung, ein chinesischer Drache, der sich vom Bauchnabel bis zum Hals erstreckte, hob sich dunkel von der weißen Haut ab. Im Hintergrund lief Dead Can Dance. Er blickte nicht auf, als ich mich neben ihn setzte.

»Wie gehts?«, fragte ich.

»Okay«, antwortete er.

Ich wollte ihm sagen, dass mir die Aktion leidtat, dass es nichts mit ihm zu tun hatte, dass ich ihn liebte und dass ich jetzt auch bereit wäre, mit ihm zu schlafen ...

»Ich denke, ich muss bald zurück nach Süddeutschland und mir einen Job suchen, damit ich einen Arbeitsvertrag habe, wenn im September die Verhandlung ist«, sagte ich stattdessen.

Er hob den Kopf und blickte mich direkt an. Was ich jetzt sah, versetzte mir einen Stich: Die Wärme in seinen Augen war verschwunden, die Bewunderung, die Zärtlichkeit. Etwas zwischen uns war kaputtgegangen.

Diese Nacht schliefen wir mit dem Rücken zueinander, jeder auf seiner Seite. Am nächsten Tag trampte ich zurück nach Süddeutschland zu meinen Eltern.

Als das Schild »Paris, Centre-Ville« über der dreispurigen Autobahn auftauchte, setzte mein Vater den Blinker. In meiner Handtasche steckten ein Arbeitsvertrag und die Anmeldung für den ersten Wohnsitz im Haus meiner Eltern. Die Papiere würden die Chance erhöhen, dass ich nicht nochmals ins Gefängnis musste.

Ich dachte über meine Zukunft nach. In Süddeutschland wollte ich auf keinen Fall bleiben. Ich musste zurück nach Berlin. Vielleicht würde ich in dem besetzten Haus in Berlin-Mitte unterkommen, von dem mir eine Freundin erzählt hatte. Bloß nicht zurück zu meinen Eltern. Ihre Fragen, wie es mit mir weitergehen sollte, nervten. Es war anstrengend, mir ständig neue Ausreden einfallen zu lassen. Anstatt ihnen einfach ins Gesicht zu sagen, dass ich so nicht leben wollte: aufstehen, arbeiten, Geld verdienen, jeden Abend vor dem Fernseher sitzen und einmal im Jahr in den Urlaub fahren. Das Leben musste doch mehr zu bieten haben als diese Enge.

Ich wollte Spaß, Abenteuer und jeden Tag so leben, als ob er der letzte wäre. Niemals wollte ich sagen müssen: »Ach, hätte ich doch nur ...«

Wenn ich morgen sterben würde, sollte mein letzter Gedanke sein: »Ja! Ich habe alles ausprobiert, alles mitgenommen auf meinem Weg und ich bereue nichts!«

Ich verachtete die Leute, die Tag für Tag schufteten, für ein kleines bisschen Pseudosicherheit auf ihren Bankkonten. Diese Feiglinge mit ihren Kranken- und Rentenversicherungen, die niemals ein Risiko eingingen, in geregelten Bahnen lebten, tagein, tagaus dem gleichen Trott frönten, nur weil sie Angst vor dem Unbekannten hatten. Wussten sie denn nicht, was sie verpassten?

Wir hielten auf dem Parkplatz eines ETAP-Hotels, in der Nähe von Bobigny. Ich hatte ein Einzelzimmer und verabredete mich mit meinen Eltern zum Frühstück.

In meinem Zimmer legte ich das Outfit für den nächsten Tag vorsichtig über den Stuhl, eine weiße Bluse mit schwarzer Bundfaltenhose, dazu ein grünes Jackett, ein Geschenk von meiner Oma.

Amabel war nur ein paar Kilometer von mir entfernt und dachte mit Sicherheit an mich. Ich hatte ihr täglich Briefe geschrieben, Bücher und Kleidung geschickt und mich über ihre sporadisch eintreffenden Antworten gefreut. Ich vermisste sie so sehr!

Vor dem Einschlafen betete ich:

Lieber Gott. Ich kann dir nicht versprechen, dass ich ein besserer Mensch werde ab morgen. Trotzdem: Steh mir morgen bei. Lass mich nicht mehr in den Knast gehen. Bitte. Amen.

Meine Eltern sahen zwischen den wenigen Zuschauern, die der Verhandlung beiwohnten, auf den ungemütlichen, hölzernen Bänken ganz klein aus. Die Zeit in Fleury verschwamm bereits wie ein sich verflüchtigender Traum. Die Richterin las mit bürokratischer Stimme das Urteil vor.

»Madame Bettina Uzler, Sie werden des internationalen Drogenschmuggels für schuldig erklärt. Hiermit verurteile ich Sie zu einer Freiheitsstrafe von dreißig Monaten.« Sie machte eine Pause, dann fuhr sie fort: »Aufgrund Ihrer Arbeitspapiere, die Sie dem Gericht heute vorgelegt haben, wird die Reststrafe von 15 Monaten erlassen, sofern Sie das Einreiseverbot auf Lebenszeit in das französische Hoheitsgebiet akzeptieren. Sollten Sie jemals wieder französischen Boden betreten, müssen Sie die verbleibende Haftzeit verbüßen. Das Urteil wird auf fünf Jahre zur Bewährung ausgesetzt. Die Verhandlung ist geschlossen.«

Durch die Türen des Gerichtsgebäudes aus Glas und blauem Plastik zeigte sich der wolkenlose Pariser Himmel. Wir warteten im Eingangsbereich auf Madame Turajallah, um uns von ihr zu verabschieden und uns für ihre Arbeit zu bedanken. Der Fahrstuhl öffnete sich und sie kam, wie immer in schwarzer Robe, auf uns zu. Unter dem Arm hatte sie eine dicke Mappe, aus der ein Stapel Papier hervorschaute.

»Hier, das möchte ich Ihnen noch geben.« Sie drückte mir die Mappe in die Hand.

»Was ist das?«, fragte ich.

»Das sind die Briefe Ihrer Freunde an die Richterin.« Wir blickten uns einen stillen, intensiven Moment in die Augen.

»Vielen Dank für alles!«, sagte ich. Sie lächelte berührt, dann drehte sie sich um und lief schnellen Schrittes zurück zum Fahrstuhl.

TEIL 2

FREETEKNO FOR FREE PEOPLE

»Okay. Gehen wir das Ganze noch einmal durch.« Sascha blickte in die Runde. Mit einer halben Drehung schob er das Schild seines »No Fear«-Käppis nach hinten ins Genick. Er war in seinem Element: Aufgaben verteilen, Leute zuweisen, Ansagen machen. Sascha, der Macho, dessen Selbstbild davon abhing, welche der angesagten Szenefrauen er wie schnell ins Bett bekam. Die Wette, die er mit Melvin abgeschlossen hatte, mit dem er, seit sie befreundet waren, um dieselben Frauen buhlte, lautete folgendermaßen: Wenn Bettina erst mal bei uns ins besetzte Haus eingezogen ist, habe ich sie innerhalb einer Woche flachgelegt. Aber darauf hatte ich keinen Bock. Ganze zwei Monate wohnte ich nun schon im Seitenflügel des vierstöckigen Hauses im Friedrichshainer Südkiez und vergnügte mich damit, ihn immer wieder auflaufen zu lassen.

»Bettina und Tobias, ihr seid spätestens um halb zwei am Alex und wartet an der Weltzeituhr auf die Leute. Verkleidet, wie besprochen!« Wir nickten.

»Die anderen beziehen ihre Positionen zur selben Zeit. Melvin und ich werden pünktlich um Viertel nach zwei mit dem Soundsystem auf die Kreuzung rollen.«

Draußen dunkelte es. In dem kleinen Hinterhofzimmer in der Kastanienallee stand der Rauch vieler Zigaretten. Morgen würde es so weit sein. Mehrere Tage intensiver Vorbereitungen zeichneten sich in den müden Gesichtern der Leute ab.

»Das Timing ist das Wichtigste! Wenn das stimmt, kann nichts schiefgehen.«

Sascha hielt einen Moment inne und überlegte, ob er noch was vergessen hatte.

»So weit, so gut! Falls die Bullen Stress machen sollten, ruft ihr die Notfallnummer an. Unser Anwalt vor Ort kümmert sich dann um sie.

Ihr beide«, damit deutet er auf mich und Tobias, der gerade dabei war, einen Joint zu bauen, »startet um zwei Uhr mit den Leuten vom Treffpunkt am Alex. Die Straßensperren müssen um zehn nach zwei aufgebaut sein und um Viertel nach zwei fangen wir mit der Mucke an. Dann gehört die Kreuzung uns. Und denkt daran: Keine Drogen morgen, bis der Spaß vorbei ist!« Sascha zwinkerte mir zu. »Und jetzt lasst uns anstoßen auf die erste und beste Straßenbesetzerparty, die Berlin je gesehen hat. Reclaim the Streets. Prost!«

Das Geklonke der Bierflaschen löste die Spannung im Raum.

Esther erhob sich: »Ich gehe mit Bettina und Melvin noch Plakate in Friedrichshain aufhängen. Wer übernimmt Mitte und Prenzlauer Berg?«

Das Plakat kündigte in neonfarbenen Lettern auf blauem Hintergrund an:

»RECLAIM THE STREETS. Treffpunkt: 14 Uhr Weltzeituhr. Berlin. Alexanderplatz.«

Über dem Bild mit tanzenden Menschen vor dem Fernsehturm stand: »SPASS KANN AUCH WIDERSTAND MACHEN!«

Ein paar Stunden später, die Hände und Klamotten voller Kleister, verabschiedeten sich Esther und Melvin von mir. Die beiden würden jetzt vögeln gehen, so viel stand fest. Ich schaute ihnen nach. Esthers bunte Dreadlocks wippten knapp über ihrer zierlichen Hüfte, um die Melvin gerade seinen Arm legte.

Endlich hatte Melvin eine Freundin gefunden, die zu ihm passte und die er verdiente. Esther wäre mir ähnlich, hatte er gesagt. Esther und ich würden uns mögen, hatte er mir prophezeit, bevor er mich in die kleine, illegale Bar brachte, in der sie hinterm Tresen jobbte. Der Tequila floss und ihr kraftvolles, natürliches Lachen füllte die Kneipe. Mit glühendem Enthusiasmus, der in allem mitschwang, was sie tat und sagte, erzählte sie von der Besetzerszene in London, von illegalen Technopartys in leer stehenden Fabrikgebäuden und von der letzten Reclaim-the-Streets-Party in London, die sie mitorganisiert hatte.

»Wir hatten die London Bridge besetzt. Kein Auto kam mehr durch«, erzählte sie mit leuchtenden Augen. »Reclaim the Streets ist das gemeinschaftliche Aneignen öffentlichen Raums. Wir fragen nicht um Erlaubnis! Wir durchbrechen das System von Verbotenem und Erlaubtem. Wir schaffen uns eigene Freiräume. Eine autonome Zone für Partys und Kommunikation. Reclaim the Streets bringt Menschen zusammen, egal, woher sie kommen, egal, wie alt sie sind.«

Esther war keine Mitläuferin, die ein bisschen Andersartigkeit, ein bisschen Rebellion cool fand, nein, sie glaubte tatsächlich daran, mit solchen Protestaktionen gesellschaftlich etwas verändern zu können.

»Die Aktion lebt von den Menschen, die sie gestalten. In London stellen die Leute Tripods auf, an die sie sich ketten, um die Straßen abzusperren. Sie schleppen Sofas an, alte Autowracks, sie pflanzen Bäume, bauen Sandplätze, spielen Theater.«

Melvin strahlte sie mit derselben Bewunderung, demselben Stolz an, mit dem er mich vor nicht allzu langer Zeit noch angesehen hatte. Siehst du, diese tolle Frau ist meine Freundin, sagte sein Blick.

»Am 16. Mai ist es wieder so weit. Anlässlich des WTO-Treffens in Genf werden überall auf der Welt in den Städten Reclaim-the-Streets-Partys gefeiert. Ich finde, wir sollten hier in Berlin auch eine organisieren.«

Ich hatte keine Ahnung von Politik und wollte mich auch nicht auskennen. Ich wollte feiern. Meine Rebellion hieß Party! Seit ich aus dem Knast entlassen worden war, wollte ich nur noch eins: Drogen nehmen, Spaß haben und mir nie wieder etwas vorschreiben lassen.

»Das Herzstück einer Reclaim-the-Streets-Party ist das Soundsystem. Es liefert die Musik, zu der die Leute tanzen. Es wird auf einem Lkw auf die Straße, die Brücke oder die Kreuzung gefahren, die besetzt werden soll. Die DJs sind maskiert, um nicht erkannt zu werden. Alle, die an der Party teilnehmen, müssen das Soundsystem davor schützen, dass es von der Polizei konfisziert wird. Ist die Musik aus, ist die Party zu Ende!«

Nein, ich war nicht eifersüchtig, sagte ich mir, als ich die mit Plakaten und Flyern zugeklebte Tür des besetzten Hauses aufschloss, durch den

Hinterhof zum Seitenflügel und die Treppe hoch zu meinem Zimmer marschierte. Die Matratze auf dem Boden gähnte mir leer entgegen. Ich nahm die dunkelbraun gefärbte Bong, die neben der Matratze stand, den Rest Grasmischung vom Morgen, stopfte den kleinen Pfeifenkopf damit voll und inhalierte tief, um das Bild von Esther und Melvin zu vernebeln.

Vor dem türkisfarbenen Himmel brennt die Sonne. Unter meinem Kopftuch sammelt sich warmer Schweiß. Eine riesige Sonnenbrille verdeckt die Hälfte meines Gesichts. Nervös schaue ich mich nach Tobias um.

Es ist 13.30 Uhr. Die ersten kleinen Grüppchen bunt gekleideter Leute, mit Getränken, Picknickkörben, Jongliermaterial und Trommeln ausgestattet, sammeln sich bereits unter der Weltzeituhr.

Wie viele Menschen hatten unsere Plakate gesehen, unsere Flyer gelesen? Wie viele würden kommen? Wie viele brauchten wir, damit das Ganze kein Flop werden würde? Es mussten genug sein, damit die Bullen unsere Aktion nicht stoppen konnten.

13.45 Uhr. Immer mehr Leute, Freaks, Hippies, Punks, ganze Familien, kommen zur Weltzeituhr. Noch eine Viertelstunde. Tobias schaut vom Eingang der U-Bahn zu mir herüber. Er würde hier warten und die Nachzügler abfangen.

14 Uhr. Es geht los! Um die Weltzeituhr tummeln sich an die zweihundert erwartungsvoll umherschauende Partywillige. Wie soll ich die alle auf die Kreuzung bekommen? Egal. Los!

Ein Pfiff in meine Trillerpfeife, die Leute drehen die Köpfe zu mir um.

»Come on!«, schreie ich, so laut ich kann. »Follow me. I'll bring you to the party.«

Ich laufe los. Schnell werden Rucksäcke aufgesetzt, Flaschen geschnappt. Die Menge setzt sich in Bewegung, wird schneller, fängt an zu rennen, mir hinterher.

Wie ein Schäferhund seine Herde treibe ich die Leute an, pfeife und schreie in einem fort: »Come on, come on.«

Im Laufschritt überqueren wir den Alexanderplatz, rennen die Treppen zur Unterführung der großen Karl-Liebknecht-Alexanderstraßenkreuzung runter. Ich laufe zurück, weise den Weg, spurte wieder, zwei Treppenstufen auf einmal nehmend, an die Spitze des Zuges und schicke die Leute nach unten. Unsere Schritte klatschen laut im Schacht.

»Aiaiaiaiaiii!«

Jemand schreit: »Gleich geschafft!« Auf der anderen Seite taucht blauer Himmel am Ende der Unterführung auf. Es geht die Treppen hoch, gleich sind wir da.

Hoffentlich geht alles gut!

Aus der Unterführung rennen wir auf die Straße. Ganz hinten fährt der Tieflader mit dem Soundsystem, von einer gelben Plastikplane geschützt, von links auf die Kreuzung. Weiter rechts werden Tripods aufgestellt. Vermummte Gestalten klettern die zu einem Dreieck zusammengebundenen langen Stäbe hoch und ketten sich oben fest. Aus Hauseingängen werden Sofas und anderes Mobiliar auf die Kreuzung geschleppt. Eine Gruppe, an der wir gerade vorbeirennen, schiebt ein altes Auto auf die letzte noch befahrbare Durchfahrt der Straße.

Dann höre ich den ersten Bass. Die DJs – Sascha und Melvin – sind, hinter hölzernen Tiermasken versteckt, an ihren Plätzen auf dem Tieflader, hinter den Plattenspielern. Ich pfeife ein letztes Mal auf meiner Trillerpfeife. Wir haben die Kreuzung erreicht. Alle Zufahrten sind blockiert, der Verkehr ist gestoppt.

Mehr und mehr Menschen strömen auf die Kreuzung, die Sonne scheint, die ersten Mitaktionisten tanzen lachend um das Soundsystem.

Wir haben es geschafft. Die Party läuft. Das hier ist unser Werk!

Ich entdecke Esther in der Menge. Mit lautem Gejohle fallen wir uns in die Arme, tanzen grölend, ein Bier in der Hand, und sind glücklich. Wir haben uns ein Stückchen Freiraum erobert!

Die Musik bricht sich an den hohen Häuserwänden. Ich hole Tabak aus meinem Rucksack und löse mich aus dem Pulk der feiernden Menschen. Mein Blick wandert über die Kreuzung, die sich weiter füllt. Umherlaufende Hunde,

Kinder, die mit Kreide den grauen Beton vollkritzeln, barfüßige Jungs, die sich mit Wasserpistolen beschießen, Pantomime-Künstler, die auf ihre Podeste steigen, Jonglierbälle und Diavolos, die durch die Luft fliegen, eine Frau, die Feuer spuckt, die tanzende Menge um den Lkw mit den beiden DJs drauf – es ist ein Bild voller Leben.

Ich lasse mich, wo ich bin, auf den Boden fallen, genieße den Moment und merke, wie die Anspannung der letzten Tage etwas nachlässt.

Dann ruft blau blinkendes Licht hinter einer der Straßensperren meine Aufmerksamkeit hervor.

Die Bullen sind da! Esther telefoniert bereits, als ich sie finde.

»Keine Panik!«, sagt sie, »der Anwalt ist schon dabei, zu verhandeln. Die wissen wohl nicht so ganz, was sie mit uns machen sollen. So was kennen die hier nicht, hey?« Sie legt einen Arm um meine Schulter: »Komm, gehen wir zum Soundsystem. Wir müssen es jetzt schützen!«

Gemeinsam tanzen wir vor dem Lkw, verbinden uns in unserem Widerstand. Wir werden bleiben! Niemand wird uns das verbieten. Für ein paar Stunden nur haben wir die Macht. Das hier ist unsere Manifestation, der Ausdruck unserer Sehnsucht nach einem Leben ohne einengende Reglementierungen und unsere Definition von Freiheit. Wir werden uns nicht bremsen lassen.

»Sie haben die Party bis 18 Uhr genehmigt«, schreit Esther plötzlich und zeigt auf das Handy in ihrer Hand, »geil, oder!«

Einen ganzen Nachmittag ungestört feiern, auf einer Straßenkreuzung mitten in Berlin – na, wenn das kein Sieg war!

Bierspritzer schwappten aus dem offenen Flaschenhals über meine Finger, während ich im Laufschritt die Kastanienallee hochrannte. Esther war irgendwo in dem Gewühl der Partybesucher hinter mir untergegangen und nicht mehr zu sehen.

Mann, war das knapp gewesen, dachte ich, während ich weiterspurtete. Um ein Haar wäre das Soundsystem von den Bullen konfisziert worden. Die Leute hatten sich genial verhalten, als ob sie genau gewusst hätten, was zu tun war. Wie eine lebende Mauer hatten sie, als es Zeit war, die Party zu beenden, den von der Kreuzung rollenden Lkw beschützt, bis er freie Fahrt hatte und über die Kastanienallee flüchten konnte. Theoretisch müsste er inzwischen in der Wagenburg im Prenzlauer Berg eingetroffen sein.

Völlig außer Puste hämmerte ich mit der flachen Hand gegen das graue Stahltor. Der Fahrer, der den Lkw mit dem Soundsystem in Sicherheit gebracht hatte, öffnete mir. Seine dicken, langen Dreadlocks waren zu einem fetten Knoten am Hinterkopf zusammengebunden, der Schweiß lief ihm in feinen Rinnsalen übers Gesicht und hinterließ dunkle Streifen auf der Haut.

»Hi! Alles okay bei euch? Sind Sascha und Melvin hier?«

Ich betrat die Wagenburg und schaute mich suchend um. Auf dem Platz verteilt standen ein paar leere Öltonnen, mehrere in ihre Einzelteile zerlegte Schrottautos, eine bewohnte Mercedes-Wanne, zwei Lkws älteren Kalibers und der Tieflader mit dem Soundsystem darauf. Kabel, Werkzeuge und anderer Kram lagen verstreut am Boden und in der Mitte des Platzes befand sich eine große Feuerstelle. Roboterähnliche Konstruktionen aus zusammengeschweißten Metallabfällen schmückten als bizarre Dekorationen den Platz. »Hi! Ich bin Josh!« Er hielt mir einen dicken Joint hin. Seine Hände waren von Motorenöl und Straßenstaub schwarz gefärbt

»Keine Ahnung, wo die beiden abgeblieben sind. Sie sind irgendwann vom Tieflader gesprungen, damit die Bullen sie nicht erwischen. War ja nicht klar, dass ich es bis hierher schaffen würde.«

Es klopfte erneut am Tor. Tobias stand davor. Auch er wusste nicht, wo Sascha, Melvin und Esther abgeblieben waren.

Die Sonne stand bereits tief und tauchte den frühen Abend in ein mit goldenen Tupfern durchzogenes Licht. Wir schlenderten über den Wagenplatz und begutachteten staunend die selbst gebastelten Roboter-Konstrukte. Josh hing über der offenen Motorhaube des Tiefladers und schraubte an irgendetwas rum. Auf dem Rücken seines schwarzen T-Shirts waren ein ausgewaschener Schriftzug und darunter die ebenso ausgewaschene Zeichnung einer Metallskulptur zu erkennen.

»Mutoid Waste Company«, entzifferte ich. Seitdem ich nach Berlin zurückgekehrt und in der Besetzerszene gelandet war, hatte ich schon so einige schräge Gestalten, verbotene Plätze und illegale Geschichten erlebt und gesehen, aber das hier ...

Von Josh ging etwas Faszinierendes aus. Es war mehr als die Coolness, die er ausstrahlte. Er bewegte sich, als ob er allein auf diesem Planeten leben würde, als ob ihn andere Leute nicht interessierten, als ob er einfach sein Ding durchzog, völlig unabhängig von dem, was wir Gesellschaft nannten. So etwas bewunderte ich. Mir war ständig wichtig, was andere über mich dachten, wie das, was ich machte, ankam, ob ich cool genug war ...

Tobias war vor einem der Roboter stehen geblieben, der sich über ein kleines Kästchen an- und abschalten und bewegen ließ.

»Das ist ja geil«, lachte er und ließ den Roboter ein paar abgehackte Bewegungen machen. Dann sagte er: »Auf Sascha und Melvin zu warten, bringt jetzt nichts. Die tauchen bestimmt bald auf. Lass uns besser Esther anrufen und die After-Party für heute Nacht vorbereiten.«

Vorsichtig tastete mein Fuß nach der Bremse, die den Tieflader vor einer roten Ampel zum Stehen brachte. Mein Herz raste. So ein Teil hatte ich noch nie gefahren.

»Los, du kannst das! Ich hab jetzt keine Zeit, muss mich um andere Dinge kümmern. Das fährt sich wie ein Auto.« Josh drückte mir die Schlüssel des Tiefladers in die Hand und lief zum Tor, um es zu öffnen.

Hinten auf der Ladefläche, unter einer Plastikplane versteckt, standen das Soundsystem und ein Notstromaggregat. Nun trug ich die komplette Verantwortung für den Sound, der in ein paar Stunden auf der After-Party laufen sollte. Auf meinem Sitz wuchs ich ein paar Zentimeter, versuchte, meine Aufregung in den Griff zu bekommen, und startete den Motor. Die Location für die After-Party zu Reclaim the Streets befand sich in einem leer stehenden Fabrikgebäude in Kreuzberg, an der Köpenicker Straße.

Ich rollte vorbei am Alexanderplatz und jedes Bullenauto, das mir begegnete, jagte meinen Puls noch höher. Als ich wenig später die Einfahrt zu dem Gelände mit den beiden alten, hohen Fabrikgebäuden erreicht hatte, parkte ich den Wagen. Ein schmaler Weg führte zwischen den Gebäuden hindurch zur Spree hinunter.

Melvin, Sascha und Esther räumten bereits Getränkekisten und Dekomaterial durch die Gegend, als ich über einen auf dem Boden stehenden Strahler in den Partyraum stolperte. Für Gespräche war jetzt keine Zeit. Das Soundsystem musste abgeladen und aufgebaut werden. Außerdem sollten eine Bar eingerichtet, der Raum dekoriert und Lichter installiert werden. Weitere nach Untergrund riechende, mir unbekannte Leute in schwarzen Kapuzenpullis und Armeehosen, mit Irokesenschnitt, Glatze oder Dreadlocks waren gekommen, um beim Aufbauen zu helfen. Zwei Boxentürme standen bereits auf der schmalen Seite des Raums, daneben bastelte jemand hinter einem Tarnnetz am DJ-Pult rum.

»Das Zeug hier gehört Alien Pulse, einem Soundsystem aus Berlin.«

Melvin hielt mir ein frisches Bier hin: »Das sind die Bassrutschen«, er zeigte auf die Reihe Boxen am Boden, die mir fast bis zur Brust reichten, »darüber sind die Mitten und oben drauf die Höhen.«

Etwa einen Meter über meinem Kopf endete das pyramidenartig aufgebaute Soundsystem.

»Du wirst sehen, das bläst dir den Schädel weg.«

»Komm mit, ich geb 'ne Line aus«, lachte ich.

Wir gingen nach draußen, vorbei an mit Graffitis vollgesprühten Wänden hinunter zur Spree, um dort das Speed zu ziehen. Am gegenüberliegenden Ufer zogen die beleuchteten Fenster der U-Bahnlinie U1 vorbei.

»Mensch Melvin, ich habe das Gefühl, etwas völlig Neues zu entdecken.«

Es fiel mir schwer zu formulieren, was gerade in mir vor sich ging. Etwas Großes war heute geschehen, etwas, das mein Leben verändern würde. Ich wusste nur noch nicht, wie.

»Weißt du, wie geil das ist? Wir stellen hier 'ne illegale Freeparty auf die Beine ... ich meine, wir geben den Leuten was ... und dabei geht es nicht um Kohle. Es geht um was ganz anderes. Es geht um uns ... um unser Leben ... um unsere Freiheit und um unsere Macht ... das ist, das ist ... genial, Mann.«

Melvin lachte. Auch er war stolz auf unsere gelungene Aktion. Wir hatten einiges erreicht heute und das war erst der Anfang. Er hielt mir einen aufgerollten Zehnmarkschein hin. Geschwisterlich teilten wir uns die Line auf seinem Geldbeutel.

Als wir den Partyraum erneut betraten, blitzte uns weißes Stroboskoplicht entgegen, erleuchtete im Viertelsekundentakt den Raum. An den Wände hingen Planen mit verschlüsselten Symbolen und bizarren Figuren. Ein riesiger Alien mit roten Augen tanzte zwischen den Boxentürmen auf einem Stück Stoff.

»Bettina, kannst du die Bar fertig machen?«

Esther hielt mir einen schwarzen Edding und ein Stück Pappe hin: »Hier kannst du die Preise drauf schreiben.«

Ich nahm ihr die Sachen ab, da hörte, nein, spürte ich ein tiefes Brummen. Der Boden fing an zu vibrieren. Jemand legte gerade die erste Platte auf. Langsam, wie hypnotisiert, ging ich zu den Boxentürmen, platzierte mich mitten dazwischen und schloss die Augen.

Die Bässe rollten mir direkt in den Bauch, machten sich dort breit und galoppierten immer schneller durch meinen Körper. Dann setzten die Mitten und die Höhen ein. Die schrillen Töne fraßen sich durch die Ohren in meine Hirnwindungen, stoppten sofort jeden Gedanken und elektrisierten jede Faser meines Körpers.

Die Musik war ganz anders als all der Techno, den ich bisher gehört hatte. Sie war härter, sie war wilder, gefährlicher, rebellischer, treibender.

Musik, die mir aus der Seele sprudelte. Musik, die mich verstand!

Als ich die Augen wieder öffnete, sah ich Josh hinter dem Tarnnetz an den Plattenspielern stehen. Ich riss mich von den Boxen los und lief zurück zur Bar, wo Esther gerade Wodka einschenkte.

»Sorry, aber jetzt bin ich da. Sag mal, warum ist der DJ denn hinter einem Tarnnetz versteckt? Der ist doch normalerweise das Wichtigste auf einer Party?«, fragte ich.

»Das ist in der Freetekno-Szene anders. Wir betreiben keinen DJ-Kult. Die Musik ist wichtig, sonst gar nichts.«

Esther goss einen weiteren Wodka ein und hielt mir den Plastikbecher hin.

»Die DJs bekommen kein Geld auf einer Freetekno-Party«, fuhr sie fort. »Freetekno ist antikommerziell und die DJs spielen aus Liebe zur Musik. Freetekno for free people!« Esther prostete mir zu.

Freetekno for free people! Das war es!

FREETEKNO FOR FREE PEOPLE!

»Und von was leben die Leute? Ich meine, wie verdienen sie ihr Geld?«

Ich wollte alles über die Szene wissen.

»Hey Mädels, hier, nehmt mal ein paar. Die Teile gehn richtig ab.«

Ein kleiner Typ, eher Wurzelzwerg als Mensch, hielt uns einen Berg weiß-blau schimmernder, getrockneter Pilze hin.

»Danke«, ich nahm ein paar und stopfte sie mir in die Jacke, »die nehme ich später. Sonst kriege ich das mit der Bar nicht mehr auf die Reihe.«

Esther steckte sich gleich welche in den Mund und nahm noch ein paar für Melvin mit.

Die Musik wurde immer heftiger, immer aggressiver. Entsprechend drauf waren die wenigen Leute, die die Location fanden und auch blieben. Dunkle Gestalten mit punkigem Outfit. Tekno-Punks.

Unvorstellbar, nach so einer Nacht wieder in ein reguläres Leben zurückzukehren. Noch nicht mal in mein eigenes, das aus wenigen Regeln bestand. Die letzten 24 Stunden waren ein einziger Aufruf, alles hinter mir zu lassen und mich ganz dieser Musik zu verschreiben, die so viel von dem ausdrückte, was in mir verborgen war.

Als es draußen bereits dämmerte und nur noch vereinzelt ein paar Leute herumstanden, schloss ich die kleine Geldkassette mit den wenigen Einnahmen der Nacht ab und legte sie in Joshs Bus. Dann lief ich nochmals zur Bar zurück, würgte die bitter schmeckenden Pilze mit einem Schluck Wodka hinunter und ging auf die Tanzfläche.

Die Musik erfasste mich. Unsichtbare Peitschen schlangen sich um meine Hüften, rissen mich in den immer größer werdenden Raum, schleuderten mich in die Höhe und wirbelten mich von einer Wand zur anderen, bis ich auf dem Rücken eines mächtigen Stieres landete, der mit mir durch den

Raum bockte und mit der Musik kämpfte, mich auf seinen Hörnern tanzen ließ, in ungebändigter Wildheit sich der Musik hingab, bis er mich nach endlosen Runden wieder abwarf, um kurz darauf im Nichts zu verschwinden.

»Bettina!« Ich lag auf dem kalten Steinboden der Halle und sah Melvins Gesicht dicht über mich gebeugt, als ich die Augen öffnete. Es war still um mich herum. Keine Musik mehr. Die Bar und der Rest des Equipments waren verschwunden und durch die halb offene Tür fiel helles Tageslicht. Ich musste eingeschlafen sein.

»Die Bullen waren da. Wir mussten schnell alles abbauen. Du hast die ganze Zeit gepennt«, grinste er. »Ich geh jetzt noch zu Esther chillen. Kommst du mit?«

Ich rappelte mich benommen auf und griff mir an die Stirn. Ich hatte höllisches Kopfweh.

»Hier«, Melvin hielt mir eine Flasche Sternburg hin. Ich nahm einen großen Schluck, um meinen Mund zu befeuchten, der sich anfühlte wie ein Stück trockene Pappe.

»Esther ist mit den anderen vorgefahren. Wir nehmen die Öffentlichen.«

In der U-Bahn saßen die Menschen mit versteinerten Gesichtern und blickten ernst vor sich hin, wie Marionetten ohne eigenen Willen.

»Hast du schon mal Ketamin probiert?«

Melvin sah fertig aus. Seine Lippen waren aufgeleckt, die Augen mit den riesigen Pupillen glänzten verstrahlt und seine Kiefer mahlten aufeinander rum. Wer wusste, was der sich heute Nacht alles reingezogen hatte ...

So war Melvin! Maßlos, gierig und gnadenlos darin, sich völlig abzuschießen. Wir waren aus dem gleichen Holz geschnitzt! Ich ließ meinen Kopf auf seine Schulter fallen und er legte den Arm um mich. Wie früher. Als ob nie etwas zwischen uns passiert wäre.

»Esther hat mir von der Droge erzählt. Sie meinte, es sei das Abgefahrenste, was sie je probiert hat. Eigentlich ein Pferdebetäubungsmittel. Wird aus Indien nach Europa geschmuggelt. Sie hat was dabei. Ich hab voll Bock drauf, und du?«

»Na klar, ich hab auch voll Bock«, nickte ich an seiner Schulter. Ketamin. Eine Droge, die ich noch nicht kannte, war genau das, was ich jetzt wollte. Wie ein Sprung aus dem Flugzeug – man wusste nie, ob der Fallschirm wirklich aufging.

Das kleine Glasfläschchen war mit einer durchsichtigen Flüssigkeit gefüllt.

»Habt ihr noch viel Alkohol im Blut?«, fragte Esther.

Wir saßen zu dritt auf ihrem Bett. Durch die Zeitlosigkeit eines verschwommenen Sonntagnachmittags sickerte langsam der Abend in das kleine Zimmer.

»Ketamin verträgt sich nicht mit Alkohol. Wenn man Pech hat, ist das lebensgefährlich, weil es die Muskeln lahmlegt. Auch den Herzmuskel. Deshalb bewegen sich Leute auf Keta immer wie Gummipuppen.« Esther schaute uns fragend an.

»Ich bin okay«, log ich. Melvin nickte ebenfalls. Wir rappelten uns auf und schlurften in die Küche, wo Esther einen Topf mit Wasser auf den Herd setzte, einen Teller aus Porzellan darauf legte und die durchsichtige Flüssigkeit, das Ketamin, hineinschüttete.

Chemisch riechende Dämpfe lösten sich aus der kleinen Pfütze im Teller und durchtränkten die bunt bemalte Küche mit Bergen von dreckigem Geschirr und Wänden voll revolutionärer Sprüche.

»Keine Macht für Niemand« stand da, »Macht kaputt, was Euch kaputt macht« und »legal, illegal, scheißegal«.

»Die Party war viel zu kurz. Scheiß Bullen!«

Ich schaute gespannt zu, wie das flüssige Ketamin im Teller immer weniger wurde. Warum hatten sie uns nicht einfach weiterfeiern lassen, überlegte ich. Wem taten wir denn weh damit? Es hatte keine Nachbarn gegeben, die sich an der Musik gestört hatten. Bestimmt, weil die Party illegal war und keine Kohle für die Musikindustrie und somit für den Staat abwarf. In was für einem beschissenen, kontrollierenden, kapitalistischen System lebten wir eigentlich?

Sie hatten Angst vor uns, das war es. Sie spürten die Wut, die uns antrieb, und das Potenzial, das sich dahinter verbarg.

»Am ersten Augustwochenende ist das CzechTek. Da kannst du tagelang feiern«, sagte Esther. Sie sah schön aus an diesem Sonntagnachmittag. Eine mystische Fee aus einem anderen Land. Ihre kindlichen, grün-gelb gesprenkelten Augen wirkten unschuldig und zugleich verrucht.

»Soundsysteme aus ganz Europa kommen dorthin. Es ist eine gigantische Freeparty.«

Sie drehte das Gas aus und nahm den Teller vom Topf, auf dem die Flüssigkeit inzwischen komplett verdampft war. Mit einer Plastikkarte kratzte sie vorsichtig über den Boden des Tellers. Schicht für Schicht löste sich ein weißliches Pulver, das sie in der Mitte des Tellers zu einem kleinen Berg zusammenschob. Währenddessen redete sie weiter: »Angefangen hat alles mit ein paar Leuten in England. Sie gründeten das erste Soundsystem: den Spiral Tribe. Damit spielten sie in Stonehenge und initiierten ein Jahr später eine Freeparty auf einem Feld in Castelmorton. Fünfzigtausend Menschen kamen, um zu feiern. Das hatte so eine Kraft – Hammer! Aber dann ...«, gedankenverloren hackte Esther in dem Pulverberg rum, ihr Gesicht verfinsterte sich, »... wurde Spiral Tribe aus England vertrieben. Die Bullen stoppten jede weitere Aktion und versuchten, den Spiral Tribe handlungsunfähig zu machen. Sie pickten einzelne Personen heraus und setzten sie unter Druck. Sie verstanden nicht, dass sie keinen Anführer hatten. Sie hatten Angst, die Kontrolle über die Bewegung zu verlieren, und wollten sie zerstören.«

Sie stand auf und wir folgten ihr in ihr Zimmer, wo wir uns im Kreis um den Teller mit dem Pulver auf ihr Bett setzten.

»So kam die Bewegung nach Europa.« Sie rollte einen Geldschein auf. »Viele Leute schlossen sich dem Soundsystem an und wurden ein Teil vom Spiral Tribe. Neue Soundsysteme entstanden. Heute ist die Freetekno-Szene ein riesiges Netzwerk von Leuten, die durch die Lande ziehen und illegale Partys organisieren.«

Esther hielt mir den Geldschein hin, dann formte sie aus dem Pulverberg drei große Lines.

Das Zeug schmeckte seltsam. Wie Seife! Ich legte mich auf den Rücken und wartete. Fast augenblicklich spürte ich, wie mich etwas nach innen zog. Das Zimmer zerfiel in einzelne Fragmente. Dann war ich weg.

Ich kann nichts erkennen.

Nichts riechen.

Nichts hören.

Völlige Orientierungslosigkeit.

Irgendetwas bewegt sich neben mir. Erinnerungsfetzen tauchen auf, Schnipsel, die chaotisch durch mein Gehirn wirbeln. Rhythmische Stöße wiegen gegen meinen Rücken, es schnauft, es ist heiß, es riecht nach Schweiß. Neben mir wird gevögelt.

Esther und Melvin.

Ich lasse mich aus dem Bett fallen. Mein Körper hat sich in weiches, nachgiebiges Gummi verwandelt. Mit wabernden Bewegungen krieche ich Richtung Zimmertür. Meine Beine gehorchen mir nicht. Ich wabere wie in einer plastischen Matrix durch die Küche und die Treppe hinunter in den Hof.

Mir ist kotzübel. Mein Bett ist nur ein kleines Stück die Straße runter entfernt. Alles ist unwirklich. Farben zerfließen wie bunte Knetmasse ineinander, zerfallen dann in einzelne Fragmente.

Die Häuserwände, an denen ich mich entlanghangele, geben unter meinem widerstandslosen Körper nach.

Ich kotze warme Flüssigkeit. Jemand öffnet die Haustür für mich. Mein Bett ist ein Schiff auf hoher See. Alles bewegt sich. Ich halte mich an der Matratze fest, um nicht über Bord zu gehen.

Das monotone Rattern der tschechischen Bummelbahn machte mich schläfrig. Draußen bedeckte ein feiner Nebel die vorüberziehenden Wiesen und Felder und am Horizont deutete ein schwacher Schimmer den nahenden Sonnenaufgang an. Wer war ich?

Gestern noch die liebe Tochter, die brav zum sechzigsten Geburtstag ihres Vaters antanzte. Als ob die Dreadlocks und der Nasenring nur eine Attrappe ohne Aussage wären. Bereitwillig war ich in meine Rolle geschlüpft, hatte die Gäste begrüßt, hatte gelächelt, was von neuer Mode erzählt und dabei den zweifelnden Blick meiner Mutter ignoriert.

Aber Papa hatte ja Geburtstag! Also musste gelächelt werden. Was sollten denn sonst die Nachbarn denken? Bloß keine unnötigen Diskussionen.

Also lächelte ich. Füllte mein Weinglas wieder und wieder und zählte die Stunden bis zur Abfahrt meines Zuges in Richtung Tschechei, Teknival, Freiheit, Erlösung. Weg von hier.

Und wer war ich heute? Jetzt und hier, ein paar Stunden später? Partyqueen, Abenteurerin, Draufgängerin – oder auch nur wieder eine Lüge?

Mit quietschenden Bremsen kam der Zug zum Stehen. Ich hatte nicht den blassesten Schimmer, wie ich zum Teknival kommen sollte. Das Kaff war genauso verlassen wie der Bahnhof. Nach links machte die leicht abfallende Pflastersteinstraße einen Bogen aus dem Dorf heraus, vorbei an windschiefen, zwergenhaften Steinhäuschen, um dahinter im glitzernden Morgentau der hügeligen Landschaft zu verschwinden. Nach rechts führte sie in das geisterhafte Dorf hinein. Ich entschied mich für links. Noch bevor ich die letzten Häuser passiert hatte, hörte ich hinter mir ein Brummen. Der rostige Lkw hielt neben meinem ausgestreckten Daumen und ein zahnloser Tscheche grinste mich an.

»Strá Hut?«, fragte ich. Er öffnete die Seitentür und klopfte auf den staubigen Beifahrersitz. Na dann. Glück gehabt!

Wir rumpelten über die kleine Landstraße. Mein Chauffeur schaute immer wieder zu mir rüber und wiederholte lachend: »Teknival, Strá Hut!«

Wir tranken Bier aus meinem Rucksack und prosteten uns zu. Ich war aufgeregt! Mein erstes Teknival! Ich wollte eintauchen in diese Welt, wollte sie erforschen, mich in ihr bewegen, ihre geheimsten Winkel kennenlernen. Ich wollte ein Teil von ihr werden.

Wir passierten das Ortsschild von Strá Hut. Und nun? Ich schaute mich fragend um. In den kleinen Geschäften entlang der Dorfstraße wurden gerade Türen aufgeschlossen, Werbeschilder auf die Gehsteige gestellt, Milchkannen hereingeholt. Ich beschloss, auszusteigen und mich im Dorf durchzufragen. Doch da sah ich sie schon. Futuristische Guerillakämpfer, bizarre Gestalten, umringt von Hunden, strömten die Dorfstraße entlang.

Noch im Rollen öffnete ich die Beifahrertür, schnappte meinen Rucksack und warf dem alten Tschechen einen Abschiedsgruß zu. Mein neues Leben wartete auf mich! Der Platz, ein riesiges Feld, umgeben von dichtem Tannenwald, war keine Viertelstunde Fußweg vom Dorf entfernt. Mit klopfendem Herzen rannte ich den Weg an den parkenden Autos entlang, vorbei an mir entgegenkommenden Partybesuchern, hörte die lauter werdende Musik, bis ich die Lichtung mit dem Teknival erreichte.

Aufgespannte Plastikfolien flatterten im Wind. Bässe kribbelten in meinen Füßen, kletterten meine Beine hoch, ungeduldig, fordernd. Licht und Schatten tanzten zusammen auf dem mit Spannung aufgeladenen Feld. Energie überflutete den Platz wie dickflüssige Lava. Schrille Töne schossen wie Blitze in mein Gehirn und rissen es aus seiner Verankerung.

Die Musik trieb mich an. Vorbei an Festungen aus Boxentürmen, an in der Sonne dösenden Hunden, mitten durch das geordnete Chaos von Autos, Lkws und Bussen, vorbei an tanzenden, schwitzenden Körpern. Plötzlich erkannte ich ein paar Boxen wieder.

»Bettina«, Melvin stand grinsend vor mir. »Abgefahren, oder?«, schrie er und schüttelte fassungslos den Kopf. Ich folgte seiner Hand, die das Feld umriss.

»Komm, ich muss dir was zeigen.«

Ich ließ mich von Melvin über die Tanzfläche ziehen, hinter die Boxenwand, wo der Boden übersät war mit Kabeln, die quer durcheinander lagen, von Boxen zu Verstärkertürmen führten und von dort aus zu den Decks, den Plattenspielern und dem Mixer. Wer kannte sich damit aus?

Vor einem Zelt stoppten wir und Melvin schob die Eingangsabdeckung beiseite: »Schau dir das mal an«, gluckste er, »boah, hihihi …«

Esther lag schlafend, in voller Montur, alle viere von sich gestreckt, zwischen Rucksäcken, Flaschen und Plattenkisten auf dem Boden des Zelts und Melvin bekam sich vor Lachen nicht mehr ein. Ich war eindeutig zu nüchtern!

»Weißt du, wo ich Drogen herbekomme?«

Er wusste, wo!

Ein paar Minuten später hatte ich eine Line Speed intus, zwei Ecstasys und einen Trip in meiner Hosentasche stecken. Jetzt konnte es losgehen. Auf ins Abenteuer!

Helles Blinken vor pechschwarzem Hintergrund. Direkt neben mir. Dann weiter weg. Überall. Links. Rechts. Mein Horizont begrenzt von explodierenden Lichtern. Rote Risse durchzucken den Nachthimmel. Hier einer. Dort einer. Mal gerade. Mal zackig. Über mir. Unter mir. Mich durchschneidend. Sekundenschneller Wechsel.

Tag. Nacht. Tag. Nacht. Tag. Nacht. Tag. Nacht.

Abgehackte Bewegungen menschlicher Leiber. Töne. Alles voller Töne. Wie im Krieg. Mitten im Ausnahmezustand. Bombenalarm. Sirenengeheul. Apokalypse now!

Dann wieder das tiefe, beruhigende Brummen der Bässe. Ein warmes Gefühl. Ich bin zu Hause. Die Erde vibriert. Sie lebt. Nimmt mich in ihren Schoß. Schenkt mir Raum. So viel Raum! Dankbarkeit! Tränen! Meine Hände wühlen in der harten Erde. Ich drücke mich an sie. Erde in meinem Gesicht. Liebe!

Aufrappeln. Stolpern. Aufwallendes Land. Tiefe Gräben. Ich kämpfe mich durch. Stolpere wieder. Falle. Weiter auf allen vieren. Weiter. Muss pinkeln. Es kitzelt. Wo bin ich? Schnell zurück. Dorthin, wo das Licht ist. Grün. Rot. Gelb. Musik, die lauter wird. Höllenlärm. Ein Klangteppich zum Weltuntergang.

Der Altar! Vor mir. Schwarz. Groß. Hoch. Erhaben. Laut. Lautes, lauter werdendes Wummern. Der Bass. König der Nacht. König, der uns regiert. Gesichter gewinnen an Konturen. Ein Joint zwischen meinen Lippen. Mein Körper in Bewegung. Keine Kontrolle mehr. Dann nimmt sie mich mit. Die Welle! Sie reißt mich hoch, trägt mich weiter in die Nacht. Höher hinauf. Immer weiter, immer höher. Ich tanze auf der Welle. Reite auf ihr. Weiter. Weiter. In die Nacht hinein.

Der nächste Strand wartet schon. Ich muss mich ausruhen. Plastikwelt. Alles hinter Plexiglas. Worte wie schlüpfriges Gummi blubbern in mein Ohr. Ein Becher in meiner Hand. Flüssigkeit brennt in meiner Kehle. Lachende Gesichter. Die Bar. Noch einen Wodka.

Weiter stolpern in das babylonische Inferno dieser endlosen Nacht.

Ich blinzelte. Die Himmelsfetzen, die zwischen Boxentürmen, Lkws und Plastikplanen hervorlugten, wurden langsam heller. Der Morgen nahte und die Welt tauchte auf aus ihrem rätselhaften Chaos. Laserstrahler und Stroboskop verloren ihre Kraft und blinkten bald vergessen vor sich hin. Aus Schatten wurden Gestalten. Gesichter bekamen wieder Konturen, Details wurden sichtbar und fügten sich mit dem stärker werdenden Licht zu einem großen Ganzen zusammen. Das Bühnenszenario wechselte: von einer bedrohlichen Dunkelheit zu einer bunten, Leichtigkeit versprechenden Kulisse.

Ich war noch immer am Tanzen. Seit Stunden schon. Seit meine Erinnerungen aufgehört hatten. Der braune, lehmige Boden unter meinen Füßen war weich wie frisches Moos. Weich getanzt. Meine Füße federten von ganz allein zurück. Mein ganzer Körper bewegte sich ohne jegliche Kraftanstrengung zu den Paukenschlägen der Musik. Der Rhythmus war brachial und doch rund und warm. Kein kriegerisches Donnern und Kreischen war mehr zu hören. Eher ein sanfter, rollender Sound, der mich mit seinen monotonen Klängen einlullte. Als ob er mich in sich aufnehmen wollte. Ich ging noch einen Schritt auf die Boxentürme zu. Jetzt stand ich genau vor ihnen. Wie schön sie waren! Wie majestätisch! Ich berührte sie zärtlich. Glücksschauer erfassten mich. Ich schloss die Augen und übergab mich der Musik.

Etwas Kaltes wurde gegen meinen Arm gepresst. Grüne Augen lachten mich an, blonde Dreadlocks hüpften im Takt um das offene Gesicht einer Fremden, die mir eine Flasche Wasser hinhielt. Ich trank. Musste trinken, war ausgetrocknet, obwohl mir mein Körper keinen Durst signalisierte. Ich gab die Flasche zurück. Ihre Augen strahlten. Wir waren Schwestern. Verbunden in der Musik, im Tanz der Freiheit, in den durchwachten Stunden der vergangenen Nacht.

Wir existierten. Jetzt. Hier. In diesem Moment. Nur das zählte.

Langsam floss der Tag in der Hitze eines bombastischen Sommers dahin. Ich ließ mich über die Party treiben. Keine Verantwortung, keine Sorgen, nichts, was mich schwer machte, was auf mich wartete. Alles in mir war weit und offen, meine Grenzen waren aufgelöst. Es gab nichts zu tun, nichts zu wünschen, nichts, was fehlte. Es war alles da.

Ich verweilte, wo es mir gefiel, tanzte, wo mich die Musik berührte, und ließ mich weitertreiben. Staunend betrachtete ich die sich bewegenden Skulpturen und Installationen der einzelnen Soundsysteme. Aliens, Roboter, schwarz-weiße Figuren, Schriftzeichen mit Namen darauf. Und immer wieder die Spirale.

Dazwischen diese Menschen. Alle auf der Suche, so wie ich. Hier konnten wir uns ausruhen, hier durften wir einfach sein. Hier war es okay, Drogen zu nehmen, völlig drauf zu sein, völlig entäußert. Je verrückter, desto besser. Mein ewiger innerer Antreiber störte hier nicht mehr. Hier gab es keine Bremsen, niemanden, der mich ermahnte, still zu stehen und ruhig zu sein. Hier durfte ich toben. Die Musik in meinem Herzen war der Kutscher, der es antrieb. Namen wurden unwichtig, Werte in den Boden gestampft, aus denen wie Phönix aus der Asche nur einer neu emporstieg: Freiheit!

Das war es, was wir alle suchten! Dieses Feld war unsere Freiheit, unser Zuhause. Hier war ich unter meinesgleichen. Hier war ich nicht mehr komisch. Hier gehörte ich dazu. Hier brauchte ich keine Masken mehr. Die Drogen halfen, die Kontrolle abzugeben und mich so, wie ich war, dem Moment hinzugeben.

Erneut kam die Nacht. Die DJs spielten mit meinem Körper wie mit einer Marionette. Er gehörte mir nicht mehr. Nachts war die Musik härter als am Tag. Eindringlicher. Provozierender. So hart, dass es fast wehtat. Man konnte ihr nicht entkommen. Die Bässe waren dunkler, die Höhen schärfer. Wehrlos ließ ich mich von ihnen peitschen, immer in Bewegung. Triebe in Erlösung.

Ich tanzte wie eine Besessene, bis es nichts mehr gab auf dieser Welt außer mir, den Boxen und der Musik.

Ich wusste nicht, zum wievielten Mal die Sonne aufging. War es das dritte, das vierte Mal?

Ich saß mit etwas Abstand zum nächsten Soundsystem auf dem Boden und beobachtete die tanzenden Leute. Ich war müde, hungrig, durchgeschwitzt und dreckig. Meine Füße brannten, als ob ich über glühende Kohlen gelaufen wäre. Vorsichtig zog ich Schuhe und Socken von meinen wundgetanzten Füßen. Ein unangenehmer Geruch stieg aus den Schuhen hoch und ich blickte mich verschämt um. Gleich neben mir ließ eine Gruppe Engländer eine Flasche Absinth kreisen. Eine Frau mit einer einzigen Dreadlock in der Mitte ihres kahlrasierten Schädels, das Gesicht mit Piercings übersät, schüttete gerade aus einem Plastiktütchen einen Haufen Pulver auf einen umgedrehten Kochtopf. Sie spürte meinen Blick und drehte sich zu mir um. Schwerfällig stemmte ich mich hoch und humpelte zu ihr rüber.

»Ketamin?«, fragte ich und deutete auf das Pulver. Sie nickte.

»You want?«

Ihr Blick war verschwommen und kam von einem Ort, der sehr weit entfernt war. Ich nickte. Sie hielt mir einen zusammengerollten Geldschein hin. Ich zog.

Gedämpft nahm ich wahr, wie die Landschaft entlang der Autobahn an mir vorüberzog. Josh, der neben mir auf dem Fahrersitz des alten englischen Trucks saß, mit dem er einen Teil des Alien-Pulse-Soundsystems zurück nach Berlin transportierte, legte eine Kassette mit Punkmusik ein.

»Reicht erst mal mit Techno, hehe«, grinste er und zündete den Joint an, den er hinter seinem Ohr deponiert hatte. Ich konnte mich zu keiner Reaktion aufraffen. Jeder einzelne Muskel in meinem Körper schmerzte und mein Gehirn war ein Klotz aus Beton.

Ich war voll, so voll. Voll mit Bildern. Voll mit Musik. Voll mit Sehnsucht!

Wir hatten das Feld, das nun beinahe wieder leer war – die meisten Soundsysteme waren bereits abgereist, weiter zur nächsten Party, zum nächsten Festival –, gerade erst verlassen. Aber schon jetzt spürte ich das brennende Verlangen, bei ihnen zu sein, in ihrem Kreis, genährt durch die Musik und getragen von der Vision eines selbstbestimmten, wilden und autonomen Lebens in Freiheit. Endlich hatte ich meinen Platz in dieser Welt gefunden!

Vor uns lag die tschechische Grenze. Ich dachte nach. Was ich brauchte, war Geld, um mir einen Bus oder einen Lkw zu kaufen, um mich meiner neuen Familie als Tekno-Travellerin anzuschließen. Ich wollte dieses Leben und ich wollte, dass die Party niemals aufhörte!

ITALIEN, MAFIA UND DIE SOUNDSYSTEME

Der Bus war nicht schön und auch nicht groß. Und schon gar nicht neu. Aber er war meiner! Ein weißer, leicht rostiger VW LT 28 mit Hochdach. Ein Diesel. Ich war so stolz! Er würde mich und Ben nach Rom zur Silvesterparty und zu den Soundsystemen bringen. Wir würden ihn in Italien gemeinsam ausbauen, ein Bett für uns basteln, eine Kochstelle einrichten, ihn gut isolieren und uns so ein Zuhause erschaffen.

»Hier rechts!« Bens Stimme riss mich aus meinen Träumereien. »Wir sind in der Schweiz. Hier sind die Autobahnschilder grün, Mann.«

»Ist ja okay. Komm mal runter.«

Ben, der ewige Stressmaker! Wir hatten ganze drei Tage Zeit für die Strecke, also kein Grund zur Panik! Aber so war Ben eben. Ich musste ihn so nehmen, wie er war. Schließlich war er DJ und schon viele Jahre in der Szene unterwegs, kannte noch die alte Spiral-Tribe-Crew, hatte mehr Freetekno-Partys mitgemacht als ich Geburtstage, und dafür bewunderte ich ihn. Nur seine Launen waren schwer auszuhalten. Es stank ihm, dass ich den Bus fuhr und nicht er. Ja, Ben war, wie die meisten Männer in der Soundsystemszene, die was zu melden hatten, ein Macho! Seit der Abfahrt war er nur am Motzen, dabei hatte ich mir den Trip mit ihm so schön ausgemalt.

Alles war perfekt gewesen! Der Besuch mit Ben bei meinen Eltern, wir, das frisch verliebte Paar auf der Wohnzimmercouch kurz vor seinem Italienurlaub, und der volle Tank, ein Geschenk von meinem Vater, als Unterstützung für unsere Reise.

Meine Eltern mochten Ben, er war freundlich und sah anständig aus. Einzig die fette Narbe, die quer durch sein Gesicht verlief, deutete darauf hin, dass sich hinter seiner netten Fassade noch eine andere, eine dunkle Seite verbarg.

Ich wollte ihn haben, als ich ihn zum ersten Mal Musik auflegen hörte, im staubigen Partykeller in einem besetzten Haus in Berlin. Eine Musik, die brutal war, abgedrehter Acid, und Ben, der mit todernstem Gesicht eine Platte nach der anderen abspielte, bis der Morgen fahles Licht durch die kleine Bodenluke in den Keller warf, reizte mich.

Es hatte nicht viel gebraucht, bis ich ihn so weit hatte, mit mir aufs Zimmer zu kommen. Er hatte stinkende Füße und er war launisch, aber ich fand ihn toll und wusste, dass er mir die Welt zeigen würde, die ich begehrte. Deshalb begehrte ich ihn.

»Lass uns kurz in Zürich anhalten. Ich kenne da ein besetztes Haus.«

Ich schaute zu ihm rüber. Was sollte das? Ich hatte keine Lust, von der Autobahn abzufahren. Ich wollte nach Rom. Auf direktem Weg zur Neujahrsparty. Doch als ich Bens Blick sah, setzte ich den Blinker.

Er spürte meine Unsicherheit beim Fahren und stocherte darin herum wie in einem Teller voll ungenießbarem Essen. Angespannt und hoch konzentriert lenkte ich den Bus auf die matschige, schneebedeckte Straße, die uns in Zürichs Innenstadt führte. Wir vergeuden unsere Zeit, unseren Diesel und meine Nerven, dachte ich. Aber mit Ben zu streiten war kein Kinderspiel. Der konnte richtig ausrasten. Es war kurz vor elf Uhr morgens und er hatte schon zwei Bier intus. Also ließ ich ihm besser seinen Willen. Musik wäre jetzt gut. In Italien mussten wir unbedingt eine Anlage für den Bus besorgen.

»Pass doch auf, die Ampel war rot.«

Bens Stimme zerschnitt die angespannte Stille.

»Hör bitte auf, an mir rumzumeckern. Ich habe gleich keine Lust mehr zu fahren.«

»Dann lass mich fahren.«

»Du hast aber keinen Führerschein.«

»Ja, aber deshalb kann ich trotzdem besser fahren als du.«

»Was soll das jetzt heißen?«

»Ich habe schon so viele Autos und Trucks gefahren, wie du dir nicht vorstellen kannst.«

»Ich kann jetzt nicht mit dir streiten. Ich muss mich konzentrieren.«

»Fucking concentration, you fuck!"

«Ben, hör auf, wo lang jetzt?"

»Hier links! No, not this way, oh fuck. Turn left, turn left!«

Ich riss das Lenkrad nach links. Ein Schlag. Eine Erschütterung. Der Bus knallte auf die Bordsteinkante. Dann splitterte Glas.

»You fucking want to kill me. Du willst mich umbringen. Fucking hell!«

Ben riss die Beifahrertür auf. Der Laternenmast, den ich gerammt hatte, war in der Mitte abgeknickt wie eine Blume im Sturm und kopfüber in die Windschutzscheibe auf der Beifahrerseite geknallt. Ben fluchte. Ich klammerte mich zitternd ans Lenkrad. Scheiße! Was würde jetzt aus der Party werden?

Mit weichen Knien trat ich auf die Straße. Von draußen sah der Schaden nicht ganz so schlimm aus. Ich lief um das Auto rum. Mit der rechten Seite hatte ich einen Stromkasten und die Straßenlaterne erwischt. Die Stoßstange und die ganze rechte Ecke des Busses waren eingedellt. Auch das Vorderlicht hatte etwas abbekommen. Ben ergoss sich in Hasstiraden.

Dieses Arschloch! Hätte er sich nicht so aufgespielt und mich provoziert, wäre dieser Unfall nicht passiert. Aber nein, ich wollte ihn umbringen! Das war ein ganz bewusster Terroranschlag auf ihn. Natürlich! Ich hatte ja nichts Besseres zu tun!

»Ich geh jetzt eine Telefonzelle suchen. Ich rufe den ADAC an.«

Ich brauchte dringend ein paar Minuten für mich.

Zehntausend Schweizer Franken kostete der Schaden an öffentlichem Eigentum, plus die Kosten für die Windschutzscheibe. Ein Glück, dass ich versichert war. Die rechte Standleuchte funktionierte noch, die Beulen würden wir in Italien bearbeiten. Die ganze Aktion hatte uns einen kompletten Tag und eine Nacht gekostet. Jetzt mussten wir praktisch durchfahren, wollten wir morgen Abend in Rom sein. Geld, um die Autobahngebühren zu bezahlen, hatten wir nicht. Meine gesamte Kohle war für den Kauf des Busses draufgegangen und Ben hatte sowieso nichts. Wir machen in Italien auf den Partys Geld, hatte er mir vor der Abfahrt gesagt. Wie, hatte er mir nicht gesagt, aber ich konnte es mir denken.

Wir mussten also die ganze Strecke über Landstraßen zurücklegen. Allzu lange würde auch der Diesel nicht mehr reichen. Hinten im Bus standen Kanister und Gummischlauch bereit, um unterwegs welchen zu klauen.

Ben schlief und ich konnte, während ich in Richtung der italienischen Grenze fuhr, meinen Gedanken nachhängen. Ich wusste nicht, was mich in den nächsten Wochen erwartete. Nur so viel, dass wir in Rom auf dem Teknival das Berliner Soundsystem, für das Ben Musik auflegte, treffen wollten, um mit ihnen in Italien zu bleiben, bis der Winter vorbei war. Ben würde Platten auflegen und ich ... keine Ahnung! Ich musste mir irgendetwas ausdenken, um mich zu beschäftigen und um Kohle ranzuschaffen.

»Ben, aufwachen! Wir sind gleich an der Grenze.«

Ben rieb sich verschlafen die Augen: »Na, alles klar, Baby? Wie sieht's mit Diesel aus?« Er warf einen Blick auf die Tankanzeige.

»Shit! Wir probieren es im Industriegebiet der ersten Stadt in Italien. Norditalien ist gut zum Dieseln.«

Ich nickte. Es war kurz vor Mitternacht und unser Atem zeichnete sich auf der neuen Windschutzscheibe in kleinen weißen Dunstkreisen ab. Aus irgendeinem Grund war die Heizung im Bus plötzlich ausgefallen. Die Lichter der italienischen Grenze tauchten im Grau der winterlich zugeschneiten Berge auf. Ich schaltete den Gang runter und brachte den Bus zum Stehen.

Das Schneegestöber wurde immer schlimmer. Die dicken, weißen Flocken veranstalteten einen wilden Tanz in den Lichtkegeln der Scheinwerfer. Bald würde ich gar nichts mehr erkennen. Die schmale Piste schlängelte sich in Haarnadelkurven durch irgendwelche unbekannten, nur spärlich beleuchteten und um diese Uhrzeit gänzlich ausgestorbenen italienischen Bergdörfer. Ansonsten war es zappenduster. Ich fuhr Schrittgeschwindigkeit. Schon lange hatten wir kein Schild mehr mit einem uns bekannten Stadtnamen gesehen. Mir kam es vor, als hätten wir uns im nächtlichen

Irrgarten dieser Berge komplett verfahren. Die zerfledderte Straßenkarte, in die Ben hin und wieder suchend einen Blick warf, schien aus dem letzten Jahrhundert zu stammen.

Wären wir nach der Grenze den Autobahnschildern gefolgt, wäre uns dieses kräftezehrende Rumgekurve erspart geblieben. Wenn wir in diesem Tempo auf Nebenstraßen Rom erreichen wollten, kämen wir wohl erst zum Sommer dort an! Außerdem konnte ich nicht mehr. Ich musste mich ausruhen!

Von hinten drang der Geruch des frisch gestohlenen Diesels zu uns nach vorn. Gleich nach der Grenze hatte Ben die kleine, unbeleuchtete Baustelle am Straßenrand entdeckt, mit einem Bagger und einer Planierraupe. Der Tank des Baggers war nicht verschlossen. Ben staunte nicht schlecht, als ich gekonnt das eine Ende des Gummischlauchs im Tank versenkte, um am anderen so lange zu saugen, bis mir glänzender Diesel übers Kinn lief.

Nach einer Viertelstunde saßen wir wieder im Bus, 75 Liter Diesel, drei volle Kanister, unter einer Decke versteckt, und fuhren zurück auf die Straße. Ich freute mich, dass ich so schlau gewesen war, mir in Berlin zeigen zu lassen, wie man Diesel klaut, und Ben hatte ich damit beeindruckt. Ich wollte alles wissen, um auf der Straße überleben zu können, und wenn ich dafür klauen musste, dann war das eben so! Die Baufirma, der der Bagger gehörte, hatte doch sowieso genug Geld und das bisschen Diesel würden die Kapitalistenschweine ja wohl verkraften.

»Was ist das für ein Geräusch?«

Im Motor klackerte etwas. Ben öffnete die Schutzverkleidung des Motors zwischen Fahrer- und Beifahrersitz und leuchtete mit seiner Taschenlampe hinein.

»Du musst anhalten. Hier stimmt was nicht. Es ist kein Wasser mehr im Kühlsystem. Der Motor ist total heiß gelaufen.«

Scheiße, auch das noch.

Im nächsten Bergdorf hielt ich an und Ben untersuchte den Motor, während ich frierend auf dem Fahrersitz die Bomberjacke enger um mich zog und die Augen schloss.

»Die Kühlanlage ist am Arsch. Da muss irgendwo ein Loch in einem Schlauch sein oder eine Dichtung ist kaputt.«

»Und was machen wir jetzt?«

»Wir müssen das Wasser während der Fahrt nachleeren. So könnten wir es schaffen.«

»Ben, ich kann nicht mehr.«

»Come on. Ich kann das jetzt nicht reparieren. Ich brauche mehr Licht dazu. Und Zeit. Und Werkzeug. Was willst du hier machen? Wir erfrieren, wenn wir hierbleiben.«

Ein Königreich für einen Joint und ein warmes Bett! Aber Ben hatte recht. Wenn wir hierblieben, würden wir uns Frostbeulen holen und die Neujahrsparty konnten wir vergessen.

»Lass mich fahren, Baby!«

»Nein, es geht schon.«

Wenn Ben fuhr, würde ich auch nicht schlafen können.

Die Nacht schien endlos. Der offene Motor ratterte laut wie ein Maschinengewehr zwischen unseren Sitzen. Ben leerte stetig Wasser in den Kühlwasserbehälter, während ich fuhr. Krampfhaft hielt ich die Augen offen, kämpfte gegen Schlaf und Kälte.

Es war schon lange Tag, als wir das Gebirge endlich hinter uns ließen. Über die Küstenstraße ging es weiter, immer in Richtung Süden. Wir hielten stündlich an Tankstellen, um die Wasserflaschen aufzufüllen und unser letztes Kleingeld in doppelte Espressos zu stecken. Von der Landschaft um uns herum bekamen wir nichts mit. Irgendwo legten wir einen Stopp ein und schliefen ein paar Stunden.

»Scheiße, ich verstehe kein Wort. Was meint er denn mit ›Tangentiale‹?«

Entnervt knallte ich den Hörer auf die Gabel. Mein Kopf fiel schwer gegen die Wand der Telefonzelle. Ich hatte genug von dem Versteckspiel. Ich wollte endlich ankommen! Ich war fertig, müde, wollte ein Bier trinken, den Bus abstellen, Drogen nehmen und feiern.

Mein Blick wanderte über die Dächer Roms. Ein zartes Rosa machte sich am Horizont bemerkbar, dort, wo ich das Meer vermutete, und bedeckte die Stadt mit einem zauberhaften Schimmer. Vögel kündigten zwitschernd den neuen Tag an. Es war ein milder Morgen. Die Blätter der großen Platanen, die die Straße säumten, rauschten leise im Wind.

Ich reichte Ben den Zettel, auf den ich ein paar Worte gekritzelt hatte: Tangentiale Nord, Uscita 27, Bridgestone. Das war alles, was ich bei der Ansage der Infoline verstanden hatte.

»Kannst du damit was anfangen? Mein Kleingeld zum Telefonieren ist auf jeden Fall alle.«

Eine Windböe erfasste den schwarz-weißen Flyer mit den Infoline-Nummern, den ich auf das Telefon in der Zelle gelegt hatte, und fegte ihn auf die Straße. Ich rannte ihm nach. Unser einziger Anhaltspunkt, um die Party zu finden. Ganze vier Tagen waren wir jetzt unterwegs und dieses kleine Stück Papier war unsere Schatzkarte, der wir seit mehreren Tagen folgten und die uns zu unserem Ziel führen sollte.

Die Losung hieß: New Years Teknival. Rome. Italy. All Soundsystems are invited. Freetekno for free people.

Am unteren Rand des Zettels befanden sich zwei Telefonnummern. Die Infoline-Nummer mit der Ansage in englischer Sprache funktionierte nicht. Vielleicht waren wir zu spät dran. Die italienische Ansage war noch aktiv, aber wir konnten beide kein Italienisch.

Resigniert schaute ich die Straße runter. Silvester hatten wir verpasst. Es hatte sich einsam in der sternenklaren Nacht, im unregelmäßigen Rattern des Motors verloren und wir hatten noch nicht einmal angestoßen.

»Tangentiale ist der Autobahnring um Rom rum. Uscita 27 muss die Nummer der Ausfahrt sein«, sagte Ben.

»Und was soll ›Bridgestone‹ bedeuten?«

»Keine Ahnung. Lass uns fahren.«

»Okay, dann fahr du jetzt. Ich kann nicht mehr.«

Ich übergab Ben die Schlüssel. Mir war inzwischen alles egal. Ich holte mir von hinten ein Bier und setzte mich auf den Beifahrersitz.

Ganz so rosig, wie ich mir das ausgemalt hatte, sah das Leben als Tekno-Travellerin nun doch nicht aus. Einen ersten Vorgeschmack, was es bedeutete, mit wenig Geld unterwegs zu sein, hatte ich jetzt bekommen. Lösungen mussten anstelle von Geld gefunden werden. Aber irgendwie schweißte dieser Kampf auch zusammen. Das Gefühl, in einem Boot zu sitzen und alles zu geben, nur um auf eine Party zu kommen. Ich mochte das! Weil es so verrückt war, mochte ich es, und weil es meinem Leben einen Sinn gab.

Bridgestone. Die roten Lettern strahlten gegen den klaren Himmel. Dahinter lag die Abfahrt Nummer 27.

»Da hinten, da hinten ist es!«

Aufgeregt hüpfte ich auf dem Beifahrersitz auf und ab. Am Horizont, am Ende der kleinen gewundenen Straße, zeichneten sich deutlich zwei riesige, flache Gebäude ab.

»Fucking hell. In the end. We've got it.«

Hurra, wir hatten es geschafft. Ich trank das Bier aus. Endlich! Die Autos, die Menschen, die Hunde. Wir waren da, angekommen!

Heiße Erregung durchströmte mich und ich spürte die Gier in mir. Die Gier nach dem Kick, danach, mich richtig wegzuknallen, mich Hals über Kopf in das Vergessen hineinzustürzen, Verantwortung gegen Erleben zu tauschen, mich in Ekstase aufzulösen! Dafür würde ich um die Welt fahren, würde ohne Wasser durch die Wüste kriechen und den höchsten Berg ohne Seil besteigen. Nur für diesen Zustand. Schön und schrecklich zugleich. Party!

Ein Surren wie im Inneren eines überdimensionalen Bienenstocks begrüßt mich beim Betreten der Fabrikhalle. Der Sound wird durch die Wände des Gebäudes komprimiert und donnert direkt über uns. Gleich im vorderen Teil der Halle stehen die Fahrzeuge mit Berliner Kennzeichen. Zur Begrüßung bekomme ich ein viereckiges Stückchen Löschpapier. Albert Hofmann – allerfeinstes LSD!

Ich ziehe los. Der Drang, mich zu bewegen, ist übermächtig. Ich kann nicht auf Ben warten, der einen Spiegel mit Speedlines in der Hand hält und lautstark von unserer Reise erzählt.

Das LSD knallt voll rein. Auf Knien erforsche ich fasziniert jeden Zentimeter Hallenboden, wie Napoleon auf Entdeckungsreise. Fühle mich wie in einem durchsichtigen Schwamm mit eingebauten Lautsprechern.

Dann tanzen. Jemand schenkt mir XTC, wir zerhacken die Pille und ziehen sie uns durch die Nase. Rauschhaftes Tanzen. Nur ich und die Musik. Die Musik und ich. Mehr gibt es nicht und soll es auch nie geben.

Stolpernd renne ich von der Tanzfläche. Lasse diesen Planeten hinter mir, breche auf ins nächste Sonnensystem. Vor mir liegt die angrenzende leere Halle. Riesig. Enorm. Unfassbar groß. Eine Frau mit ausgebreiteten Armen rennt an mir vorbei, zieht große Kreise durch die Halle. Wieder und wieder. Ihr Gesicht ist ein einziges offenes Staunen.

Ich renne mit ihr, Runde um Runde, fliege mit ihr durch Zeit und Raum.

Sie schreit: »There is so much space!«

So much space! So much space! So much space!

Space for freedom!

Space to roam!

Irgendwann spüre ich ihre kleine Hand in meiner. Wir lassen uns auf den Boden fallen. Das Mädchen wischt auf dem staubigen Boden ein Fleckchen vom Dreck frei und schüttet weißes Pulver darauf. Ich frage nicht nach, was es ist. Wir schauen uns nur an. Sie zieht einen Stromhalm aus ihrer Jacke und hält ihn mir hin. Wir sind beide nur ein kleiner Punkt in der Weite dieses Raums. Ich beuge mich runter und ziehe. Dann zieht sie. Sie lächelt mich an. Ihr Mund berührt meine Wange. Dann verschwindet sie.

Bens knallrote Augen leuchteten wie zwei Signalkugeln in dunkler Nacht und blickten mich dabei an, als hätte ich persönlich ihnen die Farbe eingespritzt. Die Party war vorbei, meine Gedanken zu einem wilden Knäuel ineinander verknotet. Wie immer fiel es mir schwer zu akzeptieren, dass nach jedem Flug die Landung wartet.

»Ich habe Bindehautentzündung. Du musst mich zum Arzt bringen.«

»Aber wie treffen wir dann die anderen wieder?«

Ich wollte nicht weg von hier, wollte keine normalen Leute sehen und schon gar keine Arztpraxis betreten. Ich wollte bei den Soundsystemen bleiben. Wir waren doch gerade erst angekommen!

Ben nervte. Wie ein kleines Kind saß er da und ich sollte die Verantwortung für ihn übernehmen, dabei konnte ich kaum zwei zusammenhängende Sätze formulieren.

»Was heißt hier die anderen? Bin ich nicht wichtig, oder was?! Ich hab Bindehautentzündung, scheiße.«

»Okay. Ist ja gut! Ich sage nur kurz Tschüss. Bin gleich wieder da.«

Die großen Soundsysteme in der Halle – Franzosen, Engländer, Österreicher und die Berliner Crew – hatten ihr Equipment schon fast verstaut. Bei den Italienern waren noch ein paar Boxen angeschlossen, die jetzt in der großen Halle verloren vor sich hin schepperten. Ein verstrahlter Typ legte düsteren, dreckigen Drum 'n' Bass auf. Vor der Halle parkten immer noch an die hundert Fahrzeuge, Besucher und Soundsystemanhänger, die darauf warteten zu erfahren, wohin die Soundsysteme weiterziehen würden.

Ich ging zu den Franzosen. Vor ihrem Soundsystem hatte ich stundenlang zu satten Bässen mit ungewöhnlichen Breaks getanzt. Die DJs sahen verdammt gut aus. Alle mit langen Dreadlocks, an den Seiten abrasiert, jung und cool. Sie wirkten müde und erschöpft, wie sie die letzten Kabel zusammensuchten und in ihren Lkws verstauten. Koyote Soundsystem stand auf ihren dunklen Kapuzenpullis. Ihr Logo.

Etwas schüchtern sprach ich einen von ihnen an: »Hi! Ähm, ich bin Bettina aus Berlin. Wohin fahrt ihr denn, wenn ihr hier fertig seid?«

Ich wurde kurz abgecheckt, bevor ich eine freundliche Antwort bekam: »Wir fahren an den Strand. Am kommenden Wochenende machen wir wieder eine Party, ein paar Kilometer von hier entfernt.«

»Ach, echt? Da würde ich gern hinkommen. Wie finde ich euch denn?«

Der Franzose lachte.

»Hier ist meine Telefonnummer, ruf einfach an!«

Stolz steckte ich die Nummer ein. So einfach war es also, mit den Leuten in Kontakt zu treten. Na, wenn das kein guter Anfang war!

Vor einem der französischen Lkws rasierte sich ein junges Mädchen die Haare. Ich zögerte einen Moment, dann ging ich zu ihr. Die Zeit war gekommen, meine Dreadlocks, die ich mir im vergangenen Sommer hatte machen lassen, loszuwerden und damit ein Zeichen zu setzen, dass ich jetzt dazugehörte!

»Sorry, kann ich nach dir?«, fragte ich und zeigte auf den Rasierapparat. Die Frau nickte. Sie trug alle Attribute, die sie als Tekno-Nomadin auswiesen. Ein enges T-Shirt mit dem Logo irgendeines Soundsystems, weite Militärhosen, Caterpillarschuhe, welche die Dauernutzung gut aushielten. Und sie strahlte diese überlegene Verwegenheit aus, die ich so bewunderte.

»Voilà. Ich bin da drin.« Sie reichte mir den Rasierapparat und verschwand im Inneren des Lkws. Der Apparat surrte in meiner Hand. Wo sollte ich anfangen? Unschlüssig setzte ich an den Seiten an und sah die ersten Dreadlocks auf den Boden fallen.

»Lass mich das machen. Mit den Haaren hast du sowieso wie eine Ökotussi ausgesehen!«

Ben stand plötzlich neben mir und nahm mir den Rasierapparat ab. Eine Dreadlock nach der anderen fiel vor mir auf den Boden, bis nur noch ein kleiner, kreisrunder Fleck auf meinem Hinterkopf übrig war.

Nach der Party am Strand von Rom löste sich der Pulk der Soundsysteme auf. Koyote machte sich auf den Weg nach Frankreich. Desert Storm, ein englisches Soundsystem, wollte in der Nähe von Rom bleiben, wo es ein altes, besetztes Fabrikgelände geben sollte, auf dem sie parken konnten. Und wir Berliner beschlossen, eigene Wege zu gehen und runter nach Süditalien zu fahren, um dort Partys zu organisieren und zu überwintern.

Das kleine, halb verlassene Dorf an der Küste, in dem unser Konvoi einen Stopp einlegte, um von hier aus in Ruhe Diesel für die Weiterfahrt zu besorgen, lag auf dem halben Weg von Rom nach Neapel. Wir parkten die Fahrzeuge auf einem freien Platz am Rand des Dorfes.

In einem der verlassenen Häuser des Dorfes suchte ich nach einer Dusche. Seit unserem Aufbruch in Süddeutschland hatte meine Haut kaum Wasser gesehen. Im Sommer war es möglich, die Duschen an den Stränden zu nutzen oder sich in einem Fluss zu waschen. Im Winter blieb nur, auf den Autobahnraststätten für eine Dusche zu zahlen, sofern man Geld hatte, oder sich im Bus Wasser abzukochen. Noch etwas, das ich bei meiner schönen Vorstellung von einem Leben auf der Straße nicht bedacht hatte.

Das Feuer in der Mitte unseres Lagers warf gespenstische Schatten auf die Gesichter, als ich, eine Matratze unter den Arm geklemmt, die ich in einem der leer stehenden Häuser gefunden hatte, von meiner Duschaktion zurückkam. Das feuchte Holz knackte lautstark unter dem großen, gusseisernen Topf, in dem ein Eintopf aus Essensresten vor sich hin kochte. Aus einem der Lkws klang leiser Techno.

Ich lehnte die Matratze gegen meinen Bus und suchte Ben im Kreis der um das Feuer sitzenden Leute. Eine Wodkaflasche und Chillums, aus denen süßlicher Haschischrauch stieg, machten die Runde. Ich fühlte mich frisch nach der eiskalten Dusche und hatte Lust auf Sex.

Ben saß auf einem umgedrehten Bierkasten und starrte ins Feuer. Seine Bindehautentzündung war abgeklungen und seitdem wir gemeinsam beim Arzt gewesen waren, hatten wir auch nicht mehr gestritten. Ich holte meinen Schlafsack aus dem Bus und setzte mich neben ihn auf den Boden, legte meinen Kopf auf seinen Schoß und atmete seinen Duft ein. Süßlicher Schweiß, vermischt mit Diesel und Feuerrauch. Sein Körper fühlte sich an wie mein Zuhause.

»Komm, lass uns in den Bus gehen«, sagte ich leise. »Ich habe eine Matratze für uns gefunden.«

Plötzlich schlugen die Hunde Alarm. Aus dem Dunkel der Nacht betrat ein breitschultriger Mann den Platz.

»Haltet eure Köter zurück. Von wem ist die Matratze?«, fragte er und zeigte auf die Matratze, die noch immer draußen gegen meinen Bus gelehnt stand. »Habt ihr keinen Anstand?«

Im Schein des Feuers erkannte ich einen Italiener mittleren Alters, mit Schnauzer und kurzem, schwarzem Haar.

»Fucking hell, was willst du hier, hey?«

Ben war aufgestanden und platzierte sich mit aufgeblähter Brust vor dem Italiener.

»Ihr wisst wohl nicht, wo ihr seid? Wir sehen das gar nicht gern, dass Fremde hier die Häuser unseres Padrinos plündern. Es ist besser, wenn ihr euch verpisst, und zwar sofort, bevor ich nachhelfen muss!«

Ben musterte den Italiener, der wesentlich breiter und einen Kopf größer war als er.

»We'd better go!«, sagte er und spuckte vor dem Italiener aus. Dann nahm er den Topf vom Feuer und öffnete seine Hose. Der Strahl traf zischend die Flammen. »Come on, mates«, rief er. Die Männer erhoben sich und taten es ihm nach.

»Was ist denn?«, fragte ich Ben, als er fertig war.

»Das ist die Mafia! Besser, wir hauen ab!«

Die Leuchtreklame des kleinen Supermarktes im Zentrum von Neapel flimmerte nervös. Es war kurz vor Ladenschluss.

»Park hier, Schnauze nach vorn.«

Ich lenkte den Bus in die freie Parklücke auf dem Parkplatz vor dem Supermarkt. Ich hatte geglaubt, Geld spiele in dieser Welt keine Rolle. Aber ich hatte mich getäuscht. Es spielte sehr wohl eine Rolle!

Seit wir das Dorf verlassen hatten, waren wir hungrig, wollten Alkohol und wollten feiern. Aber ohne Geld war das schwierig. Etwas musste geschehen! Nach kurzen Diskussionen war klar, dass mein Bus für die Aktion am geeignetsten war. Liam, ein Engländer, der seit Silvester mit uns unterwegs war, war bereit, die Tour mit mir durchzuziehen.

Am Eingang des Supermarktes holten wir einen Wagen. Liam warf seinen leeren Sechzig-Liter-Rucksack hinein und steuerte damit zielstrebig auf die Alkoholabteilung zu. Seine Nasenflügel waren aufgebläht wie bei einem Stier, sein Atem ging schnell. Mit ein paar flinken Griffen hatte er einige

Flaschen Ramazotti, Whisky, Wodka und Jägermeister im Rucksack verstaut. Ich lief schweigend neben ihm her. Die Leute im Supermarkt beobachteten uns verdutzt.

Mit wildem Blick lenkte Liam den Wagen weiter zu den Kühlregalen. Pakete mit Fleisch und Wurst verschwanden im Rucksack.

»Geh vor und öffne die Hintertüren vom Bus«, sagte er, »ich bin gleich bei dir.«

Okay, jetzt musste ich aufhören zu denken, sonst würde ich das nicht geregelt bekommen. Mit klopfendem Herzen lief ich zum Bus, öffnete von innen die hintere Tür, setzte mich auf den Fahrersitz, fummelte mit zitternden Fingern den Schlüssel ins Zündschloss und beobachtete im Rückspiegel die Eingangstür des Supermarktes.

Dann kam Liam, den randvollen Rucksack über die Schulter geschmissen. Kaum war er aus der Tür des Supermarktes draußen, rannte er los. Die Hintertür flog auf. »Los fahr, fahr!« Seine Stimme überschlug sich.

So schnell ich konnte, parkte ich den Bus aus und lenkte ihn nach links auf die schmale Straße. Liam keuchte. Sein Gesicht klebte an dem kleinen Fenster in der Hintertür. Weiter vorn war eine rote Ampel. Vor mir eine Reihe Autos. Wenn sie uns jetzt nachstellten, säßen wir in der Falle.

»Fuck, sie kommen!«

Liam robbte durch den schmalen Durchgang nach vorn zu mir in die Fahrerkabine. Die Beifahrertür flog auf und ich sah noch, wie sein Schatten samt Rucksack um die nächste Häuserecke bog. In diesem Moment klackerten die Hintertüren. Jemand fluchte auf Italienisch. Ein Knall und die Hintertüren waren wieder zu. Das hochrote, zu einer wütenden Grimasse verzerrte Gesicht eines dicken Italieners tauchte neben mir am Fenster auf. Italienische Schimpfworte flogen mir um die Ohren. Der Glatzkopf war am Explodieren. Mit der flachen Hand donnerte er gegen den Bus. Ich hielt die Luft an. Die Ampel wechselte von Rot zu Grün. Die Autos hinter uns hupten. Es war Rushhour in Neapel. Ich gab Gas. Meine Knie zitterten wie Presslufthämmer, während ich den Bus schlingernd um die Ecke lenkte, hinter der Liam verschwunden war.

Was sollte ich jetzt tun? Ich würde den Weg zum Platz, wo die anderen warteten, niemals allein finden. Ich spürte Panik aufsteigen. Das hier war Neapel und ich war allein. Ich ließ den Bus die Straße entlangrollen. Hupende Italiener überholten mich und gestikulierten wild schimpfend aus ihren Autos heraus. Plötzlich wurde die Beifahrertür aufgerissen. Liam!

»Oh fucking hell! What a disaster!«

»Liam!« Ich zog die Handbremse.

»Come on, come on, gib Gas!«

Der gehetzte Ton in seiner Stimme ließ in mir die Alarmglocken bimmeln. Wir waren auf der Flucht! Ich reihte mich wieder in den Verkehr ein und versuchte, mich zu beruhigen, um keinen Unfall zu bauen.

»Oh shit! Sie kommen, again. Hinten auf dem Moped, fuck.«

Tatsächlich! Im Rückspiegel konnte ich ein Moped mit zwei Typen darauf erkennen, das sich beängstigend schnell näherte. Die Umrisse des Fahrers wurden immer schärfer. Es war der Glatzkopf von vorhin. Dahinter saß ein Berg aus Muskeln, der drohend seine Faust in der Luft schwang.

»Gib Gaaas!«, brüllte Liam.

Ich zog den Bus nach rechts und überholte gegen alle Regeln eine Reihe von Autos. Dieses Mal achtete ich nicht auf das Hupkonzert. Ich drückte das Gaspedal bis zum Boden durch, doch das Moped, das uns verfolgte, hatte es in dem dichten Verkehr leichter und kam immer näher. Vor uns tauchte eine Ampel auf. Sie stand auf Rot!

»Come on, fahr, fahr!«

Ich schluckte, kniff die Augen zu und rauschte über die rote Ampel und die dahinter liegende Kreuzung. Wir erreichten unbeschadet die andere Seite. Dann sah ich ein Autobahnschild. Da mussten wir hin. Zur Autobahn. Das Verkehrsgetümmel wurde übersichtlicher. Fast hatte ich freie Fahrt.

Nach endlosen Minuten, in denen das Moped oft so nah an uns dran war, dass die Glatze des kleinen Italieners kurz im Fenster auftauchte, verlor es plötzlich an Geschwindigkeit und fiel zurück. Ich hielt das Tempo, bis wir sicher sein konnten, dass wir sie abgehängt hatten.

Nur langsam beruhigte sich mein Pulsschlag.

Erleichtert zündeten wir uns Zigaretten an und suchten schweigend den Weg zurück zum Platz.

Liam war der Held des Abends. Bis Freitag würden die Vorräte noch reichen. Dann kam die Party und es würde irgendwie weitergehen. Im Zentrum von Neapel konnten wir uns allerdings vorerst nicht mehr blicken lassen.

Ich saß auf dem Boden meines Busses. Neben mir eine Packung Edelweiß, aus der ich das weiße, geschmacklose Pulver neben den Haufen Speed auf ein Plattencover schüttete. Ein paar Kerzen spendeten Licht. Ich schnippelte aus Papier kleine Vierecke, in die ich das gestreckte Speed füllen wollten, und legte eine kleine Line, um es zu probieren. Die Mischung war gut. Das Speed hatte seinen typischen Geschmack auch nach dem Strecken nicht verloren.

Das war mein neuer Job. Ich musste es tun. Von irgendetwas musste ich ja leben! Unsere Vorräte waren schnell aufgebraucht gewesen und satt machten die Essensreste aus den Pizzerien, die wir geschenkt bekamen oder in Containern fanden, auch nicht.

Der alte, stillgelegte Hafen von Neapel war dunkel. Nichts deutete darauf hin, dass hier, heute Nacht, eine Party stattfinden würde. Es war faszinierend, wie das Netzwerk funktionierte, wie wenig es brauchte, um die Leute zum Feiern zusammenzukriegen.

Ein Flyer mit der Infoline, ein paar SMS, ein geeignetes Gebäude, Soundsystem, Generator, DJs, ein paar Getränke, das war's!

»Are you ready?«

Ben linste durch die Fahrertür zu mir nach hinten. Ich kratzte die letzte Schicht des übrig gebliebenen weißen Staubs von der Plattenhülle und zog sie mir in die Nase.

Ja, ich war bereit! Hand in Hand liefen wir zum Eingang der leeren Schiffslagerhalle. Die Party konnte beginnen.

In meinem Hüftbeutel wippten sechshunderttausend Lire zum Takt der Musik und in mir schwappte das Glück in Wellen an den Strand meines Bewusstseins. Ich war so high! Vom Speed, von XTC und dem Geld, das ich heute Nacht verdient hatte.

Ich tanzte und in mir wuchs die Überzeugung: Was ich hier tat, war nichts Böses! Wir alle wollten doch nur gemeinsam feiern und für einen Moment glücklich sein! Uns im Tanz und in der Musik verbinden, für nur eine Nacht unsere Grenzen auflösen. Wir gaben den Italienern die Möglichkeit, ihrem Alltag zu entfliehen, indem wir Freepartys veranstalteten, und sie kauften unsere Drogen. Im Grunde finanzierten sie sich ihre eigene Party. Sie wollten die Drogen! Ob nun von uns oder von jemand anderem, war schlussendlich doch egal. Und immerhin war das Zeug, das wir verkauften, gut. Es war ein Kreislauf. Wir alle waren Teil eines großen Ganzen!

Ich öffnete den Hüftbeutel, um mir selbst noch eine halbe E zu genehmigen, da bemerkte ich Liam im Eingang der Halle, der mir zuwinkte. Ich lief zu ihm.

Er sah durchgefeiert aus, mit riesigen, glänzend schwarzen Pupillen und grauem Fabrikstaub im Gesicht.

»Ben hatte 'ne Schlägerei«, sagte er. »Irgendwas ist mit seinem Knie. Er muss ins Krankenhaus.«

Oh nein, nicht schon wieder! Vor der Halle saß Ben auf dem Boden und hielt mit schmerzverzerrtem Gesicht sein rechtes Knie in beiden Händen.

»Dieses Arschloch hat mich provoziert. So eine kleine Italienersau.« Er hatte Mühe zu sprechen. Die Schmerzen schienen schlimm zu sein.

»Ich organisiere jemanden, der dich fahren kann. Ich kann nicht, ich bin viel zu stoned!«, sagte ich und rannte zum Platz, wo unsere Crew geparkt hatte.

Über dem Feuer drehte sich ein geschlachtetes Lamm. Wein und Chillums, angefüllt mit bestem, dunklem indischem Haschisch, machten die Runde.

»Du kannst Ben morgen gegen Mittag im Krankenhaus abholen. Sie werden sein Knie schienen und ihn für eine Nacht zur Beobachtung dabehalten. Es ist wohl irgendwas mit seinem Meniskus.«

Liams Freundin war nüchtern genug gewesen, um Ben ins Krankenhaus zu fahren. Wir standen nebeneinander am Feuer und warteten darauf, dass das Essen fertig wurde.

Ich wollte mir die Laune nicht verderben lassen. Dann musste er eben eine Nacht im Krankenhaus verbringen. Ich würde ihn morgen abholen und mich dann liebevoll um ihn kümmern. Im Moment wollte ich erst einmal den Erfolg der Party genießen!

Das Fett aus dem dunkler werdenden Tierleib tropfte zischend in die Glut. Wir waren die Zigeuner der Gegenwart und das hier war meine Familie! Ich war angekommen in einem Leben, wie ich es mir immer gewünscht hatte. Ich nahm das Chillum, das die Runde machte, und der Haschischnebel legte sich wie eine weiche Decke um mein durchgefeiertes Gehirn. Gleich war das Lamm fertig. Ich hatte einen Mordshunger!

Plötzlich tauchten zwischen den Lkws drei hochgewachsene, gut durchtrainierte Italiener in feiner Kleidung auf. Sie traten ans Feuer, lächelten, als sie den Braten auf der Stange sahen. Dann fragte einer: »Wer ist hier der Chef?«

Einer der Männer, die damit beschäftigt waren, das Lamm mit Bier zu besprenkeln, erhob sich im Zeitlupentempo.

»Das war eure Party gestern Nacht?«

Die Musik im Hintergrund wurde leise gedreht, sodass nur noch das Prasseln und Zischen des Feuers und das leise Knurren der Hunde zu hören waren.

»Ragazzi, das hier ist unser Gebiet! Wer hier Business macht, muss uns informieren und mit uns verhandeln. So was kostet euch eine Stange Geld. Ihr habt gestern auf der Party ganz schön was eingenommen ...!«

Der Italiener verschränkte die mit Muskelpaketen gepolsterten Arme vor der Brust.

»Zwei Millionen Lire, hier, jetzt, bar auf die Hand, dann lassen wir euch in Ruhe.«

Zwei Millionen Lire. Das waren zweitausend Mark!

»So viel Geld haben wir nicht.«

Der Italiener blieb ruhig. Die beiden Männer standen sich gegenüber. Keiner der beiden sagte ein Wort. Dann, mit einem Griff, packte der Italiener einen Kampfhundwelpen, der am Feuer schlief, im Nacken. Der Hund jaulte kurz auf.

»Entweder ihr habt bis morgen so viel Geld oder ihr seht diesen Hund nie wieder.«

Er hatte sich das Kampfhundweibchen, das jetzt ängstlich strampelte und fiepte, unter den Arm geklemmt und hielt ihr mit einer Hand die Schnauze zu.

»Und ihr werdet nie wieder irgendwo südlich der Grenze von Rom eine Party veranstalten. Ihr werdet keine Partys mehr veranstalten wollen. Capito!«

Er schnippte mit den Fingern: »Wir kommen morgen wieder.«

»Diese Scheiße hier ist zu heiß. Fucking hell! Let's get the fuck out of here. Quickly!«, flüsterte Liam, als die drei nicht mehr zu sehen waren.

In einem Schwung sprangen die Leute auf und liefen zu ihren Fahrzeugen. Plötzlich brach Panik aus. Im Bus leerte ich einen halben Liter Wasser in mich rein. Ich musste nüchterner werden. So konnte ich kaum fahren. Diesel wurde auf die Fahrzeuge verteilt und das Equipment in die Lkws geschmissen. Ich zog noch eine Line Speed, um klarer zu werden. Wenige Augenblicke später verließ unser Konvoi fluchtartig den alten Hafen von Neapel. Das Lamm blieb als schwarzer Klumpen über der schwächer werdenden Glut zurück. Ich dachte noch einen Moment an Ben, während ich mich darauf konzentrierte, die roten Rücklichter vor mir nicht zu verlieren.

Fintek war ein gesetzloses Stück Land. Sieben leer stehende Fabrikhallen, begrenzt durch Felder und einen hohen Zaun und nur wenige Kilometer vom Autobahnring um Rom entfernt.

Das Gelände war riesig. So groß, dass ich noch nach Monaten immer neue Teile davon entdeckte. Links von der mit Metallgitterstäben geschützten

Einfahrt stand ein leeres, aus Stein gebautes Haus. Das war das Territorium der Italiener, die Fintek ursprünglich besetzt hatten. Sie blieben meistens unter sich und kamen nur an den Wochenenden, wenn die Soundsysteme eine Party veranstalteten, aus ihrem Verschlag, um Business zu betreiben.

Rechts vom Eingang, im oberen Teil des Geländes, parkten die Soundsysteme und die Besucher auf Zeit, so wie wir es waren. Ganz hinten hatten ein paar Engländer ihr Revier abgesteckt.

Süditalien hatten wir gecancelt. Mein Bus war dabei, in seine Einzelteile zu zerfallen. Der letzte Abend in Neapel saß uns allen noch tief in den Knochen. Seit Ben wegen unserer Flucht vor der neapolitanischen Mafia im Krankenhaus auf mich warten musste, war seine Laune immer weiter in den Keller gesunken. Tief enttäuscht hatte er mich erwartet, als ich am späten Nachmittag gehetzt und voller Angst vors Krankenhaus gefahren war, um ihn zu holen. Die Geschichte mit der Mafia hatte ihn nicht interessiert. Für ihn gab es nur seine verletzten Gefühle und die halbe Fahrt zurück nach Rom hatte er mich mit den schlimmsten Vorwürfen bedacht, seit wir uns kannten.

Es war gut, in Fintek zu sein, einem Ort, wo wir in Ruhe parken konnten und wo sich weder Mafia noch Bullen trauten, uns zu verscheuchen. Es war der ideale Ort zum Überwintern, um den Bus zu reparieren, ihn auszubauen und um Kohle zu machen. Anders als in Deutschland hatte die Freetekno-Szene mit ihrer speziellen Musik und den Raves im italienischen Techno-Untergrund viele Anhänger und die Partys in Fintek waren zu einer festen Instanz in der Szene geworden, die Leute aus ganz Italien anlockten.

Jeweils an den Wochenenden, pünktlich um Mitternacht, stand die hungrige Techno-Meute vor den Toren Finteks und wartete darauf, dass sie geöffnet wurden. Hinter den Toren warteten wir, bereit fürs Geschäft. Es gab alles an Drogen zu kaufen, was das Raverherz begehrte. In meinem Hüftbeutel stapelten sich die Papiertütchen mit Speed und in der Filmdose klapperten die Pillen wie Smarties. Alle Händler in Fintek hatten die gleichen Preise, doch nicht alle hatten die gleiche Qualität. Die Italiener kamen mit prallen Geldbeuteln und waren nur allzu gern bereit, für ihren Spaß zu zahlen. Ich war schnell bekannt als jemand, die guten Stoff verkaufte, nicht zu viel streckte und passable Mengen rausgab.

Wenn sie in der Morgendämmerung, den hämmernden Sound im Hintergrund, an ihre Autos gelehnt in kleinen Maschinen Espresso kochten, luden sie mich auf ein Tässchen ein und freuten sich, wenn ich ein paar Minuten bei ihnen blieb. Für sie gehörte ich zu den Soundsystemen, ihre Stars und Helden. Zu den Leuten, denen die massiven Boxenwände gehörten, die tagein, tagaus nichts Besseres zu tun hatten, als hinter ihren Computern und Soundmaschinen zu sitzen, um diese krasse Musik zu produzieren. Die ihre Zeit damit verbrachten, Platten aufzulegen und in der Welt herumzufahren. Die die Sehnsucht all derer lebten, die am Wochenende vor dem Tor warteten. Die Sehnsucht nach Abenteuer, Selbstbestimmung und Freiheit. Mach dein eigenes System oder sei der Sklave eines anderen Systems. Nach dieser Devise lebten wir und sie blickten zu uns auf.

Meine Spanisch- und Französischkenntnisse halfen mir, schnell ein notdürftiges Gossen-Italienisch zu sprechen. Dadurch bekam ich neue Aufgaben. Wann immer es Fragen gab zwischen den verschiedenen Nationalitäten, die sich den Platz in Fintek teilten, wurde ich herangezogen. Zudem machte ich mich nützlich, wo ich nur konnte. Ich verteilte Flyer in den Straßen und auf den Plätzen Roms, kaufte mit meinem Bus Getränke ein, baute die Bar mit auf und sammelte den Müll nach den Partys ein. Ich war dort, wo eine Hand gebraucht wurde, und ging vollkommen in meinem neuen Leben auf.

Endlich konnte ich feiern, so viel ich wollte, und musste keine Angst mehr vor dem Moment haben, in dem die Lichter angingen und die Musik aufhörte, musste mir keine fremden Betten mehr suchen, um nicht allein aufzuwachen.

Wenn ich morgens die Türen von meinem Bus öffnete und mit der Schaufel über den Platz lief, um im nahen Wäldchen aufs Klo zu gehen, kam es mir immer so vor, als wäre ich auf einem anderen Planeten gelandet. Einem Planeten, auf dem es Zeit im Überfluss gab. Zeit zu reden, Zeit zu tanzen, Zeit, Musik zu machen, Zeit, Musik zu hören, Zeit, zusammen abzuhängen, gemeinsam Drogen zu nehmen, Zeit zu feiern. Ein Planet, auf dem die Luft zum Atmen aus Techno-Klängen bestand. Hier hatten wir uns der Macht derer entzogen, die meinten zu wissen, nach welchen moralischen Gesetzen wir zu leben hatten. In Fintek gab es keine Moral und daraus bezogen wir unsere Kraft!

Die Tage in Fintek waren mein Techno-Paradies. Es war eine niemals endende Party! Es störte mich nicht, dass es kein fließendes Wasser und keine Duschen gab, nichts, wo man Wäsche waschen konnte. Dass es kalt war und mein Bus noch immer keinen Ofen und keine Innenverkleidung hatte. Meine Tage waren ausgefüllt. Ich konnte nicht genug davon bekommen, über den Platz zu laufen, immer ein Bier in der Hand, hier und da einen Joint zu rauchen, eine Line zu ziehen, Neuankömmlinge zu begrüßen und neue Freunde zu finden. Mich treiben zu lassen im Strom zeitloser aneinandergereihter Momente.

Ich knüpfte erste Kontakte zum Desert Storm Tribe. Sie wohnten in einem riesigen, tarnfarbenen Wüstentruck und in großen englischen Lkws. In jedem von ihnen wohnte ein Pärchen, eines davon mit Kind. Man erzählte sich, dass sie mit ihrem Soundsystem nach Bosnien in die Kriegsgebiete gereist waren, um für die Menschen dort Musik zu machen und ihnen in ihrem krisengeschüttelten Alltag etwas zu geben, dass ihnen für einige Augenblicke einen neuen Raum eröffnete.

Die Desert-Storm-Leute dealten nicht mit Drogen. Sie schienen ihr Geld mit dem Verkauf von Kapuzenpullis und T-Shirts, auf denen ihr Logo aufgedruckt war, und mit den Einnahmen der Bar auf den Partys und dem Verkauf von Platten zu verdienen. Ihr Tun schien von einer Vision getragen, die mehr beinhaltete als das reine Feiern. Sie grenzten sich ab, indem sie ihre Fahrzeuge geschlossen parkten, den Platz um sich herum sauber hielten und für sich und die Anhänger des Tribes gemeinsame Mahlzeiten zubereiteten.

Ich suchte ihre Nähe und erholte mich in der familiären Atmosphäre von den Partys. Sie gewährten mir freien Zugang in ihren persönlichen Bereich, ließen mich mitessen und ermutigten mich, auf ihren Plattenspielern, die sie unter einer Plastikplane im Freien aufgebaut hatten, aufzulegen. Von Desert Storm kaufte ich meine erste Vinyl-Scheibe.

Mit Ben lief es immer schlechter. Wir stritten uns, sobald wir fünf Minuten gemeinsam im Bus waren, um Geld, um Sex oder einfach darum, wer bei welchem Thema recht hatte. Frieden herrschte nur, wenn wir beide drauf waren. Er konnte mir einfach nicht verzeihen, dass ich ihn in Neapel hatte warten lassen. Seine Wut war eine Mauer, an der ich mir den Kopf blutig stieß. Zudem war er kränklich und vertrug die Drogen und den Alkohol nicht mehr. Er kannte all das, was für mich Neuland war, schon viel zu lange und er hatte dieses Leben satt. Fintek war ihm zu kalt, zu schmutzig. An allem hatte er etwas auszusetzen. Ich konnte ihn nicht verstehen. Jeder Tag und jede Nacht in Fintek waren wie eine Wundertüte voller Geschenke, die sich immer wieder neu auffüllte. Wäre der Bus fahrtüchtig gewesen, so hätte Ben darauf gedrängt, nach Berlin zurückzukehren.

Inzwischen war nicht nur die Kühlanlage, sondern auch der Anlasser kaputt. Ein neuer kostete siebenhundert Mark. So viel wollten wir nicht ausgeben. Das kleine Bündel Geldscheine unter der Matratze, das sich Wochenende für Wochenende vergrößerte, gab mir ein bisschen Sicherheit und Ben wollte schon mal für die Zeit in Berlin sparen, wenn es keine Möglichkeit mehr gab, so leicht an Geld ranzukommen.

Eines Nachts eskalierte es. Ben war mit einem Mechaniker, der auf Fintek lebte und dem er ein bisschen Geld angeboten hatte, losgezogen, um einen Anlasser zu besorgen. Der Morgen dämmerte bereits, als er mit steinernem Gesicht von seiner Tour zurückkam und ihn zu meinen Füßen auf den Boden fallen ließ.

»Dein Anlasser«, spuckte er mir entgegen und verschwand im Bus.

Mit einem Arm die Augen bedeckt, lag er schwer atmend auf der Matratze, müde und angepisst von diesem Scheißjob. Ich setzte mich zu ihm.

»Alles okay?«, fragte ich.

Ben reagierte nicht. Ich legte mich neben ihn und zeichnete mit einem Finger seine Narbe nach, die sich von seiner Stirn runter über seine rechte Backe zog. Woher er sie hatte, konnte ich nicht aus ihm rausbekommen. Er schien so weit weg zu sein. Vorsichtig zog ich am Reißverschluss seines Overalls. »Komm, schlaf mit mir«, sagte ich. Ben schob meine Hand beiseite.

»Was willst du, fucking hell. Ich war gerade die ganze Nacht unterwegs und habe einen Anlasser besorgt. Für dich!«

Erneut versuchte ich, den Overall zu öffnen, dieses Mal hektischer. Ich wollte Ben jetzt in mir spüren, wollte spüren, dass er da war. Sein Schwanz in mir war das Beruhigungsmittel für die aufkeimende Angst, ihn irgendwo in seinen inneren Weiten zu verlieren. Dann bekam ich seinen Schwanz zu fassen und fing an, ihn zu reiben. »Okay! Du willst, dass ich dich ficke, ja? Ist es das, was du willst?«

Er hatte sich aufgesetzt, war jetzt über mir und zog mir mit einem Ruck die Jogginghose runter. Während er mich festhielt, holte er seinen Penis raus, drehte mich auf die Seite und steckte ihn von hinten in mich rein. Eine Minute später war er fertig. Das konnte ich nicht auf mir sitzen lassen.

»Was war denn das jetzt?«

»You bitch! Ich besorge einen Anlasser für dich und du willst ficken. Wann hast du das letzte Mal geduscht, hä?«

Ich spürte, wie ich rot wurde.

»Ich wasch mich jeden Tag. Du stinkst doch genauso wie ich!«

Plötzlich schien der Bus zu klein für uns beide. Angefüllt mit Hass, gab es keine Luft mehr zum Atmen.

»Ja, aber ich will nicht ficken!«

Ich riss die Hintertüren auf.

»Verpiss dich! Los, hau ab! Raus hier!«

Ich stemmte mich von hinten gegen Ben und drängte ihn zur Tür. Er stolperte rückwärts aus dem Bus raus.

»Fuck you, ich habe einen Anlasser für dich besorgt, den musst du bezahlen, fucking bitch.«

Schnell verriegelte ich von innen die Tür. Wütend schlug ich gegen die Wand. Was fiel diesem Penner eigentlich ein? Ich zündete eine Zigarette an. So konnte es nicht weitergehen. Es würde nicht mehr lange dauern, bis wir uns gegenseitig zerfleischten. Egal was ich sagte oder tat – es war nicht richtig. Du denkst immer nur an dich, war sein Vorwurf. Was wollte er denn, verdammt noch mal, von mir? Er engte mich ein! Wo war der coole DJ, in den ich mich verliebt hatte? Jetzt war er eifersüchtig, wenn ich Spaß mit anderen hatte, wenn ich am Feuer einschlief oder die Letzte war, die die Party verließ. Aber ohne Ben konnte ich auch nicht leben. Ich brauchte ihn, ohne ihn fühlte ich mich verloren und orientierungslos.

In Bens Jackentasche fand ich die Ersatzschlüssel für den Bus und steckte sie ein. Ohne meine Erlaubnis würde er den Bus nicht mehr betreten. Ich wollte eine Entschuldigung!

Auf dem Herd brodelte der Kaffee. Die Hintertüren vom Bus standen weit offen und mein Blick schweifte über das Gelände, über den Ausschnitt, den ich davon sehen konnte. Das Stückchen Land zwischen der ersten und der zweiten Halle, beide mit Graffitis besprüht. Ein paar Lkws, Hunde, die darunter lagen, Dieselkanister, die in der Gegend herumstanden, ein großes Notstromaggregat, leere, bunte Plastiktüten, die der Wind über den Platz fegte, eine abgebrannte Feuerstelle und ein kahles Feld im Hintergrund.

Still goss ich mir etwas Kaffee ein, nahm eine Zigarette und setzte mich in den Eingang. Ich war immer noch sauer auf Ben, aber ich vermisste ihn auch. Mein Körper vermisste ihn. Es war, als ob jede einzelne Zelle nach ihm rief, als ob ich nackt wäre ohne ihn. Nackt und einsam. Wo er wohl geschlafen hatte? Eifersucht legte sich wie ein Film aus ätzender Flüssigkeit um meinen Magen und ließ ihn krampfen. Ich hatte ein ungutes Gefühl. Es war schon weit nach Mittag und Ben hatte sich immer noch nicht blicken lassen. Dieses Mal war es ernster als sonst. Dieses Mal würden wir nicht stillschweigend ein Bier trinken und das Ganze vergessen. Wir würden reden müssen. So konnte es nicht weitergehen. Reden ... aber wie? Unsere Beziehung war ein einziges Minenfeld. Jede Bewegung löste Angst vor der nächsten Explosion aus. Oft war es nur ein Wort. Ein Blick. Da war Sex der bessere Friedensstifter. Doch nach der Aktion gestern Nacht war auch daran nicht mehr zu denken.

Ich schnappte mir das dreckige Geschirr und den Wasserkanister. Heute würde ich den Bus putzen. Das würde mich ablenken, bis Ben wieder auftauchte.

»Du mieses Arschloch! Komm zurück! Das kannst du nicht machen.«

Mit Vollgas rauschte das Wohnmobil mit Berliner Kennzeichen an mir vorbei und auf das geöffnete Tor zu. Den Fahrer kannte ich nur flüchtig. Sekunden später waren sie um die nächste Kurve verschwunden. Paralysiert stand ich in der Mitte des Platzes. Er hatte mich verlassen!

Langsam, wie benebelt, drehte ich mich um und ging zurück zum Bus. Warum hatte er nicht versucht, mit mir zu reden? Warum hatte er einfach seine Sachen gepackt und war abgehauen?

Er konnte mich doch hier nicht einfach alleinlassen! Unser Bus war kaputt. Unsere Beziehung war kaputt. Aber wir hätten doch beides reparieren können!

Ich schluckte an der aufsteigenden Panik. In einer Kaffeedose hatte ich meinen Speedvorrat gebunkert. Ich öffnete die Flasche Whisky, die Ben zurückgelassen hatte, legte mir eine Line und spülte sie mit einem großen Schluck runter.

Langsam wurde es warm in Fintek. Mit einem Becher Kaffee und einem Joint hinterm Ohr lief ich zu Luic. Heute müsste die fehlende Schraube für den Motor, die ich beim Volkswagenhändler bestellt hatte, da sein. Ich schickte ein Stoßgebet zum Himmel. Luic war nicht gerade der schnellste Mechaniker, dafür kiffte er zu viel, aber immerhin kannte er sich mit Motoren aus und er war billig.

»Luic!« Ich klopfte gegen die Heckscheibe des alten Buick, auf dessen Rücksitz Luic schlief.

»Aufstehen, die Arbeit wartet!«

Unter der Decke bewegte sich etwas und Luics verfilzter Haarschopf zeigte sich. Im Schneidersitz an den Buick gelehnt, hielt ich meinen Kopf in die Sonne und zündete den Joint an. Die Atmosphäre in Fintek hatte sich geändert. Über dem Platz lag eine angenehme Ruhe. Nur am Wochenende wurde nach wie vor gefeiert. Es war gut, dass Ben nicht mehr da war und dass mein Versuch, ihn hierher zurückzuholen, fehlgeschlagen war.

Selbst die eine Nacht, in der ich Ben in Berlin in seiner Wohnung besucht hatte, hatten wir uns gestritten. Er behauptete, dass ich ihm noch Geld schulden würde, und machte mir klar, dass er auf keinen Fall wieder mit nach Italien kommen würde. Wir hatten Sex. Ein letztes Mal. Und morgens hatten wir uns mit der Verzweiflung zweier Menschen verabschiedet, deren Liebe so nah an der Grenze zum Hass gebaut war, dass es dazwischen kein Land gab. Und weder auf der einen noch auf der anderen Seite war es auszuhalten gewesen.

Mein Zimmer im besetzten Haus hatte ich für meine Nachfolger geräumt, meine paar Habseligkeiten im Keller verstaut und alles, was ich mitnehmen wollte, in einen Rucksack gestopft. Berlin sollte nur noch eine Station auf meinem Weg sein. Mein neues Zuhause war die Straße, meine neue Familie waren die Soundsysteme.

Das wurde mir in diesem Moment klar, wo mir die Sonne auf den Kopf brannte, der Joint in meinen Fingern glimmte und ich nur noch darauf warten musste, dass mein Bus wieder fahrtüchtig war, um Abschied von Fintek zu nehmen. Geld hatte ich inzwischen genug. Nun konnte ich wirklich tun und lassen, was ich wollte, musste mit niemandem meine Entscheidungen durchsprechen, auf niemanden mehr Rücksicht nehmen, mich nicht mehr rechtfertigen.

OPIUM

Weiße aufschäumende Wellen im tiefblauen Meer klatschten gegen die Reling des Schiffes. Am Horizont zeichnete sich in einem dunklen Streifen die Küste Spaniens ab. Ich lehnte mich über die Brüstung und die Gischt befeuchtete mein Gesicht. Ich blinzelte Maurice an, der aufrecht neben mir stand. Dunkle Haut, Dreitagebart, Dreadlocks, mandelbraune Augen und ein stolzer, kriegerischer Ausdruck im Gesicht. »Die Welt ist so klein«, dachte ich, »und das Schicksal meint es gut mit mir!«

Die Fahrt von Rom zur Fähre in Genua, die mich, ohne dass ich französischen Boden betreten musste, nach Barcelona bringen würde, hatte ich mit klopfendem Herzen angetreten. Würde der Bus durchhalten, würde alles gut gehen? Es war das erste Mal, dass ich allein unterwegs war. Geld für Diesel hatte ich, Öl und Wasser waren überprüft und eine Probefahrt gemacht.

Nach zwölfstündiger Fahrt war ich stolz und müde im Hafen von Genua angekommen. Schon von Weitem hatte ich die beiden dunklen Kapuzenpullis mit den aufgedruckten Koyote-Logos in der Warteschlange am Ticketschalter stehen sehen und die Gesichter von der Silvesterparty in Rom wiedererkannt.

»Hey, was macht ihr denn hier? Könnt ihr euch an mich erinnern? Silvesterparty in Rom?«

»Hey, na klar, Mann! Du warst bei den Berlinern dabei, oder? Wir wollen zum Womad-Festival in der Extremadura. Unser Soundsystem wartet drüben schon auf uns, und du?«

»Ich treffe in Barcelona einen Freund aus Berlin. Wir wollen nach Südspanien fahren, zur Opiumernte.«

Wir hatten auf dem Schiff eingecheckt und es uns im Kinosaal auf dem obersten Deck gemütlich gemacht. Keiner von uns hatte eine Kabine mit Schlafplatz gebucht. Der Boden des Kinos war mit Teppich ausgelegt, die

Sitze weich genug, um darauf die Nacht zu verbringen. Ich hatte eine Flasche Wodka dabei, die beiden hatten Gras.

»Wir sind gleich da«, sagte ich, den Kopf auf meine Arme gelegt. Die Silhouetten der Berge, die gleich hinter der Küste Spaniens emporstiegen, traten immer deutlicher hervor.

Maurice lächelte mich an. Täuschte ich mich oder mochte er mich wirklich? Ich schaute in die aufschäumende Gischt und wieder einmal überkam mich das Gefühl, endlich meine Freiheit gefunden zu haben. Ich war glücklich! Jetzt und hier, genau in diesem Moment, war ich glücklich. Ich war unterwegs und nur das zählte. Das Gefühl, immer weiter zu ziehen, Kilometer für Kilometer hinter mir zu lassen. Es ging mir nicht ums Ankommen, es war das Unterwegssein, das mich reizte. Hinter dem Lenkrad oder hier auf dem Schiff, Maurice neben mir, spürte ich, wie das Leben durch meine Adern strömte.

»Sehr verehrte Damen und Herren Passagiere. Bitte begeben Sie sich zu Ihren Fahrzeugen. In Kürze erreichen wir den Hafen von Barcelona.«

Opium ist die Mutter aller Drogen. Warm und weich ist ihr Schoß. Schwarz glänzend strömt sie durch dein Blut, ein beruhigendes Rauschen, das dich tiefer und tiefer trägt, dich in Geborgenheit wiegt, bis du sanft hinübergleitest in das Land der rosaroten Träume.

Doch verlassen darfst du sie nicht! So wie du auch niemals deine Mutter verlassen darfst. Sie wird dir Schmerzen bereiten, wird dir bitter zu spüren geben, wie sehr du sie brauchst. Und du wirst winselnd vor ihr herkriechen und sie bitten, dich wieder aufzunehmen, ihren Schoß erneut für dich auszubreiten. Dir die Angst aus der Stirn zu streicheln und dich mitzunehmen in ihr Reich, in dem ihr süßer, doch giftiger Nektar fließt.

Opium war nie meine Droge gewesen. Es war mir zu lahm. Opium war gut, um zu chillen. Gut, um von den anderen, den schnellen Drogen runterzukommen. Es war nicht gut zum Feiern. Nicht, um auf Achse zu sein. Nicht zum Checken. Opium konnte man gut allein nehmen. Oder zu zweit. Es war gut, um Sex zu haben. Langsamen Sex. Gefühlvollen Sex.

Sex auf Opium ist wie das Schwimmen in einem Meer aus Seide. Die totale Hingabe an die Berührung, an das Berührtwerden. Kein Druck, kein Stress, keine Leistung. Keine Angst, Fehler zu machen. Reines Spüren. Reines Fließen.

Geronimo, ein hübscher Spanier, erfreut darüber, mein freies Zimmer im besetzten Haus in Berlin beziehen zu können, entflammte mich für die Idee, gemeinsam im Frühling zur Opiumernte nach Südspanien zu fahren. Die Pharmaindustrie bezahlte Bauern in Andalusien für den Anbau von Schlafmohn zur Morphingewinnung.

Mit Opium konnte man gutes Geld verdienen, erzählte er. Ein Gramm kostete in der Szene zwischen achtzig und hundert Mark. Investieren musste man nichts, außer der Fahrt nach Andalusien und dem Risiko, erwischt zu werden. Wir verabredeten uns für Anfang Mai in Barcelona.

Das kleine rote Auto mit spanischem Kennzeichen, das Geronimo organisiert hatte, war unauffällig und besser geeignet für die Tour als mein Bus, den ich im Hafen von Barcelona auf einem bewachten Parkplatz stehen ließ. Vom Rücksitz aus starrte ich schweigend auf die karge Landschaft, während Geronimo konzentriert das Auto lenkte und so freundlich war, mich meinen Gedanken nachhängen zu lassen.

Was war nur schon wieder schiefgelaufen? Die Tage mit Maurice in Barcelona waren schön gewesen, verliebt, ausgelassen und verspielt. Maurice hatte mir offen gezeigt, dass er Interesse an mir hatte. Geronimo konnte ich vertrösten. Ich bat ihn, unsere Fahrt in den Süden um ein paar Tage zu verschieben, um mehr Zeit mit Maurice verbringen zu können. Lachend waren wir durch Barcelonas Plattenläden gezogen, hatten über Musik gefachsimpelt, als ob ich selbst schon DJ wäre, und miteinander geflirtet ... Bis zu der Party am Strand von Barcelona! Ich konnte Maurice vor mir sehen, wie er zwischen den tanzenden Partybesuchern auf dem Boden saß und in einem kleinen Heftchen an irgendeiner Figur herumzeichnete. Ohne Warnung war der Fahrstuhl mit meinem Selbstbewusstsein plötzlich in den Keller gefahren und schlechte Gedanken hatten mein Gehirn überfallen.

Wer war ich denn? Was bildete ich mir ein? Dass mich dieser tolle Typ gut fand? Ich konnte nicht zeichnen. Ich konnte keine Platten auflegen. Ich war keine Künstlerin. Ich konnte überhaupt nichts Besonderes, Außergewöhnliches, Cooles. Ich hatte keinen Lkw, kein Soundsystem. Im Vergleich zu den vielen süßen Spanierinnen hier war ich noch nicht mal attraktiv. Meine Haare waren komisch, meine Klamotten nullachtfünfzehn. Für Maurice war ich doch mit Sicherheit nur eine ziemlich langweilige, mittelmäßige Tekno-Braut, die gern dazugehört hätte.

Nur weil ich so unsicher war und weil ich mit ihm allein sein wollte, weil ich dachte, ich könnte mit dem Speed mein Selbstbewusstsein ein bisschen aufpeppen, hatte ich ihn gefragt, ob er mit mir in seinen Lkw komme, um eine Line zu ziehen.

Es war viel zu heiß gewesen in seinem Lkw. Die Musik drang durch die dünnen Wände zu uns nach drinnen, so laut, dass wir nicht miteinander reden konnten. Ich legte zwei Lines, dann küssten wir uns zum ersten Mal. Meine Hände waren feucht, meine Lippen betäubt. Hektisch suchten sie seinen Schwanz, in der weiten Hose, die von der Hitze an ihm klebte. Ich spürte die warme klebrige Flüssigkeit, kaum dass ich seine Erektion in meinen Händen hielt. Beschämt entschuldigte er sich. Das Speed, der Alkohol ... »Macht nichts«, murmelte ich und stand auf. Den Rest der Party schauten wir uns nicht mehr an. Die Leichtigkeit, die uns getragen hatte, war verschwunden.

Eine Nacht später, zurück in Barcelona, auf dem Parkplatz am Hafen, wo ich auf Geronimo wartete, hatte er an meinen Bus geklopft. Das Schweigen zwischen uns lähmte mich. Bekifft saß ich in einer Ecke des Busses, er in der anderen, unfähig, ihm zu zeigen, wie sehr mich sein Besuch freute, wie gern ich seinen Körper spüren wollte. Er sollte meine Gefühle nicht sehen. Das war gefährlich. Vielleicht erwiderte er sie ja nicht. Vielleicht machte ich mich nur lächerlich. Die Spannung war unerträglich. Nach wenigen Minuten stand Maurice auf und wünschte mir eine gute Nacht.

Ich hatte meine Chance verpasst! Scheiße!

Als wir die Region um Granada erreichten, entdeckten wir das erste Opiumfeld. Geronimo hielt für einen Moment das Auto an, um den Anblick des fliederfarbenen, fast leuchtenden Vierecks zu genießen. Ich setzte mich nach vorn. Nun ging es darum, den geeigneten Platz für unser Vorhaben zu finden.

Kurz vor Einbruch der Dunkelheit passierten wir ein Feld, das etwas weiter entfernt von der Straße lag. Es war über einen schmalen Schotterweg erreichbar. An dessen Ende stand eine alte Finca mit eingefallenem Dach, hinter der wir das Auto verstecken konnten.

Wir richteten uns ein, besorgten am nächsten Tag im nahe liegenden Dorf Essen, Wasser, sechs Eis am Stiel, die wir sofort aufaßen, Rasierklingen und Uhu.

»Okay chica, jetzt zeige ich dir, wie man das Messer macht«, sagte Geronimo und setzte sich im Schneidersitz vor mich ins Gras. Er nahm eine Rasierklinge und brach sie in der Mitte auseinander. Die eine Hälfte legte er zwischen zwei Hölzchen, die vom Eis übrig geblieben waren, sodass eine winzige Ecke zwischen den beiden Rundungen herausschaute. Dann klebte er die Stiele mit Uhu zusammen. Aus der anderen Hälfte der Rasierklinge und weiteren Hölzchen baute er ein zweites Messer.

Dann nahm er einen Apfel und setzte das selbst gebastelte Messer an. Vorsichtig, mit etwas Druck, fuhr er über die Schale des Apfels. Dann zeigte er mir zwei feine Einschnitte.

»Siehst du. Die Schnitte dürfen nicht zu tief gehen. Sonst blutet die Pflanze nach innen. Man muss die äußere Schale einritzen, um ihr Fleisch zu treffen, ohne die nächste Hautschicht zu verletzten Mit dem Griff des Messers wird dann das Opium eingesammelt.«

Er sprang auf und lief zu seiner Tasche. »Hier«, er hielt mir eine schwarze Filmdose hin, »kommt das Opium rein.«

Das Summen der Fliegen machte mich dösig. Ich legte mich auf meinen Schlafsack und schloss die Augen. Wir würden heute Nacht arbeiten und mussten uns jetzt ausruhen.

Der fast volle Mond leuchtete am Himmel wie eine große, helle Lampe. Wir arbeiteten in der Hocke und auf den Knien, sodass unsere Köpfe nicht über die der Opiumpflanzen hinausragten.

Ich nahm die erste Kapsel und setzte das Messer an. Mit leichtem Druck ließ ich es von oben nach unten über die harte Schale gleiten. Auf den dünnen Einschnitten bildeten sich sofort kleine, weiße, milchige Tropfen, die einen bitteren Gestank absonderten. Einen Moment beobachtete ich fasziniert die Reaktion der Pflanze, dann nahm ich den nächsten Kopf in Angriff. Schweigend arbeiteten wir uns vorwärts.

»Los, lass uns zurück und mit dem Aufsammeln beginnen. In zwei, drei Stunden wird es hell und man kann uns sehen.«

Geronimos Stimme riss mich aus meiner Trance. Ich hatte mich komplett in der Arbeit verloren und kein Gefühl dafür, wie viele Stunden vergangen waren, aber mein Rücken und meine Knie schmerzten.

Die weiße Flüssigkeit war auf der Kapsel zu hellbraunen, zähen Tropfen geronnen. Der eigenartige Geruch hatte noch zugenommen. Mit den Hölzchen kratzte ich das braune Zeug ab und beförderte es in die Filmdose. Mein erstes selbst gesammeltes Opium!

Oben im Haus leerten wir die Dosen auf Zellophanfolie aus, strichen die wabbelige Masse glatt und legten sie zum Trocknen in die Sonne. Geronimo bestrich zwei Zigaretten mit Opium und reichte mir eine. Langsam sog ich den Rauch ein. Eine sanfte Müdigkeit drückte mich auf den Boden und ich schlief ein, wo ich gerade saß.

Wir arbeiteten drei Nächte durch, bis wir genug gesammelt hatten und es Zeit wurde zu gehen, bevor man uns doch noch entdeckte. Unsere Kleider, unsere Körper, alles war voll schwarzem, klebrigem, giftig stinkendem Opium. Geronimo warf alle verdächtigen Utensilien in eine Plastiktüte, die wir in einer Ecke des Häuschens in der Erde verbuddelten. Das Opium selbst versteckten wir in der Verkleidung des Autos. Mit ausgeschalteten Lichtern rollten wir gegen Mitternacht den schmalen Feldweg zurück auf die Straße.

Nachdem wir eine Weile gefahren waren, legte ich Geronimo eine Hand auf den Arm und sagte: »Bitte setz mich am nächsten Bahnhof ab.«

»Was ist los?« Er blickte mich verdutzt an.

»Ich muss zum Womad-Festival in die Extremadura. Ich habe dort noch was zu erledigen. Ich bin spätestens in drei, vier Tagen in Barcelona. Ist das okay, dass ich dich das Zeug allein zurückbringen lasse? Bitte!«

Ich musste Maurice wiedersehen!

In Cáceres, der Hauptstadt der Extremadura, angekommen, bringe ich den Weg vom Bahnhof zum Festival zu Fuß hinter mich. Eine Line Speed nach der anderen verschwindet in meiner Nase. Ich will cool sein, wenn ich Maurice begegne, damit ich mit ihm über das reden kann, was war, damit ich ihm zeigen kann, wie toll ich ihn finde und dass ich vergessen will, was in Barcelona war.

Ich finde ihn bei seinem Soundsystem. Er legt gerade Platten auf, umringt von Freunden, die Koyote-T-Shirts tragen. Als er mich erkennt, nickt er mir kurz zu und beugt sich dann über seine Plattenkiste. Ich ziehe noch mehr Speed.

Hinter dem Reifen eines Lkws mache ich mich ganz klein. Am liebsten würde ich darunter kriechen und mich zwischen die Hunde legen. Unsichtbar werden. Verschwinden. Warum bin ich nur hierhergekommen? Ich kenne niemanden hier. Ein riesiges Festival, mit Tausenden von Leuten, die sich amüsieren. Alle amüsieren sich, außer mir. Auch Maurice amüsiert sich, lacht mit seinen Leuten, ist gut drauf. Der schöne Maurice, der sich nicht mehr für mich interessiert! Ich bin allein, gehöre nirgends dazu, habe keine Freunde.

Paranoia überfällt mich. Ich hab viel zu viel Speed gezogen, meine Gedanken rasen, alle Sinne sind überreizt und meine Glieder steif wie Beton. Mein Bus steht in Barcelona und es gibt keinen geschützten Ort, an den ich mich zurückziehen kann. Alle starren mich an, gleichzeitig bin ich nicht da. Ich schäme mich dafür, dass ich so verklemmt bin, dass ich nicht einfach mitfeiern und fröhlich sein kann. Schäme mich für meinen zusammengebissenen Kiefer, mein angestrengtes Gesicht. Jeder kann sehen, dass es mir nicht gut geht. Das darf nicht sein. Alle lachen. Sie lachen über mich!

Weil es mir so schlecht geht, lachen sie über mich! Aber ich muss gut drauf sein, sonst denkt Maurice noch, dass es mir etwas ausmacht, dass er mich nicht mehr will, dass er mich nicht mag.

Die Sonne tut mir weh. Ich will weg hier. Weg nach Barcelona in meinen Bus. Ich brauche den Schutz. Alles umsonst. Bin umsonst hierhergekommen. Alles kaputt. Ich habe alles kaputtgemacht. Wie immer!

Völlig fertig laufe ich den weiten Weg zurück zum Bahnhof und nehme den ersten Zug, der nach Barcelona fährt.

Ich ließ den Motor an. Geronimo lehnte mit verstrahltem Blick im Fenster meines Busses. Ich musste los, bevor es zu spät war. In Italien wartete das erste Teknival dieses Sommers auf mich und damit die Möglichkeit, Geld zu machen.

Die Tage in Geronimos Haus hatten sich aufgelöst wie der Rauch des sich verflüssigenden Opiums, das wir, unsere Köpfe über Aluminiumfolie gebeugt, geraucht hatten. Opiumtee zum Frühstück, Opium zum Mittagessen auf Aluminiumfolie serviert, Opium als kleine, in Zigarettenpapier gehüllte Kugeln zum Abendbrot in den Po gesteckt. Wir waren voll drauf. Die ganze Zeit. Hin und wieder hatten wir uns nackt, mit geschlossenen Augen nebeneinandergelegt, schwitzend, uns berührend, dabei einnickend, während unsere Hände noch im Zeitlupentempo zwischen den Beinen des anderen schwer wurden. Mit jedem konsumierten Gramm waren Maurice und der Horror des Festivals mehr aus meiner Erinnerung verschwunden. Geronimo und ich waren dünner geworden und bleicher. Wir hatten das Haus gar nicht mehr verlassen. Morgens, wenn ich aufgewacht war, spürte ich die Entzugserscheinungen: Kalter Schweiß, Zittern, Magenkrämpfe, Kreislaufprobleme. Es war Zeit zu gehen. Das Opium war inzwischen zu einer schwarzen, harten, fast kristallinen Konsistenz getrocknet und hatte kaum noch Eigengeruch. Ein dicker schwarzer Klumpen Opium, groß wie ein Tennisball, war, was ich erarbeitet hatte.

Ich legte den Gang ein und fuhr los. Geronimo winkte mir hinterher. Auf zum Schiff, zurück nach Italien.

Oh Scheiße! Der Drogenhund des italienischen Zolls wuselte hechelnd durch den Bus. Das durfte einfach nicht sein. Ich würde direkt in den Knast einfahren, wenn sie das Opium finden. Wie hatte ich nur Fleury so schnell vergessen können? Der Hund war jetzt auf den Fahrersitz gesprungen, das Opium lag in Folie gepackt unter einer der Bodenplatten. Mein Herz pochte so heftig, dass ich meinte, die Beamten müssten es hören.

Das Wunder passierte. Der Hund sprang aus dem Bus, ohne etwas gefunden zu haben, und die Beamten gaben mir meine Papiere zurück. Ich durfte fahren!

Lkws aller Marken und Größen, zweistöckige Busse, Schulbusse, Wannen, Transporter, Wohnmobile, Autos mit und ohne Anhänger und Zirkuswagen reihten sich aneinander und blockierten in einem endlosen Konvoi die zweispurige Straße, die sich die toskanischen Berge entlangschlängelte. Ich hatte den Motor ausgestellt. Noch war es dunkel, aber bald müsste die Sonne aufgehen. Was war los? Warum fuhren die Leute nicht weiter? Mich fröstelte. Ich hatte zu wenig geschlafen. Die Angst beim Zoll hing mir noch in den Knochen. Dann die lange Fahrt hierher. Ich wollte endlich ankommen. Meine Anspannung loswerden. Bekannte Gesichter wiedertreffen. Geld verdienen, denn ich hatte keins mehr. Ich warf mir die Bomberjacke über, schloss den Bus ab und lief die Reihe der wartenden Fahrzeuge entlang.

»Adam, Adam!«

»Hey Bettina. How is it going?« Stürmische Begrüßung, Erleichterung. Hier waren Leute, die ich kannte.

»Was ist los? Wer ist noch hier? Wo ist das Partygelände?«

»Alle sind hier. Verstehst du? Alle! Und die Party ist dort.«

Adam, ein Engländer aus Fintek, deutete auf einen imaginären Punkt in der Landschaft, irgendwo in die Ferne.

»Der Platz ist massiv! Supergeil zum Feiern. Aber es gibt Probleme. Gestern Abend, als die ersten Leute aufs Gelände gefahren sind, kamen die italienischen Bullen. Bastards. Fucking wankers! Komm, wir gehen zu mir rein.«

In Adams Lkw herrschte Chaos. Ich schob ein paar Klamotten zur Seite und setzte mich aufs Sofa.

»Jemand hat Köder mit vergiftetem Fleisch ausgelegt. Ein Hund ist gestorben. Daraufhin sind die Leute wieder vom Gelände runtergefahren. Jetzt überlegen die Bullen, wo sie uns zum Feiern hinbringen sollen. Zweitausend Partyfreaks kann man nicht einfach so wieder nach Hause schicken.« Er grinste.

Durch die Frontscheibe erhellte der hereinbrechende Tag das Innere des Lkws. Mir fielen fast die Augen zu.

»Woher wussten die Bullen von der Party?«

Adam zuckte mit den Schultern.

»Ich geh zurück zum Bus. Ich bin die ganze Nacht gefahren. Ich werde schon mitbekommen, wenn es weitergeht. Bis später.«

»See you.«

Ein Klopfen gegen die Fahrertür weckte mich. Wo war ich? Im Bus, Italien, Toskana ...

»Hi, ich heiße Sanne.« Draußen stand eine Frau in meinem Alter, mit wässrigen Augen und zerknautschtem Gesicht.

»Adam meinte, du könntest mich mitnehmen zur Party?«

»Klar, komm rein.«

Ich machte Sanne Platz. Ich hatte fast eine Stunde geschlafen. Inzwischen war es hell draußen.

»Die Bullen bringen uns an einen See. 150 Kilometer von hier. Lago di Bolsena.«

»Was? Oh Mann, ich hab nicht mehr so viel Diesel und keine Kohle, um neues zu kaufen.« Weiter vorn setzte sich der Konvoi in Bewegung.

»Hast du Geld für Diesel?« Sanne nickte.

»Hast du einen Herd? Kann ich Ketamin aufkochen?« Deshalb sah sie also so verwischt aus. »Kannst du damit noch warten? Schließlich eskortieren uns die Bullen. Ich hab selbst auch Drogen dabei.«

»Kein Problem. Ich hab noch was Aufgekochtes da.«

Sie verschwand nach hinten und ich ließ den Motor an. Der Konvoi schob sich langsam quer durch die Toskana. Schnauze an Schnauze wanden sich die Fahrzeuge über die kurvigen Hügel. Kilometerweit nichts als Fahrzeuge. So etwas hatte ich vorher noch nie gesehen. Ein verrücktes Bild.

Die Tankstellen, die wir passierten, waren überfüllt mit Tekno-Travellern. Erst an der vierten hatte ich Glück und bekam nach einiger Wartezeit Diesel.

Gegen Abend erreichten wir das Gelände, das uns der italienische Staat zur Verfügung stellte. Wir waren den ganzen Tag gefahren, um die zweihundert Kilometer zu meistern. Ich ruckelte mit dem Bus durch die Einfahrt, gegenüber einem großen See, der zum Gelände gehörte. Die Soundsysteme waren bereits am Aufbauen und ich parkte den Bus auf dem nächstbesten freien Platz. Ich konnte nicht mehr länger warten. Ketamin!

Während ich Sanne weckte, drehte ich die Gasflasche auf und zündete den Herd an. Die ersten Bässe erklangen. Sanne hielt mir das Fläschchen mit der durchsichtigen Flüssigkeit hin. Ich goss einen großen Schluck davon direkt in die Pfanne und stellte sie auf den Herd. So ging es schneller. Zischend verdampfte die chemische Flüssigkeit.

Ich bin Teil einer wabernden, bunten Masse, ohne Konturen, ohne Schärfe. Ich kneife ein Auge zu. So kann ich besser sehen. Etwas schärfer. Die Dinge im Bus haben die Konsistenz von Pudding. Es ist Tag. Es ist hell. Musik dringt durch die Wände. Hier ist es heiß. Mit orientierungslosen, unkontrollierten Bewegungen versuche ich, die Plastikfolie in meinen Händen zu öffnen. Etwas Klebriges, Schwarzes ist darin. Opium.

»Schaffst du's?«

Da ist noch jemand im Bus. Eine Stimme. Adam? Gedankenstränge reißen. Ich beobachte meine Hände, die pelzig, wie ferngesteuert etwas mit dem Opium machen. Überall klebt es. Die Umrisse einer Person schieben sich vor mein Gesicht. Meine Hände, fremde Hände, tauschen schwarze Masse gegen Geld. Das Geld fühlt sich an wie dickes, grobkörniges Papier. Wie bei Monopoly, denke ich. Alles ist unecht. Alles ist aus Plastik. Türen schließen sich. Bin wieder allein.

Auf dem Boden steht die Pfanne mit Ketamin. Mit wackeligen Bewegungen versuche ich, noch eine Line zu legen. Ich schaffe es kaum, die Line zu treffen und das Pulver hochzuziehen. Es schmeckt komisch. Es wird dunkel. Universum aus Klängen. Ich bin der Ton. Alle Grenzen aufgelöst.

Mein Schädel dröhnt. Verwirrt schaue ich mich um. Es ist noch immer, oder schon wieder, Tag. Ich bekomme keine Luft und reiße die Hintertüren vom Bus auf. Auf dem Herd steht ein riesiger Topf mit verkochtem Couscous. Verschwommene Erinnerungen der letzten Stunden tauchen auf:

Ich will für das Festival kochen. Habe dafür extra in Spanien Couscous eingekauft. Dann kam mir Sanne mit dem Ketamin in die Quere. Und ich habe Opium verkauft. Die ganze Zeit voll drauf. Ich sollte das nicht machen ... Irgendwann geht mal richtig was schief ... Mein Schlafsack ist vollgeschmiert mit Opium. An der Wand klebt es, auf dem Herd. Geldscheine liegen auf dem Boden rum. Ich kann sie nicht zählen. Kann nicht denken. Mein Kopf tut weh und mir ist schlecht! Ich muss Wasser trinken! Wie viele Tage sind vergangen? War ich draußen? Im Bus? Die ganze Zeit?

Ich nehme den Topf mit Couscous und stolpere nach draußen, um Desert Storm zu suchen. Finde sie, irgendwo im Chaos dieser illusionären Stadt. Setze den Topf mit Couscous auf die Bar.

Hier, habe ich für euch gemacht. Esst!

Die Sonne scheint hell. Eine Woche Festival ist vorüber. Das Opium ist fast alle. Geld, viel Geld, steckt im Boden meines Schlafsacks. Ich betrachte die Welt durch das kleine Viereck meiner Kamera. Überall sind Menschen, die ich kenne. Ich knipse:

Hände, die Platten auflegen.

Hände, die an Knöpfen drehen.

Dreckige Hände voller Diesel mit selbst gedrehten Zigaretten zwischen den Fingern, die an teuren Maschinen rumspielen.

Ich knipse sie alle.

Freetekno-Momentaufnahmen.

Schwarze, sich drehende Vinylplatten, das Sonnenlicht reflektierend. Massive Boxenwände. Menschen schwarz-weiß und bunt. Menschliche Kunstwerke. Wie Kinder auf ihrem Spielplatz. Überall weiße Lines und bunte Pillen. Ich knipse und freue mich. Es ist Sommer!

Ein Junge stirbt im See. Siebzehn Jahre. Er war auf Ketamin.

Die Party ist zu Ende.

Zehn ineinanderfließende Tage sind vergangen.

Die Realität klopft an.

Die Musik fehlt. Fühle mich leer. Alle Töne ausgesogen.

SOMMER, SONNE, TEKNIVALS

Der Sommer war in aller Brutalität über Fintek hereingebrochen. Nach dem Teknival am Lago di Bolsena waren viele Soundsysteme nach Fintek gefahren, um dort die Zeit bis zum CzechTek Anfang August abzuwarten. Die Party ging weiter. Geld floss und wurde umgesetzt in Koks, Wein, reichlich gutes Essen, jeden Abend Barbecue und noch mehr Koks. Die Einladungen der Italiener, mit den geklauten Mopeds zum Strand zu fahren, schlug ich aus. Ich hatte mir zum Ziel gesetzt, endlich meinen Bus fertig auszubauen und ihn in den Farben des Desert Storm Tribes zu lackieren, um zu zeigen, welchem Tribe ich mich zugehörig fühlte. Solange ich Tageslicht hatte, arbeitete ich in einer der Hallen, schraubte, schleifte und lackierte. Nachts ging ich feiern. An Schlaf dachte ich so gut wie nie. Er war überflüssig geworden. Ich fühlte mich gut, stark und unabhängig und wurde immer mehr Teil der Bewegung.

Die Hitze in der Halle war unerträglich. Es mussten über vierzig Grad sein. Der Schweiß lief mir von der Stirn. Ich legte etwas Speed nach und machte ein Bier auf. Viel war nicht mehr zu tun, aber ich wollte heute noch fertig werden. Wollte in meinem eigenen Reich schlafen und nicht mehr bei Fabrizio. Er war nett. Er sah gut aus. Sein Körper war jung und athletisch. Appetitlich. Er machte guten Sex. Er hatte sogar ein Zimmer im Haus der Italiener, wo es etwas kühler war. Perfekt für leidenschaftliche Nächte. Fabrizio stand auf mich. Bekochte mich. Brachte mir morgens Kaffee und Croissants. Suchte nach mir. Bot mir Hilfe an, wo ich sie benötigte. Aber etwas in mir sperrte sich. Nur selten schmolz die harte Schale, die mich von ihm trennte, in der Hitze des italienischen Sommers und unter Fabrizios schweißnassem Körper. Viel zu selten eigentlich. Machte ich trotzdem mit, musste es sich für ihn anfühlen, als ob er mit einer Puppe aus Stahl fickte.

Ich seufzte. Er schien an diesem Spiel zu verzweifeln. Aber ich konnte ihm nicht helfen. Ich kannte die Spielregeln selbst nicht.

Bis zum CzechTek Anfang August waren es noch drei Wochen. Fabrizio würde in Fintek bleiben und damit hätte sich das Problem von allein gelöst. Ich könnte auf dem Weg zum Teknival bei meinen Eltern vorbeifahren. Komische Vorstellung. Was würden sie zu meinem neuen Outfit sagen? Die abrasierten Haare? Der Bommel mit grünen Dreadlocks, der wie eine Tarantel auf meinem Kopf thronte, die Piercings, der Schmuck aus Dichtungsringen und Metallketten?

Ich nahm den Pinsel und betrachtete mein Werk. Nicht besonders schön, aber alles eigene Handarbeit. Mein alter VW-LT 28 hatte eine Metamorphose durchlaufen. Die Innenwände waren jetzt mit dünnen Spanplatten verkleidet, auf denen ein paar Flyer und Fotos klebten. Über die hintere Hälfte erstreckte sich ein Schlafpodest aus einem alten Tischgestell, mit einer Holzplatte und ein paar Decken darauf. Der Platz reichte für mindestens vier Personen. Darunter war genug Stauraum, wo ich meine Platten, Geschirr, Klamotten, Werkzeugkisten und Dieselkanister unterbringen konnte. Neben dem Eingang hatte ich ein Metallschränkchen befestigt, auf dem die Herdplatte stand und in dem ich Gasflasche sowie Vorräte gut verstauen konnte. An allen Fenstern und zum Durchgang vorn hatte ich Vorhänge angebracht. Etwas Intimsphäre musste sein. Ich war zufrieden. So konnte ich leben! Ich wischte mir den Schweiß von der Stirn.

»Ciao amica. Brauchst du noch Hilfe? Porca madonna, was für eine Hitze hier drin.«

Gina betrat die Halle und blieb mit respektvollem Blick vor meinem Bus stehen. Sie legte einen Arm um mich und gab mir einen Kuss.

»Che bello! Du bist fast fertig!« Vorsichtig berührte sie den feucht glänzenden Lack.

»Du hast die Desert-Storm-Farben gewählt?« Ich nickte stolz: »Komm, ich bau uns einen Joint.«

Zusammen setzten wir uns auf mein neues Bett. Im Bus war es noch heißer als in der Halle. Ich hatte nur einen Bikini an und darüber eine blaue Arbeitslatzhose. Meine Sommermontur, sonst nichts. Trotzdem lief mir der Schweiß aus jeder Pore.

»Hier«, ich reichte Gina ein paar Platten, »die habe ich von Desert Storm in Barcelona gekauft. Ich kann jetzt schon ein bisschen auflegen.«

»Du hast sie wiedergetroffen?« Gina nahm die Platten und schaute sie sich durch.

»Ja, nachdem wir im Opium waren. Ich wusste nicht, dass sie nach Barcelona kommen wollten. Ich war schon auf dem Weg zur Fähre, da sah ich ihre Lkws am Strand stehen. Verrückt, oder?«

Ich reichte ihr den fertigen Joint zum Anzünden. Ihre abgeknabberten Nägel hatten schwarze Ränder. Manchmal kam mir Fintek wie ein riesiger Spielplatz vor, auf dem wir Kinder uns austoben konnten und alles nachholen, was wir früher nicht durften. Hier konnten wir uns nach Lust und Laune im Dreck rumwälzen und es gab keinen Erwachsenen, der uns ermahnte, uns die Hände zu waschen.

»Und wie waren die Partys in Spanien?«

»Meistens kamen nicht so viele Leute. Die Spanier haben keine Soundsystemkultur, überhaupt kein Vergleich zu Italien.«

Während wir rauchten, erzählte ich Gina von meinen Erlebnissen mit Maurice und von meinem Absturz auf dem Festival in Cáceres.

»Ja, manchmal sind es einfach zu viele Drogen«, sagte sie, »oder eine schlechte Mischung. Ich kenne diese Paranoiafilme. Da kannst du nur warten und hoffen, dass es vorbeigeht.«

Ich nahm eine Platte und schüttete etwas Speed darauf. Gina nickte, als ich sie fragend anschaute. Ich legte zwei Lines für uns und erzählte weiter:

»Dafür hatte ich mit Desert Storm eine Party in den Pyrenäen, die war wie eine riesige Familienfeier, weißt du? Fast nur bekannte Leute. So lebt ein echter Tribe, Gina! Im engsten Kreis, an einem abgefahrenen Ort in der Natur die Gemeinschaft zelebrieren. Was braucht man schon dafür? Ein bisschen Diesel vielleicht für den Generator, ja und?«

Ich redete schnell, rannte den Purzelbäumen, die meine Gedanken schlugen, hinterher, ereiferte mich darüber, wie krank die Menschen dort draußen doch waren, die immer nur ans Arbeiten und ans Geldverdienen dachten. Was sie alles verpassten! Alles Essenzielle! Alles Pure! Wie absurd die Vorstellung war, dass die meisten dort draußen noch nie eine Nacht durchgetanzt hatten und noch nie Drogen probiert hatten. Wie langweilig!

Mein Mund fühlte sich trocken an. Das Bier half auch nicht. Es schmeckte warm und abgestanden. Zum hundertsten Mal wischte ich mir den Schweiß aus der Stirn. Gina saß gegen die Wand gelehnt auf meinem Bett und beobachtete mich.

»Aber Fintek ist geil! Das ist überhaupt der geilste Sommer, den ich je erlebt habe. So gut wie hier ging es mir noch nie! Wir sind im Paradies gelandet, oder, Gina? Hier gibt es alles. Alles! Geld, Drogen, Musik, Männer ...« Ich verdrehte die Augen.

»Ma dai!«, sie lachte.

»Weißt du, ich will einfach Spaß haben. Ich will lachen, tanzen und ich will nicht an Morgen denken! Ich lebe heute, oder? Wenn ich morgen sterbe, will ich sagen: Ich habe alles mitgenommen, habe nichts verpasst! Bereue nichts! Habe zu 180 Prozent gelebt.«

Ich konnte mir nicht vorstellen, jemals wieder ein anderes Leben zu führen. Ich wollte einen Weg finden, Geld zu verdienen, ohne mit Drogen dealen zu müssen. Vielleicht konnte ich eine fahrbare Suppenküche eröffnen. Die Leute waren nach ein paar Tagen Festival immer hungrig, doch fast keiner war in der Lage zu kochen. Damit tat ich den Leuten dann sogar was Gutes. Die Aktion mit dem Couscous war zwar schiefgegangen, aber wenn ich mir ein einfacheres Gericht vornahm und mich nicht ganz so abschießen würde, dann ...

Gina erhob sich: »Wenn du möchtest, komm später bei uns vorbei. Ich mache Pasta. Und ja ... hätte ich fast vergessen. Ich habe dir was mitgebracht.«

Aus der Hosentasche ihrer viel zu weiten Jeanslatzhose zog Gina ein buntes Ding und legte es vor mich aufs Bett: eine kleine, weiche, mit leuchtend grünem Samt überzogene Raupe! Auf ihrem Rücken hatte sie einen lila Kamm, wie bei einem Drachen. Ihre winzigen schwarzen Knopfaugen schauten mich fragend an. Ich verliebte mich sofort in sie.

»Danke!« Ich umarmte Gina so stürmisch, dass wir beide nach hinten kippten. Lachend krabbelte sie unter mir hervor.

»Ich wusste, dass du sie magst. Das ist ab jetzt deine Freundin, die auf dich aufpasst, wenn ich nicht da bin.«

Ich nahm die Raupe in beide Hände und streichelte zärtlich ihren Kopf. Sie war gerade groß genug, dass sie in das für den Zollstock vorgesehene Fach meiner Arbeitshose passte. Von dort aus konnte sie neugierig in die Welt schauen und mich überallhin begleiten.

Die Raupe war mein Erkennungs- und das Wahrzeichen dieses verrückten, energiegeladenen Sommers, in dem so viel passierte. Die Raupe war die Einzige, die mich verstand, wenn mein Gehirn sich in einem bunten Drogencocktail, der mir das Reden unmöglich machte, aufgelöst hatte, und sie war es, die morgens neben mir aufwachte, egal wo ich gerade eingeschlafen war.

Es war eine glückliche Zeit, dieser Sommer in Fintek. Er war heiß, voller Musik, voll italienischem Temperament und Leidenschaft. Er war reich, ohne Entbehrungen. Er war geschwängert von einer fast irrealen, bizarren Euphorie, die mich weit über der Erde schweben ließ.

Die Zeiten, in denen ich landen musste, hielt ich kurz, nach dem Aufwachen oder wenn der Abtörn einsetzte. Die Drogen sorgten dafür, dass ich sofort wieder abheben konnte.

Zwei französische Soundsysteme, die von einer jungen, enthusiastischen Crew betrieben wurden, veranstalteten in Fintek eine große dreitägige Party im Freien.

Es war Sonntag, die Sonne brutzelte vom Himmel, das Soundsystem schnurrte wie eine Horde Katzen und ich hatte die richtige Dosierung intus. Ich wusste nie, wie viel ich von was konsumieren musste, um diesen Zustand zu erreichen. Ich hatte seit Tagen nicht geschlafen, LSD, XTC, Speed, MDMA-Pulver und Unmengen an Gras und Alkohol in mich hineingeschüttet. Ketamin hatte ich nicht auftreiben können.

Jetzt war mein Kopf frei von Gedanken. Als ob das Netz, in dem ich mich sonst bewegte, das meine Bewegungen und Reaktionen kontrollierte, plötzlich weg war und ich nur noch aus reinen Impulsen bestand. Als ob es nichts Trennendes mehr zwischen mir, meinem Körper und der Welt da draußen gäbe. Und auch die Raupe war ein Teil von mir:

»Einen Drink, bitte«, sagte die Raupe zu dem Mädchen hinter der Bar und stupste es am Arm.

»You crazy«, lachte das Mädchen und reichte mir einen Plastikbecher mit Wodka-O.

Die Raupe gab ihr einen Kuss. Dann kroch sie weiter, kroch auf den Schultern lachender, verstrahlter Partygäste entlang, küsste hier und dort jemanden und drückte für mich die ganze Liebe aus, die ich in diesem Moment empfand. Sie war ich und ich war sie. Wir tanzten gemeinsam vor unserem Altar, dann legte sie sich in eine der Boxen und lächelte mir von dort aus zu.

Irgendwann, irgendwo, am Rande der Tanzfläche, fiel ich einfach um und als ich wieder aufwachte, lag die Raupe neben mir und lächelte noch immer.

»Ist alles in Ordnung. Alles ist gut«, hörte ich sie beruhigend flüstern.

Mein frisch lackierter Van stand abfahrbereit vor dem großen Metallgittertor von Fintek. Ich ging nochmals die Reihe ab, drückte alle, die gekommen waren, um sich von mir zu verabschieden. Fabrizio war nicht dabei. Wir hatten die letzte Nacht auf Fintek gemeinsam verbracht, mit Wodka und Kokain. Es war eine intensive Nacht gewesen, ohne störende Mauern. Ich würde ihn lange nicht mehr sehen. Nach einem kurzen, unruhigen Schlaf war ich am Morgen dann allein in seinem Bett aufgewacht.

Ich ließ den Motor an. Neben mir auf dem Beifahrersitz lag ein zerzaustes, verflohtes Wollknäuel mit Durchfall. Tairo – ein Hundewelpe, sechs Wochen alt. Er würde es gut haben bei mir. Ich brauchte einen Hund, der auf den Bus aufpasste, und er brauchte jemand, der auf ihn aufpasste.

»Ich lass dich nicht allein, wie dieses Arschloch, deine Mutter«, sagte ich zu ihm und tätschelte ihm den kleinen Kopf. Die hochschwangere Hündin wurde von ihrem Besitzer einfach auf Fintek zurückgelassen, nachdem er eine heftige Auseinandersetzung mit den Engländern im hinteren Teil des Geländes gehabt hatte und Hals über Kopf eines Nachts geflohen war. Gina stand mit Tairos Schwester auf dem Arm am Tor und winkte uns hinterher. Ich würde sie vermissen.

Da saß er nun, mein neuer Freund, für den ich jetzt die Verantwortung trug. Vor mir auf der Ablage blinzelte mich die Raupe an. Jetzt waren wir also zu dritt auf unserer Reise! Ich ließ den Motor an und fuhr die mir inzwischen wohlbekannte Strecke, vorbei am Bridgestone/Firestone-Gebäude auf die Straße, die zur Autobahn führte. In wenigen Tagen war das CzechTek. Ein Jahr war vergangen. Ein Jahr, das so viel verändert hatte.

Ich war wieder einmal stolz auf mich! Mein Bus war ausgebaut und neu lackiert. Das war mehr, als irgendjemand in Fintek auf die Reihe gebracht hatte. Ich hatte inzwischen eine kleine Sammlung Vinylscheiben, die in keinem Laden zu kaufen waren. Das Auflegen lief immer besser. Im Bus hinten hatte ich den Rest Opium und den Erlös des Verkaufs gut versteckt in einem der Beine meines Bettgestells. Ich musste mir keine Sorgen machen. Damit würde ich gut über den Sommer kommen. Ich konnte mir sogar bedenkenlos Diesel leisten.

»Hör auf, Mann! Und jetzt piss endlich!« Wütend machte ich Tairo von dem kurzen Strick los, mit dem ich ihn auf dem Beifahrersitz festgebunden hatte, und setzte ihn unsanft auf seine kleinen Pfötchen. Wir waren kurz vor Zürich. Der Nieselregen klatsche gegen die gelben Zapfsäulen der Tankstelle. Meine Nerven lagen blank. Tairo hatte mir während der gesamten Fahrt keine ruhige Minute gegönnt. Mehrmals hatte er versucht, zu mir zu krabbeln, war plötzlich auf meinem Schoß, wuselte an meinen Beinen rum oder machte sich am Ganghebel zu schaffen. Nach hinten verbannt, pinkelte und kackte er in einem fort mein Bett voll. Dabei hatte ich stündlich Pausen eingelegt, damit er sein Geschäft machen konnte. Aber er kapierte es einfach nicht. Kurz entschlossen hatte ich ihn mit einem Strick auf dem Beifahrersitz festgebunden. Seitdem jaulte er in den höchsten Tönen.

Dazu kam noch der Dünnschiss. Auf einem Parkplatz vor der italienisch-schweizerischen Grenze hatte ich die letzte Line Speed gezogen, um bis zu meinen Eltern durchzuhalten. Jetzt war ich am Ende. Hundertzwanzig Kilometer musste ich noch bewältigen.

»Hey Sie. So können Sie doch nicht mit einem kleinen Hund umgehen.«

Ein älterer Mann beobachtete mich von seinem Auto aus.

»Das geht dich einen Scheißdreck an!«

Der hatte mir gerade noch gefehlt. Sollte bloß rüberkommen. Ich packte Tairo, der weder pinkeln noch kacken wollte, und band ihn erneut auf seinem Platz fest.

»Wehe, du heulst weiter.« Wie konnte ein kleiner Hund nur so viel Stress machen?

Der Morgen graute. Ich zog die Vorhänge vor den Hinterfenstern meines Busses beiseite und schaute nach draußen. Gruselig hier. Das Dorf sah aus, als ob es noch nicht mal einen Bäcker hätte, geschweige denn einen Tierarzt. Kleine Häuschen mit heruntergelassenen Rollläden. Kein Mensch auf der Straße. Vielleicht sollte ich doch erst über die Grenze fahren? Aber ich konnte kein Tschechisch. Also es erst einmal hier versuchen. Ich klemmte mir den hustenden Tairo unter den Arm und stieg aus. Suchend lief ich die schmale Straße hinunter. An der Ecke traf ich zwei finster drein blickende Gestalten, die aussahen, als wären sie aus einer Irrenanstalt ausgebrochen.

»Entschuldigung, gibt es hier im Dorf einen Tierarzt?«

Die schielenden Augen des Größeren schauten links und rechts an mir vorbei, dann öffnete sich sein schiefer Mund. Zwischen gelben Zähnen nuschelte er etwas und deutete dabei in die Straße, aus der sie kamen. Keine drei Häuser weiter sah ich das Veterinärzeichen blinken. So ein Glück!

»Danke!« Ich ließ die beiden Schwachsinnigen stehen. Alles Inzuchtopfer hier!

»Ist der Hund nass geworden?« Der Tierarzt hörte mit seinen großen unförmigen Pranken Tairos bebende Brust ab.

»Na ja, ich habe ihn vor zwei Tagen gewaschen. Er war voller Flöhe.«

»Und mit was füttern Sie ihn?«

»Mit Welpentrockenfutter, in Milch eingelegt.«

Der Tierarzt nahm das Stethoskop aus seinen Ohren. »Sie haben sich wohl nicht erkundigt, was kleine Hunde brauchen?«, sagte er, während er mit verächtlichem Blick an mir herabschaute. Ich kam mir ziemlich fehl am Platz vor, mit meinem punkigen Outfit in dieser Tierarztpraxis, mitten im tiefsten bayrischen Wald.

»Ja und, was brauchen sie?«, fragte ich trotzig.

»Auf keinen Fall Kuhmilch! Das zerstört die Darmflora. Und waschen dürfen Sie sie auch nicht. Dann verlieren sie ihren Welpenduft, der sie vor Angriffen erwachsener Hunde schützt. Außerdem erkältet sich so ein Welpe schnell, wie Sie inzwischen ja selbst mitbekommen haben.«

Der Tierarzt suchte eine Packung mit Tabletten raus: »Hier, die sind gegen den Husten. Passen Sie auf, dass er es schön warm hat. Und keine Milch mehr! Dann wird der Durchfall von allein besser.«

Ich bezahlte. Nichts wie weg hier. Wer hier geboren wurde, war echt gestraft!

Tschechien! Ich hatte es geschafft! In ein paar Stunden konnte ich die Infoline anrufen und würde weitere Hinweise bekommen, wo das Teknival stattfinden würde. Ich war aufgeregt. Wen würde ich wohl wiedertreffen?

Der Beamte am Zoll hatte mich einfach durchgewunken. Es ging doch nichts über ein einnehmendes Lächeln. Die Welt war wirklich naiv. Meine Eltern eingeschlossen. Die ganze Aufmerksamkeit zu Hause war an Tairo gegangen, die ganze Fürsorge in seine Richtung geflossen. Bekamen sie denn wirklich nicht mit, wie ich mich verändert hatte? Oder war ich einfach nur eine gute Schauspielerin? Fast hatte ich das Gefühl, dass sie gar nicht daran interessiert waren, die Wahrheit über mich und mein Leben zu erfahren. Sie taten so, als ob sie meinen Stolz teilen würden. Als ob sie verstehen könnten, in was für einer Welt ich mich inzwischen bewegte. Warum erzählte ich ihnen überhaupt von mir? Warum besuchte ich sie weiterhin? Warum wünschte ich mir Anerkennung für das Leben, das ich führte, obwohl ich wusste, dass es konträr zu ihren Vorstellungen war? War das nicht schizophren?

Ich hielt an einer Tankstelle. In der Tschechei war der Diesel billiger. Tairo tapste etwas schlapp, aber neugierig schnüffelnd neben mir her. Noch immer war nicht zu erkennen, wie er später mal aussehen würde. Seine Mutter war ein Spitzmischling. Niemand wusste, wer der Vater war.

Nur noch ein paar Kilometer bis zum Meeting Point. Mich überfiel die gleiche Aufregung wie jedes Mal kurz vor einer großen Party. Schlimmer als bei einem Date. Meine Hände waren feucht, mein Herz hämmerte in schnellen Schlägen gegen die Brust. Ich konnte es kaum erwarten, den anderen zu erzählen, dass ich den weiten Weg von Rom hierher, in den Norden der Tschechei, allein bewältigt hatte. Dass ich das Teknival ganz allein gefunden hatte. Ich wollte allen meinen neu ausgebauten und lackierten Bus zeigen, mit dem ich problemlos die Grenzen passiert hatte. Und dann konnte die Party kommen! Ich würde so was von feiern!

Da sind sie: die Lkws! Anhalten, aussteigen, freudige Begrüßung überall. Da sind Katrin und Andrej von Fintek mit einer von Tairos Schwestern. Desert Storm ist da. Es gibt Komplimente für meinen Bus. Aufgeregtes Hin- und Herrennen. Hier ein Bier zur Begrüßung. Dort eine Line. Da sind Leute aus Berlin. Alle sind da! Sascha, Tobias. Und Melvin. Melvin ist wieder da! Zurück aus Indien, getrennt von Esther. Wir feiern das Wiedersehen. Alle schrägen Geschichten, die einmal passiert sind, sind vergessen. Eine neue Party ist ein neuer Anfang. Es ist Sommer. Teknival Time! Time for Party! Zeit, um Spaß zu haben.

Dann geht's los. Auf zur Partysite. White lines going through my mind. Ich kann meinen Bus nicht mehr richtig lenken. Bin schon mitten im Abflug. Steuere senkrecht den Partyhimmel an. Fahre auf den Platz. Halte irgendwo, einfach mitten auf dem Feld. Es ist ein alter Militärflughafen. Riesig. Landebahnen und Hangars, so weit das Auge reicht. Abagewrackte Kriegsmaschinen. Irgendjemand kommt und will bei mir Ketamin aufkochen.

Ich schmeiße den Herd an und leere das flüssige Versprechen in die Pfanne. Bin gierig. Will es jetzt. Die Flüssigkeit verdampft und ich kratze mit einer Karte auf dem Pfannenboden rum. Das Teflon färbt das Pulver grau. Scheiß drauf! Und ich steige weiter auf. Höher und höher. Die ersten Bassschläge ertönen. Menschen klopfen an meinen Bus. Ich lasse sie alle herein. Seht, mein Heim. Mein Heim ist euer Heim. Mein Bett ist euer Bett. Mein Herd ist euer Herd. Wir sind eine Familie. Eine große Tekno-Familie. Ich brauche den ganzen Platz nicht für mich allein. Ich habe so viel. Bin so reich. Möchte teilen. Alles teilen. Möchte, dass alle Menschen glücklich sind. Ich übergebe meinen Bus dem Festival und laufe los in die Nacht. Halt! Tairo! Was ist mit Tairo? Der Bus ist offen. Was, wenn er wegläuft? Wenn ihm kalt wird? Zurück zum Bus. Der ist voll mit Menschen. Berliner Freunde. Sie sitzen um den Herd, auf meinem Bett, mit geschlossenen Augen, wabbelnd, mit der Pfanne auf den Knien. Tairo auf dem Vordersitz. Ich schnappe ihn mir, stecke die Raupe ein. Laufe rüber zu Katrin. Wir verstauen unsere Hunde in der Fahrerkabine von Andrejs Truck. Katrin holt eine Schüssel mit Wasser und stellt sie auf den Boden. Jetzt kann es weitergehen. Wieder zurück zum Bus, noch eine Line Keta.

Die Nacht vergeht. Draußen läuft die Party. Drinnen kreist die Pfanne. Ich kann mich nicht bewegen. Das Keta schweißt mich fest auf meinem Bett. Meine Beine sind mutiert zu diesen grünen und roten Gummischlangen, die wir früher für fünf Pfennig auf dem Weg zur Kirche von unserem Opfergeld an der Tankstelle gekauft haben. Die Raupe, ein steinzeitlicher Wurm mit kaltem, styroporartigem Fell. Ich krieche rüber zu Saschas Hanomag. Krieche durchs hohe Gras. Bin mitten im Urwald. Krabbele die Stufen hoch. Die Welt aufgelöst in Fragmente. Unzusammenhängend. Pelzig. Tunnelblick. Kann nur wahrnehmen, was direkt vor meinem Auge liegt.

Es dämmert. Die erste Nacht ist vorbei. Ich war noch nicht tanzen. War kaum draußen. Egal, die Party hat erst angefangen. Es ist kalt. Sehr kalt. Umständlich versuche ich, meine Sandalen auszuziehen und diese komischen weiß-blau melierten Dinger am Ende meiner Beine in Socken und dann in meine Caterpillar-Schuhe zu stopfen. Wie sie aussehen, diese Zehen. Dreckig, unförmig. Unwirklich. Ich fand Füße schon immer komisch. Gehören die zu mir? Gedankenpuzzle. Ich suche die passenden Verbindungen, um die Schnürsenkel zu knoten. Einzelne Augenblicke fallen in sich zusammen wie ein Kartenhaus. Zurück bleibt Chaos. Auf meinem Bett ein Berg aus Armen, Beinen, Körpern. Alles voll mit Taschen. Die Pfanne – leer. Ich stolpere los zu Andrejs Lkw. Tairo! Öffne die Tür zur Fahrerkabine. Über mir ein nasses, zitterndes Tierchen. Es weint. Auf dem Boden die Schüssel mit Wasser. Tairo in meinem Arm. Ist ja gut. Ist ja alles gut. Kommandozentrale an Gehirn. Befehl: Hund versorgen! Abtrocknen! Füttern! Über dem Flugplatz liegt Nebel. Kälte. Frost. Tairos kalter Körper an meiner Brust. Laufe rüber zum Feuer.

»Sascha, kannst du Tairo nehmen? Ihm ist kalt. Ich gebe dir Futter.«

Die Raupe schaut mich vorwurfsvoll an. Ich kann nichts tun. Muss weiter. Muss tanzen.

Ein Soundsystem. Eines unter vielen. Boxentürme, so hoch wie der Himalaja. Ich tanze, tanze, tanze. Allein vor der Allgewalt eines gigantischen Musikapparates. Der Flugplatz wird zur einzig existierenden Realität im Universum. Ich streife umher in dieser Realität, laufe die Landebahn entlang. Gleite in den Untergrund eines Hangars. Lasse mich von dunklem, tiefem Drum 'n' Bass bombardieren.

Die Nacht bricht herein, öffnet ihre dunklen, von bunten Blitzen durchzuckten Tore für uns. Ich spüre keine Kälte mehr. Zeitlosigkeit tritt an die Stelle von tickenden Uhren. Ich treibe weiter. Irgendwann bin ich wieder in meinem Bus. Brauche doch einen Pullover. Meine Kleider vom Tag sind verschwunden. Kann nichts erkennen in der Dunkelheit. Es klopft. Jemand will LSD kaufen. Ich habe welches. Angle mein Brillenetui aus dem Versteck. Er hat nur Dollar. Egal. Nehme das Geld, betrachte es. Kann nichts erkennen. Wird schon stimmen. Wir sind eine Familie! Ich hab Vertrauen. Schaue nach Tairo. Er schläft am Feuer. Stürze mich wieder auf den fliegenden Teppich aus Farben und Musik.

Ein neuer Tag bricht an. Die magische Stunde. Kein Schlaf. Mein Körper schwerelos wie im Weltall. Mein Kopf eine angenehme, weiche, gedankenlose Masse. Ich bin ein Vakuum, durch das die Wirklichkeit ungefiltert fließen kann. Reines Sehen. Reines Fühlen. Reines Glück. Ich habe den Ort erreicht, zu dem ich aufgebrochen bin. Ein Ort ohne Angst, ohne Fragen. Ein Ort voll Ekstase. Ich bin die Ekstase. Bin frei. Bin wild.

Wieder eine Boxenwand, zwanzig, dreißig Meter lang. Die Sonne geht über den schwarzen Türmen auf. Das Bild ist wunderschön, berührt mich. Ich bin frei! Die Bässe trommeln in meinem Unterleib, bewegen ihn rhythmisch auf und ab, die Höhen schießen durch meine Eingeweide, krabbeln durch meinen Körper, massieren mir den Nacken. Die Musik umspült mich, reißt mich mit, schleudert mich durch die Lüfte. Alles vibriert. Alles ist elektrisiert. Ich verschmelze mit den Tönen, löse mich auf in der Geilheit des Augenblicks. Bin so glücklich, so dankbar.

Hole meine Kamera, will diese Momente einfangen. Alle Menschen, die ich liebe. Die Boxentürme. Meine Kirchen. Alle DJ-Hände, die mir diese genussvollen Augenblicke schenken. Dreckige Hände auf teuren Maschinen. Stilbruch. Wunderschön! Nehme Tairo mit und streife mit ihm durch die endlosen Weiten des Teknivals. Jemand kommt mir entgegen, zeigt auf mich und Tairo. »Ihr seht genau gleich aus, du und dein Hund«, sagt er auf Italienisch.

Sonntagmittag. Ich sitze in der Sonne, allein, mitten auf der Landebahn. Ein paar Meter von mir entfernt läuft ein DJ von Desert Storm an mir vorbei, seinen Plattenkoffer hinter sich herziehend. Er sieht mich. Kommt herüber. Bleibt vor mir stehen. Beugt sich zu mir. Gibt mir einen Kuss auf die Wange. Lächelt mich an. Dann zieht er weiter. Ein wortloser Moment. Eine Geste, die alles ausdrückt. Liebe, Anerkennung, Verbundenheit. Jeder Stein auf diesem Platz, jeder Grashalm, jedes CO_2-Molekül ist in diesem einen Moment mit uns verbunden. Wir fühlen dasselbe. Sind eins. Sind verschmolzen mit der Wirklichkeit.

Noch eine Nacht. Und ich fliege weiter. Immer weiter.

Die Sonne geht auf. Bei den Engländern spielt eine Frau ein Live-Set. Der Boden ist voll mit wabernden Ketaminleichen. Aus dem Lkw wird die Pfanne gereicht. Die Musik ist gut. Verdammt gut. Ich schließe die Augen. Kann nicht mehr. Komme langsam runter. Genieße die letzten Minuten. Spüre, wie ich langsam lande. Erste Gedanken schleichen sich ein. Es muss Montag sein. Ich muss langsam nüchtern werden. Morgen spätestens ist das Teknival zu Ende. Es sind wenige Besucher da. Nur noch Soundsystemleute. Ich muss meinen Bus fahren. Muss jetzt stoppen. Muss runterkommen. Bin hungrig. Ausgelaugt. Müde. Kann mich nicht lösen aus den Fängen der Musik. Will nicht zurück in die Welt der Fragen und Aufgaben. Will immer weiter hier sitzen.

Irgendwann raffe ich mich auf und stapfe los zu meinem Bus. Meine Beine sind schwer. Mein Körper schmerzt. Mein Gehirn ist ein Nudelsieb. Ich bin dreckig. Meine Lippen brennen. Meine Kehle brennt wie eine riesige Schürfwunde. Meine Nase ist taub. Meine Füße glühen. Habe ein paar Sachen verloren auf meinem Trip. Mein Käppi. Meinen Pullover. Hoffentlich nicht mehr ... Wo ist die Raupe?

Der Bus ist offen. Klar, ich habe ihn ja offen gelassen. Aber wo sind die ganzen Leute? Irgendetwas stimmt nicht ...

Wo ist meine Kamera? Die habe ich doch gestern – war es gestern? – auf dem Bett gesehen. Das Gesicht des jungen Tschechen, der LSD-Käufer, taucht vor meinem inneren Auge auf. Ich spüre Panik. Instinktiv greife ich in das Versteck, wo mein Brillenetui mit den restlichen Drogen und dem Geld vom Verkauf stecken sollte. Es ist weg!

Mein Flugzeug stürzt ab. Kurz vor der Landung fallen die Motoren aus. Knalle auf dem harten Boden auf. Bin plötzlich stocknüchtern. Hektisch durchwühle ich mein Bett. Die Kamera ist weg!

Was ist das für ein Gestank? Er kommt von vorn. Ich renne raus, reiße die Tür der Fahrerkabine auf. Da sitzt Tairo. In seiner eigenen Scheiße. Alles ist voll mit Scheiße!

Tairo sieht nicht gut aus. Gelber Schleim läuft aus seiner Nase. Ich schnapp ihn mir, hole ihn raus aus seiner Hölle. Er atmet schwer. Ich schreie: »Hilfe!«

Was ist passiert?

Wo bin ich gelandet?

Die Welt um mich herum verschwimmt. Ich spüre heiße Tränen auf meinen Wangen. Sitze auf dem Boden, halte Tairo im Arm und schreie. Jemand zieht mich an den Schultern hoch. Es ist Melvin. Er nimmt mich in den Arm, hält mich fest, versucht, mich zu beruhigen: »Hey Mann, was ist denn, komm mal runter!« Ich zeige ihm Tairo: »Man hat mich beklaut. Alles ist weg. Und Tairo stirbt.«

In meinem Kopf zieht es. Eiserne Seile spannen sich von einer Kopfhälfte zur anderen. Gleich zerspringt er.

»Ist ja gut. Ist alles nicht so schlimm. Beruhige dich. Wir fahren ins Dorf und suchen einen Tierarzt. Jetzt gleich. Beruhige dich.«

Ich zittere, würge, weine, schreie.

Melvin steht auf: »Los! Ich fahre! Hast du die Wagenpapiere? Den Schlüssel?«

»Im Handschuhfach.« Ich versuche, die Kontrolle wiederzuerlangen.

»Da ist nichts.«

Die Seile reißen. Es tut weh!

Das Handschuhfach ist leer. Mein Geldbeutel geklaut! Alles ist weg! Alles! Mein Führerschein. Mein Ausweis. Die Fahrzeugpapiere. Alles!

Melvin läuft weg, ruft, dass er ein Auto besorgt. Um mich herum stürzt die Welt ein.

»So. Jetzt können Sie nur noch warten und beten. Wenn Sie Glück haben, schafft er es.« Der Arzt zieht vorsichtig die Spritze aus Tairos schwachem Körper.

»Er hat eine schwere Lungenentzündung. Ob er sie überlebt, wird sich in den nächsten Stunden zeigen. Er darf auf keinen Fall mehr nass werden. Halten Sie ihn schön warm.«

Schweigend fahren wir zurück zum Teknival. Tairo liegt in meinem Arm und schläft. Ich weine und schäme mich. Schäme mich abgrundtief.

Das sanfte Schaukeln des Hanomags machte mich schläfrig. Wir fuhren vorbei an abgeernteten, mit dicken Strohballen verzierten Weizenfeldern. Ein Bauer schraubte am Wegesrand an seinem alten, rostigen Traktor rum. Die letzten blauen Kornblumen standen mit hängenden Köpfen zwischen einzelnen vergessenen Ähren. Tairo lag neben mir auf dem Bett und atmete ruhig. Wir waren auf dem Weg in die Slowakei. Zum nächsten Teknival! Nur noch diese Party und die danach – das Teknival zur Sonnenfinsternis in Ungarn. Danach würde ich wirklich zurück nach Berlin fahren und mir und Tairo eine Pause gönnen. Das hatte ich ihm versprochen. Ich streichelte über Tairos süße Nase. »Nur noch eine Woche, Kleiner, dann hast du mehr Ruhe«, flüsterte ich ihm ins Ohr. In meiner Bauchtasche steckten ein gültiger Ersatzausweis, den ich auf dem deutschen Konsulat in Prag bekommen hatte, und die 1.200 Mark, die die Diebe nicht entdeckt hatten. Das Versteck im Fuß meines Bettgestells hatte ich in meiner Panik total vergessen. Dort waren auch die Ersatzschlüssel für den Bus gewesen. Auf dem Rückweg von Ungarn würde ich ihn in Prag abholen. Danach musste ich mich um neue Papiere, eine neue Kamera und Geld kümmern.

Aber das war später. Nach den Teknivals! Es gab keinen Grund, sich jetzt darüber Gedanken zu machen. Schlimm genug, dass ich nicht mit Sascha und Melvin von Ungarn aus weiter in den Süden mitfahren konnte, sondern allein nach Berlin zurückmusste.

Mal wieder war ich auf meine eigene Naivität und Gutgläubigkeit hereingefallen. So einen Fehler würde ich nie wieder machen. Wie hatte ich nur glauben können, dass alle Leute auf einem Teknival mit zur großen Familie gehörten? Wahrscheinlich gab es tatsächlich Riesenarschlöcher auf dieser Welt, die auf die Teknivals kamen, nur um die Verpeiltheit der echten

Raver auszunutzen und sie zu beklauen. Hätte ich meinen Bus im Schutz vom Desert Storm Tribe geparkt, wäre mir das nicht passiert. Ich gehörte echt geschlagen für meine Dummheit. Wie oft musste ich eigentlich noch auf die Schnauze fallen, bis ich endlich kapierte, dass ich nicht blind vertrauen durfte? Dass die Welt kein großer Spielplatz war, an dessen Türen ich die Verantwortung für mich abgeben konnte, und dass es auch unter Spielkindern immer welche gab, die einem den Spaß verderben wollten?

»Zieh doch mit deinem Köter irgendwo anders Ketamin, aber nicht mehr in meinem Lkw!«, brüllte Sascha, nahm meinen Rucksack und warf ihn vor die Tür auf den Boden. Dann drückte er mir Tairo in den Arm und zeigte nach draußen.

Was für ein beschissenes Teknival! Erst die Gruppe slowakischer Faschos, die gleich in der ersten Nacht das Teknival überfallen und uns den Spaß am Feiern verdorben hatte. Und jetzt schob auch noch Sascha so einen Film. Wo hätte ich denn Ketamin ziehen sollen? Mein Bus stand doch in Prag! Und ich konnte weder was dafür, dass sein Lkw voll zugedröhnter Leute war – schließlich regnete es in Strömen und die Leute suchten Unterschlupf –, noch dafür, dass Tairo seine Scheißerei nicht im Griff hatte.

»Wir müssen uns einen neuen Lift nach Ungarn suchen, Tairo!«

Ich setzte mir den Rucksack auf und hielt schützend meine Bomberjacke über Tairos mageren Körper. Er kränkelte noch immer ...

Ungarns Wiesen waren saftig und dunkelgrün, das Essen gut und billig. Langsam zuckelten wir durch kleine Dörfer. Die Schilder am Straßenrand zeigten, dass wir unser Ziel bald erreicht hatten: den Plattensee, wo das Teknival zur Sonnenfinsternis stattfinden sollte. Im Kassettenrekorder liefen leise die Pixies.

Die letzten drei Tage waren erholsam gewesen. Langsam fühlte ich mich wieder kräftiger und klarer. Der junge Punker, der uns seit der Slowakei in seiner weißen Mercedes-Wanne Unterschlupf und einen Lift gab, war völlig entspannt, hielt nur ab und zu an, um einen Joint zu rollen. Das Teknival in der Slowakei war zu einem dunklen Fleck in meiner ketamingetränkten Erinnerung geschrumpft.

Sonnenfinsternis!

Nur noch wenige Minuten!

Die Spannung steigt!

Alle, die es bis hierher, auf dieses Fleckchen Erde geschafft haben, ein kahl geschorenes Feld, umgeben von meterhohem Industriehanf, sammeln sich am größten Soundsystem auf dem Platz. Am Desert Storm Rig spielt der DJ ein Live-Set. Jemand hält mir einen Albert Hofmann hin. Ich nehme das bunte, LSD-getränkte Papierchen und lege es mir unter die Zunge. Der DJ peitscht die Bässe hoch. Mitten unter der Partymeute ein altes, ungarisches Ehepaar mit Blumenschürze und Hosenträgern. Sie tanzen zum Live-Set. Einen Plastikbecher mit Bier in der Hand, hüpfen sie so freudestrahlend im Kreis, als ob aus den schwarzen Boxen ungarische Polka erklingen würde, und feiern lachend mit uns mit. Dann verdunkelt sich der Himmel. Brillen werden rausgezogen und aufgesetzt. Die Sonnenfinsternis beginnt.

Die Wolkendecke reißt auf, genau an der Stelle, wo sich der Sonne langsam ein schwarzer Schatten nähert, als ob jemand mit einer Schere ein Loch für uns hineingeschnitten hätte. Plötzlich hört die Musik auf, es wird ganz still. Die Natur hält inne. Kein Grashalm bewegt sich, kein Vogel singt. Alle Köpfe sind nach oben gerichtet. Bunte Farben verblassen zu einem dunklen Olivgrün. Selbst die Luft zum Atmen wird grün. Kein normales Grün. Es ist nur ein Schatten, so, als ob wir kurz vor einer Sintflut stünden und das Dunkel dem Meer, das uns gleich überschwemmen wird, vorauseilt. In der Mitte der Tanzfläche bildet sich eine Lichtung. Ein paar Frauen spielen mit Feuerketten.

Und immer weiter rückt der schwarze Schatten vor, bis auch der letzte glühende Lichtstreifen unter ihm verschwindet. Meine Hand berührt fremde Haut. Sie ist kühl. Ich fröstele.

Die Boxen grollen, ein Donner aus elektronischen Klängen setzt ein. Techno für den Himmel. Die Leute kreischen.

Da wird es auch schon wieder heller. Heftiger als zuvor füllt die Musik den Platz, füllt jeden einzelnen Quadratmilliliter Luft mit deftigem, gewaltigem Drum 'n' Bass. Ich schaue über das Feld. Sehe kleine Blitze zwischen Himmel und Erde zucken. Sehe die Energie des elektromagnetischen Feldes der Erdatmosphäre. Weiß nicht, ob das echt ist oder mein LSD-Film. Jemand legt den Arm um mich. Wir tanzen, kreischen, feiern die Neugeburt des Planeten.

Melvin steht mit vorwurfsvollem Blick am Rande des Geschehens und hält Tairos Köpfchen, das aus seiner Bomberjacke rauslugt. Es hat angefangen zu nieseln.

»Was machst du da?«

Es fällt mir schwer, Worte zu finden. Zu viele Reize stürmen auf mich ein, nehmen meine Sinne gefangen. Mein Blick scheint 360 Grad zu haben, es fühlt sich an, als ob mein Schädel nach allen Seiten offen ist.

»Ich habe Tairo für die Sonnenfinsternis geholt. Der will doch auch dabei sein«, sagt Melvin und steht kampfbereit vor mir.

»Bist du wahnsinnig? Gib ihn mir! Er darf doch nicht nass werden.«

Ich greife nach Tairo, aber Melvin hält ihn fest im Arm.

»Hey, du hast dich die ganze Zeit nicht um ihn gekümmert. Knallst dich immer nur mit Drogen zu. Man sollte dir den Hund wegnehmen.«

Melvins Gesicht verzerrt sich zu einer schrecklichen Fratze. Feindselig funkeln wir uns an.

»Gib ihn mir. Es ist mein Hund. Na los, gib ihn mir.« Ich packe Tairo im Nacken und zerre an ihm.

»Hey, hör auf. Du tust ihm weh.«

Ich verstehe nichts mehr. Will nur noch meinen Hund. Er gehört mir. Niemand darf ihn mir wegnehmen! In diesem Moment lässt Melvin Tairo los. Mit erhobener Faust steht er vor mir.

»Na los, schlag doch zu, du Arschloch.«

Wir starren uns an.

»Fuck off.« Melvin dreht sich um und läuft davon. Ich bringe meinen Hund zurück zum Bus.

Am nächsten Tag ist das Teknival zu Ende. Ich habe Glück und finde ein Berliner Auto, das mich nach Prag mitnehmen und an meinem Bus absetzen wird. Ich will nur noch schnell meine Sachen und Tairo holen, doch der ist nicht mehr in der Mercedes-Wanne des jungen Punkers.

»Tairo, Tairo«, suchend krabbele ich auf allen vieren durchs Gras: »Tairo, Tairo.« Ich überlege, wann ich ihn das letzte Mal gesehen habe, kann mich kaum an die vergangene Nacht erinnern. Was, wenn ihn jemand geklaut hat? Misstrauisch halte ich nach Melvin Ausschau. Den habe ich auch schon ewig nicht mehr gesehen. Ich stolpere über das Feld und suche nach Tairo, nach Melvin, nach dem jungen Punker, dem die Wanne gehört. Plötzlich sehe ich Tairo ein paar Meter weiter zu den Füßen eines Pärchens spielen. Ich laufe zu ihnen.

»Das ist mein Hund!«

Die beiden schauen zuerst sich und dann mich an. Sie scheinen mich nicht zu verstehen. Ich beuge mich runter zu meinem Welpen und will ihn streicheln, aber Tairo knurrt mich an. Ich zucke zurück. Erkennt er mich denn nicht? Das Pärchen wirft sich vielsagende Blicke zu. Mit seinen kleinen spitzen Zähnchen schnappt Tairo nach mir, als ich ihn hochheben möchte. In meiner Erinnerung höre ich Fabrizio sagen: »Ein Rüde muss im ersten halben Jahr begriffen haben, dass du der Chef bist. Sonst tanzt er dir den Rest seines Lebens auf der Nase rum und du hast keine Chance mehr.«

Ich werde wütend. Na warte, das wirst du nie wieder tun, dein Frauchen beißen. Ich packe ihn mit beiden Händen, lege ihn auf den Rücken und ziehe seine Lefzen so weit nach unten gegen die Erde, dass er sich nicht mehr bewegen kann.

»Was soll das, hm? Macht man so was?«

Ich beuge mich über ihn und schaue ihm direkt in die Augen: »Du kommst jetzt mit! Was du gemacht hast, ist pfui!«

Das Pärchen starrt mich entsetzt an. Langsam lockere ich den Griff, dann lasse ich vorsichtig los und stehe auf.

»Na, kommst du jetzt?«

Tairo hat begriffen. Mit gebeugtem Kopf trottet er hinter mir her.

HIER KÖNNT IHR NICHT BLEIBEN

Vor dem Steinhaus der Italiener stapelte sich der Müll, herrenlose, abgemagerte Hunde schnüffelten auf der Suche nach etwas Essbarem darin herum. Der Wind wehte den grauen Fabrikstaub in Böen über den Platz und die wenigen Fahrzeuge, die in Fintek Station machten, standen verloren zwischen den einzelnen Hallen herum. Es wirkte, als wenn ein Wirbelsturm durch dieses gottlose Reich hindurchgebraust wäre und nur Chaos hinterlassen hätte. Das Grau des Himmels spiegelte die Atmosphäre wider, die über dem Gelände lag. Das war also übrig geblieben von meinem Sommerparadies? Als ob jemand einen anderen Film eingelegt hätte. Woodstock hatte sich in einen Friedhof verwandelt!

In der ersten Halle liefen die Vorbereitungen für die große Halloweenparty auf vollen Touren. Die Tore zur Halle standen weit offen. Seit Tagen waren Desert Storm und ein weiteres Soundsystem aus England damit beschäftigt, die Halle mit dem Computermüll, den eine Firma hier abgeladen hatte, zu dekorieren. Aus den grünen Schaltplatinen waren meterhohe, kunstvoll zusammengebastelte Lampen entstanden. Ein paar Leute der Mutoid Waste Company waren angereist und schweißten an Robotern aus irgendwelchem Schrott rum. Zwischen zwei Eisenstangen eines Baugerüsts über der Bar hatte ein Engländer mehrere Lagen Klarsichtfolie gespannt. Er war gerade dabei, in schwindelerregender Höhe, das Gesicht eines Mädchens mit überdimensional großen Augen daraufzusprühen. Ihr eindringlicher Blick fixierte den Punkt, wo später der Eingang sein sollte.

Unschlüssig stand ich herum und überlegte, was ich tun könnte. Mal wieder stiegen die alten Komplexe in mir hoch. Das hier waren alles Künstler und ich hatte auf dem Gebiet einfach nichts drauf. Neidisch betrachtete ich die in ihre Arbeit vertieften Leute und fühlte mich überflüssig.

Ich schlenderte nach draußen, die Hände tief in den Taschen meines Bundeswehr-Fliegeroveralls vergraben. Neben einem Stapel Kartons ließ ich mich auf den Boden gleiten, um einen Joint zu bauen. Die Kartons waren voll mit Reagenzgläsern, Schläuchen und Einweghandschuhen aus der verlassenen Tierversuchsanstalt, in der Desert Storm am vergangenen Wochenende eine Party gegeben hatte. Gedankenverloren nahm ich eines der Gläser. Irgendwie war seit dem Teknival in der Tschechei der Wurm drin.

Der aphrodisierende Tee, den ich legal in Berlin gekauft hatte, um damit auf den Partys Geld zu verdienen und nicht mehr mit Drogen dealen zu müssen, hatte mir bisher nur Schwierigkeiten gebracht. Ich hatte die Wirkung des Tees im Falle einer Überdosierung unterschätzt. Auf der Packung stand nur, dass er euphorisierend und sexuell stimulierend wirke, also so ähnlich wie XTC, nur natürlich und legal. Zwei Kilo hatte ich von dem Zeugs gekauft. Die konnte ich jetzt wegschmeißen!

Ich zog kräftig am Joint. Großzügig hatte ich mit Tee gefüllte Plastikbecher auf der Party an Freunde verteilt. Maurice war auch da gewesen und natürlich hatte ich ihm einen Becher gratis gegeben, schließlich hatten wir uns lange nicht mehr gesehen und ich wollte ihm zeigen, dass ich unsere Episode in Spanien bereits vergessen hatte. Pustekuchen! Genau das Gegenteil musste bei ihm angekommen sein.

Ich schüttelte den Kopf. Das war einfach nur peinlich! Auf dem Parkplatz vor der Party war ich an seinem Lkw vorbeigeschlendert, wo er mit seiner neuen Freundin, einer hübschen, jungen Französin, auf seinem Bett lag. Ich wollte einen Moment anhalten und mit ihnen plaudern, aber die Frau giftete mich an: »Verschwinde! Das haben wir echt nicht nötig!«

Woher hätte ich wissen sollen, dass der Tee für eine Dauererektion sorgte, wenn er zu hoch dosiert wurde? Es war doch schon unangenehm genug, dass ich keinen festen Freund hatte, dass ich immer allein unterwegs war. Was würden jetzt die Leute von mir denken? Was würde Maurice von mir denken? Und ich musste mein Geld wohl weiter mit Dealen verdienen ...

Vielleicht hätte ich Dominik doch mit hierher nehmen sollen, überlegte ich weiter. Immerhin hatte unsere Beziehung in Berlin, wo sich Tairo von den Strapazen der Teknivals im Sommer kuriert hatte, ganze zwei Monate gehalten. Ich schüttelte den Kopf und drückte den Joint aus. Nein, Dominik war einfach nur ein großes Riesenbaby, das nach einer Mama suchte, die ihn versorgte. Da hatte er bei mir schlechte Karten. Zudem war er ein beschissener Liebhaber, der lieber mit seiner Bong ins Bett ging als mit mir.

Warum bekam ich einfach keine vernünftige Beziehung auf die Reihe, obwohl ich mich so nach einem festen Freund sehnte? Und nach Sex! Warum landete ich immer in derselben vernichtenden Wut? Es war das alte Spiel: Die Männer, die ich toll fand, bekam ich nicht oder ich traute mich nicht an sie ran, und wenn ich sie bekam, dann nur für eine Nacht. Danach interessierten sie sich nicht mehr für mich. Und die Männer, die mich gut fanden, die wollte ich nicht.

Ich stand auf und ging zu meinem Bus. Tairo begrüßte mich schwanzwedelnd. »Komm«, ich klopfte auf das Bett. Mit einem Hüpfer war er oben und legte sich auf den Rücken, damit ich ihm den Bauch kraulte. Er war in den letzten Wochen ganz schön gewachsen. In Berlin war er noch zu klein gewesen, um aufs Bett zu kommen. Wenigstens ein »Mann«, mit dem ich klarkam, dachte ich und kuschelte mich an Tairo ran. Aber irgendwie konnte er mich heute über meine Einsamkeit nicht hinwegtrösten.

Vielleicht konnte ich mich nach der Halloweenparty den Österreichern anschließen, die ganz frisch mit ihrem Soundsystem in Fintek angekommen waren. Die Typen schienen gut drauf zu sein. Sie würden in den Norden Italiens weiterfahren, um dort eigene Partys zu geben.

Fintek machte mich traurig. Kaum einer der Italiener, mit denen ich diesen herrlichen Sommer erlebt hatte, war noch hier. Nur Fabrizio, der nicht wiederzuerkennen war. In seinem fetten Lkw, den er sich gekauft hatte, legte er auf seinem eigenen, kleinen Soundsystem, Tag und Nacht auf Koks, Platten auf. Die Musik war schräg und schnell, kaum auszuhalten, und erfüllte die Fabrikhalle, in der er geparkt hatte, mit infernalem Krach. Er musste viel Kohle in den letzten Monaten gemacht haben. Mich ignorierte er seit meiner Ankunft.

Hin und wieder tauchten ein paar Italiener aus Rom auf, kauften Drogen und verschwanden wieder.

Selbst Gina war nicht mehr die Alte. Sie war nett, aber das Verspielte war aus unserer Freundschaft gewichen und ich fand keinen Weg, um sie zu fragen, was in der Zwischenzeit passiert war. Warum nur konnte ich mit niemandem darüber reden, was in mir vorging, und warum redeten die Leute nicht darüber, was in ihnen vorging? Warum gab es ständig so viele Missverständnisse? Dabei redeten wir so viel, wenn wir Speed oder Koks genommen hatten, aber davon blieb meist nichts hängen ...

Fast sehnte ich mich zurück nach Berlin, nach Menschen, die mich kannten und die ich kannte. Aber da war es jetzt schon kalt und ich hatte keinen Platz, wo ich parken konnte, außer auf der Straße. Das war mir einfach zu stressig.

Ich schloss die Augen. So finster hatte ich mich schon lange nicht mehr gefühlt. Ich würde mir für die Halloweenparty ein paar Drogen auf Pump besorgen müssen, die ich verkaufen konnte, sonst kam ich nicht von Fintek los, und weiter hierzubleiben machte mir Angst. Etwas Unheilvolles lag in der Luft.

On the road again! Im Konvoi Richtung Florenz. Vor mir fuhr Stella, eine rothaarige, sehr attraktive Irin, in ihrem großen, dunkelgrünen Lkw. Auch sie war allein als Frau in der Szene unterwegs, was sie mir sympathisch machte. Hinter mir fuhr der Bus von dem österreichischen Soundsystem. Tairo saß neben mir auf dem Beifahrersitz und schaute aufmerksam nach draußen. Mit jedem Kilometer, den wir uns von Fintek entfernten, fühlte ich mich leichter. Ich spürte, wie meine Kraft zurückkam und ich wieder durchatmen konnte, als ob eine Spinne mich in ihr Netz eingewebt hätte und die Fäden sich jetzt langsam wieder lösten.

Wie konnte eine Party, die so gut vorbereitet und mit so viel Aufwand dekoriert worden war, so schlecht werden? Die Soundsysteme hatten einfach nicht rundlaufen wollen. Die ganze Nacht nicht. Die Musik war nicht tanzbar gewesen. Und die DJs waren alle schräg drauf.

Vor unserem Aufbruch von Fintek wollte ich mich noch von Desert Storm verabschieden. Als ich die Halle betrat, sah ich den englischen Künstler oben auf dem Baugerüst sitzen und ein Feuerzeug an die Zellophanfolie mit seinem aufgesprühten Kunstwerk halten. In Sekundenschnelle waren die Plastikbahnen weggeschrumpelt. Für immer zerstört. Unwiederbringlich. Ich fragte ihn: »Warum machst du das? Warum zerstörst du dein Werk, in das du so viel Zeit gesteckt hast?«

»Why not?«, hatte er geantwortet. »You built something up and in the next moment it's all gone. That's how life is. That's how Freetekno is. Nothing stays forever.«

Das Leben ist eine Achterbahn. Kaum ist man unten angekommen, geht es auch schon wieder bergauf!

Stellas rote Dreadlocks, die sie zu einem hohen Zopf gebunden hat, hüpfen fröhlich um ihr Gesicht, während sie tanzt. Feinster Acid pfeift uns um die Ohren und die Bässe lassen die alte Fabrikhalle in den Outbacks von Florenz vibrieren. Um mich herum sind nur lachende, tanzende Menschen. Es ist Sonntagmorgen und wir feiern unseren eigenen Gottesdienst.

»Fucking good energy!«, schreie ich Stella ins Ohr und halte meine Daumen hoch. Sie greift in die Vordertasche ihrer stylischen Hose, holt eine Pille daraus hervor, beißt eine Hälfte davon ab und gibt mir die andere. Ich spüle die Pille mit meinem Wodka-O runter und halte ihr den Becher hin. Es ist unsere Party, eine wunderschöne Party. Wir beide haben mitgeholfen, den Platz zu finden und diesen Raum, der vor positiven Vibes fast platzt, zu kreieren. Irgendwie ist es eine weibliche Party. Eine weiche Party. Weicher Techno! Unser Werk! Vielleicht ist es der Auftakt einer neuen Freundschaft? Ich fühle mich endlich wieder verbunden. Alles ist ausgelöscht, was mich gestern noch getrennt hat, alle Barrieren gebrochen, die Einsamkeit verbannt.

Der DJ winkt mich zu sich. Ob ich auflegen will? Ich schüttele den Kopf, bin zu verpeilt, traue mich nicht.

»Bitte unterschreiben Sie hier.« Der Bulle hält mir einen Stift hin. Ein kurzer Blick zu Stella. Schulterzucken. Ich setze meinen Namen auf die dafür vorgesehene Linie und reiche den Stift weiter. Die Anzeige lautet: Illegale Besetzung öffentlichen Eigentums.

Es ist Montag, die Party ist zu Ende, das Soundsystem abgebaut. Wir werden von der Ortspolizei weitergeschickt. Hier können wir nicht bleiben. Unser nächstes Ziel ist Mailand. Wir wollen einen Ort finden, an dem wir parken, uns ausruhen und weiter feiern können. Ein Ort ohne Bullen. Ein bisschen Diesel haben wir noch. Im Konvoi geht es weiter.

Es ist schon lange Nacht, als wir endlich, nach stundenlanger Suche, auf einem nur spärlich beleuchteten Parkplatz des Autobahnrings um Mailand herum anhalten. Ich bin völlig am Ende. Meine Augen tun weh und Tairo jault nach Futter. Ich stelle ihm eine Schüssel mit Wasser hin und laufe rüber zum Bus von den Österreichern. Wir müssen uns etwas einfallen lassen. Wir haben keinen Platz gefunden, der groß genug ist, um uns alle unterzubringen. Seit Florenz sind zwei weitere Lkws von einem italienischen Soundsystem hinzugekommen.

Im Bus von den Österreichern riecht es nach Haschisch. Marco, ein schmächtiges Kerlchen aus der Italienercrew, macht den Vorschlag, weiter nach Venedig zu fahren.

»Hier können wir nicht bleiben. Zu gefährlich! Die Bullen können jederzeit auftauchen und wir haben Drogen gebunkert. Um Venedig herum gibt es ein großes Industriegebiet. Dort findet sich bestimmt ein Platz für uns.«

»Wie weit ist es noch bis Venedig?« Ich kann mir nicht vorstellen, mich erneut hinters Steuer zu setzen. Ich bin todmüde und könnte im Stehen einschlafen.

»Wenn wir jetzt losfahren, sind wir morgen früh dort.« Marco mustert mich. »Hier«, er hält mir einen kleinen Beutel mit weißem Pulver hin, »zum wach bleiben.«

Das Speed wirkt sofort. Damit würde ich die Strecke schaffen.

Unser neues Zuhause war eine alte Schiffswerkstatt im Industriegürtel von Venedig, deren ehemaliger Besitzer alles so hinterlassen hatte, als wäre er nur kurz auf Urlaub gefahren. Das Gelände, das ein Wohnhaus und zwei größere Hallen zur Lagerung und Reparatur von Schiffen umfasste, war von einer hohen Mauer und einem eisernen Tor umgeben, dessen angerostetes Schloss mit einem einfachen Bolzenschneider leicht zu knacken gewesen war.

»Bist du dir sicher, dass hier niemand mehr arbeitet?« Ich lief an Marcos Seite durch die Haupthalle, von der mehrere kleine Räume abgingen.

»Ja, in Italien enteignet die Regierung die Besitzer solcher Fabriken, wenn sie sich verschuldet haben und nicht bezahlen können. Dann müssen sie von heute auf morgen ihre Fabrik verlassen.«

Es gab wirklich alles, was das Herz eines Tekno-Travellers im eigenen Lkw begehrte, im Überfluss: Werkzeuge, Kästchen mit Schrauben und Muttern, Dichtungen und Schläuche, Kanister mit Flüssigkeiten, Öl und roter Diesel, alte Stücke aus Motoren und vieles, vieles mehr. Wir hatten unser Winterquartier gefunden.

»Cazzo di cane, venite«, rief plötzlich jemand aus dem Haus gegenüber der Werkhalle. Durch die offen stehende Eingangstür betraten wir eine Art Wohnküche, in der die Italiener gerade die mit Lebensmitteln vollgestopften Wandschränke ausräumten.

»Seht mal, porca madonna, alles für uns!« Spaghetti, Fisch in Dosen, eingelegte Tomaten, Kräuter und Gewürze, Kaffee und sogar mehrere Flaschen Grappa standen bereits auf dem Tisch. Mit lautem Gejohle fielen wir uns um den Hals, dann spürte ich etwas an meiner Wade kratzen.

»Ja, Tairo«, ich hob ihn hoch, »da ist auch was zum Essen für dich dabei.«

Mit schnellen Bewegungen durchstöberte ich meine Plattensammlung, die inzwischen eine ganze Kiste füllte. Ich musste noch mehr üben, um besser zu werden, musste die Platten besser kennen, um zu wissen, welche ich als Nächstes auflegen würde, damit ich nicht so viel Zeit mit Suchen verschwendete. Damit ich die Leute auf den Partys pushen konnte, sie antreiben konnte, einen richtig fetten Sound machen konnte. Viel zu selten waren auf den Partys Frauen an den Decks. Die Szene war von Männern dominiert. Sie waren es hauptsächlich, die sich um die Technik kümmerten, die die Lkws fuhren, die Musik machten, das Soundsystem aufbauten und im Mittelpunkt standen. Ich wollte mit den Jungs auf gleicher Ebene stehen, wollte, dass sie mich respektierten, als DJ, als Mechanikerin, als eine, die alles, was sie konnten, auch drauf hatte! Jemand zog mir von hinten den Kopfhörer vom Ohr: »Komm, Sound Conspiracy sind da. Frisch aus Indien zurück!«

Ich folgte Marco aus der Wohnküche, in der wir die Decks aufgebaut hatten, raus in den Innenhof, wo mehrere verdreckte Lkws angekommen waren.

Wow! Das waren also die Leute, die mit ihrem Soundsystem bis nach Indien, nach Goa gefahren waren, um dort Partys zu geben. So stellte ich mir meine Zukunft vor! Sound Conspiracy begutachtete unseren Squat, in dem wir nun schon seit vier Wochen ungestört wohnten und feierten.

Im Supermarkt um die Ecke erstanden wir ein paar Flaschen Alkohol und bei Chillums, Wein und Ramazotti erzählten die Leute von Sound Conspiracy von ihrem Trip nach Indien.

Ich war fasziniert von dem Mut, den sie bewiesen hatten, von den Abenteuern, die sie erlebt hatten, und dass sie, allen Strapazen zum Trotz, ihrer Vision gefolgt waren!

»Wir werden in zwei Wochen eine Willkommensparty hier in Italien geben«, beendete der Franzose seinen Bericht.

»Momentan ist es schwierig mit Partys. Italien ist ein heißes Pflaster geworden. Schlechte XTCs sind im Umlauf. Es gab wohl zwei, drei Tote in irgendwelchen Clubs. Jetzt reiten die Medien auf der Technoszene rum und schmeißen alle in einen Topf. Wir müssen vorsichtig sein«, sagte Marco und gab einen kurzen Überblick über die neuesten Infos aus der Szene.

Sirenengeheul ertönte. Wir blickten uns an. Die Bullen! Das bläuliche Blinken kam schnell näher und erhellte den grauen Abendhimmel in kurzen Intervallen.

»Shit!« Marco griff in seine Hosentasche und warf eine große Kugel Haschisch in hohem Bogen hinter sich ins Gebüsch. Das Tor wurde mit Gewalt geöffnet und eine Mannschaft schwarz gekleideter Bullen stürmte auf das Gelände. Ich blieb wie angewurzelt stehen, während die Männer an mir vorbei ins Wohnhaus und in die Lagerhallen rannten. Ein Bulle packte mich an den Handgelenken und schleifte mich zu einem der Autos, wo er mich auf die Rückbank drückte und sich neben mich setzte. Wie damals in Frankreich ...

Auf der Wache in Venedig, dieser sauber geleckten Stadt, wurden wir durchsucht, unsere Personalien wurden aufgenommen und Fingerabdrücke gemacht. Der Morgen graute bereits, als wir unsere Ausweise zurückbekamen.

»Zuhören!« Der Oberbulle stand mit verschränkten Armen vor uns, einer müden Meute Squatter, die den Vorraum der Polizeistation belagerten, und sagte mit strenger Stimme: »Ihr verlasst sofort das Gelände. Heute Mittag will ich keinen von euch mehr dort sehen. Ihr verschwindet aus der Provinz Venedig und sollte ich einen von euch noch mal zu sehen bekommen, werdet ihr verhaftet, capito?«

Alles Futsch, dachte ich auf dem Rückweg zur Fabrik. Der Winter stand bevor und wir hatten keinen Platz, wo wir bleiben konnten! Tairo erwartete mich winselnd. Nach einer kurzen Besprechung hatten wir einen Plan, zumindest für das bevorstehende Wochenende. In der angrenzenden Provinz Treviso kannte Sound Conspiracy einen Platz, wo wir vorübergehend parken und die Willkommensparty feiern konnten. Nicht erst in zwei Wochen, sondern gleich! Jetzt erst recht!

Ich stoße die Fahrertür auf und rutsche vom Sitz. Eiskalte Nachtluft schlägt mir entgegen. Von irgendwoher kommt Musik. Ich muss mich orientieren. Das Keta hört gerade auf zu wirken. Mir ist ein bisschen schlecht. Wo bin ich? Treviso ... die Party ... Was ist passiert? Mein Geldbeutel, den ich auf die Motorabdeckung gelegt habe, bevor ich das Keta gezogen habe, ist weg. Mein Geldbeutel mit den vielen kleinen Smileys vorn drauf. Ich sehe ihn noch dort liegen! Jetzt ist er weg ... Ich torkele um meinen Bus, muss mich festhalten, bin unsicher auf den Beinen. Auf meinem Bett liegen ein paar Menschen quer übereinander.

»He ihr, aufwachen. Wer hat meinen Geldbeutel geklaut? Habt ihr was mitbekommen?«

Die leere Ketapfanne liegt auf dem Bett. Ich laufe in die dunkle Nacht, orientiere mich an der Musik. Es sind kaum Leute in der Halle, aus der dunkler Tekno-Sound dröhnt. Ein paar Italiener stehen verpeilt an der Bar. Wer war es? Keines der Gesichter ist mir mehr vertraut. Jeder könnte der Dieb sein. Jeder! Ich traue keinem mehr. Keinem! Zurück zum Bus und die Leute rausschmeißen. Ich hasse euch alle! Jeden Einzelnen! Verzweifelt kratze ich in der leeren Ketapfanne rum und ziehe mir das dunkelgraue Pulver hoch. Ein schwarzes Loch verschlingt mich.

Als ich aufwache, ist es wieder hell. Auf der Motorabdeckung liegt mein Geldbeutel! Die Smileys lächeln mich an, als ob nichts gewesen wäre. Alles nur ein böser Traum? Das Geld steckt in seinem Fach ...

Mein Kopf schmerzt. Ich öffne die Türen und sauge die frische Morgenluft ein. Nebel liegt über dem Gelände. Aber warum ist die Musik aus? Ich schließe meinen Bus ab und schaue mich auf dem Gelände um. Einzelne Busse und Lkws parken unkoordiniert um die große Halle herum, dazwischen der Bus von den Österreichern. Auf mein Klopfen werde ich hereingelassen. Zwischen Plattenkoffern, Bierkästen und Kleidern suche ich mir einen Platz. Die Österreicher sehen durchgefeiert aus.

»Na, hast du deinen Geldbeutel wiedergefunden?«

Ich nicke verlegen: »Jemand muss ihn zurückgelegt haben, während ich geschlafen habe.«

Die Jungs glauben mir nicht. Ich kann spüren, was sie denken! Sie denken, dass ich eine drogenverpeilte, paranoide Tussi bin, die nicht mehr alle Tassen im Schrank hat! »Warum ist die Musik aus?«

»Jemand ist gestern Nacht gestorben. Hast du das nicht mitbekommen?«

»Was?«

»Ja! Wahrscheinlich draußen eingeschlafen und erfroren. Man weiß es nicht so genau. Aber als der Krankenwagen kam, war er schon tot.«

Betretene Stille. Die Musik fehlt!

»Die Bullen haben das Gelände abgesperrt. Sie wollen jedes einzelne Fahrzeug filzen, bevor wir hier runterfahren dürfen. Falls du Drogen dabei hast, schmeiß sie weg oder versteck sie gut!«

Durch die Frontscheibe sehe ich, wie sich die Sonnenstrahlen langsam durch den Nebel kämpfen und den Blick auf das Eingangstor freigeben, das von Bullenautos und einem Krankenwagen blockiert wird.

»Wie lange wollen sie uns denn noch hier festhalten?« Ich nehme den leeren Wasserkanister und schüttele ihn: »Mein Wasser ist alle!«

Stella sitzt mit gerunzelter Stirn auf meinem Bett: »Ich habe gehört, dass sie uns aus Italien raus haben wollen. Wir machen zu viel Stress. Sound Conspiracy meint, dass das große Milleniums-Teknival wohl in Frankreich starten wird und nicht in Italien.«

In Frankreich also! Das bedeutet für mich, dass ich nicht mitkommen kann. Zur größten Party überhaupt. Wo ist die gute Energie vom Sommer hin? Wie im Knast halten die Bullen uns hier fest. Entweder wir dürfen nicht bleiben oder wir dürfen nicht gehen. Tolle Freiheit!

Marco kommt über den Platz geschlendert, auf dem mehrere Hundert Fahrzeuge darauf warten, endlich fahren zu dürfen. Ein Bier in der Hand, lehnt er sich gegen die offene Tür meines Busses und blickt mich an. Dann packt er mich an beiden Schultern und fixiert mich mit seinem Blick, fast scheint es, als ob er wütend auf mich ist.

»Das ist dein Bus, Bettina, verstehst du? Es ist *dein Zuhause*! Das ist alles, was du hast, verdammt! Und niemand, wirklich niemand hat hier drin etwas verloren, wenn du nicht da bist. Merk dir das, Mann!« Er lässt mich los und fügt noch hinzu: »Vertraue niemandem. Hörst du? Niemandem!«

Beschämt blicke ich zu Boden. Dabei will ich doch einfach nur dazugehören!

Wir steuern die erste Tankstelle auf unserem Weg an. Endlich! Etwas zu trinken, zu essen. Vielleicht eine Dusche. Die Verkäuferin hinter der Kasse schaut auf die Flaschen und Sandwiches, die ich auf die Theke lege. Ihr Blick wandert an mir herunter. Sie kneift die Lippen zusammen und schüttelt den Kopf.

»Sie bekommen nichts bei uns. Fahren Sie weiter. Fahren Sie einfach weiter!« Sie nimmt eine Zeitung aus dem Ständer und deutete auf die Überschrift:

»Wieder ein Toter bei Technoparty in der Provinz Treviso!«

Soweit war es also gekommen. Wir wurden öffentlich als Unheil bringende Chaoten diffamiert und man verkaufte uns noch nicht mal mehr Lebensmittel. Geschockt laufe ich nach draußen, wo unsere Fahrzeuge schon wieder von Bullenautos umzingelt werden.

»Los, beeilt euch!« Die Bullen haben Schlagstöcke gezogen, mit denen sie gegen die Fahrzeuge klopfen.

»Komm, die verstehen keinen Spaß mehr. Wir sollen tanken und weiterfahren.« Stella wirkt ängstlich, wie ein gehetztes Tier.

Ich umarmte Stella und die österreichischen Jungs. Ihre Rücklichter entfernten sich und verschwanden im Nebel der kalten Novembernacht, in Richtung französischer Grenze.

»Was machen wir denn jetzt?«, fragte ich Tairo und kraulte ihn hinter den Ohren. Die letzten Tage hatten mich erschöpft und ich sehnte mich nach Ruhe und einem trockenen, warmen Ort. Seit wir in Treviso aufgebrochen waren, hatten uns die Bullen nirgendwo länger als ein paar Stunden halten lassen. Jetzt hatten sie es geschafft und die Soundsysteme außer Landes getrieben. Bis auf mich. Ich durfte ja nicht. Mir blieb nichts anderes übrig, als zu den Italienern auf die Wagenburg nach Mailand zu fahren und mir zu überlegen, wo ich mein Silvester feiern würde. Auch die Italiener würden bald nach Frankreich aufbrechen. Die Nässe kroch mir unter die Kleidung. Ich fröstelte. Vielleicht sollte ich einfach zurück nach Berlin fahren …

»He!« Die Hündin war so schnell, dass ich sie nicht aufhalten konnte. Mit einem Satz war sie im Bus, hatte mit einem einzigen gierigen Happen Tairos Fressnapf geleert und war im selben Moment auch schon wieder draußen. Armer Köter! Scheiße! Ich ließ mich aufs Bett fallen. Der Wagenplatz am Rande des Zentrums von Mailand war mit grauen Regenpfützen übersät, aus einem der Fahrzeuge tönte italienische Punkmusik. Jetzt hatte sich die Hündin unter einem der Lkws zusammengekauert und blickte schuldbewusst zu uns herüber. Sie war nur noch Haut und Knochen. Und sie war trächtig.

»He Bettina, hast du eine Zigarette?«

Wortlos reichte ich dem Italiener eine Zigarette nach draußen und zog wütend die Türen von meinem Bus zu. So ging das die ganze Zeit. Alle fünf Minuten kam jemand und wollte etwas. Zigaretten, Hundefutter, Kaffee, Brot, eine Kerze, Streichhölzer, Zucker, Milch, Wasser kochen ... Dabei hatte ich doch selbst nicht viel. Aber ich konnte mich immerhin mit dem Nötigsten versorgen und die Italiener wussten das. Sie wiederum hatten gar nichts. Nichts, außer Drogen. Wenn ich zu ihnen gehören wollte, müsste ich das, was ich hatte, mit ihnen teilen. Aber was, wenn sie mich nur ausnutzten? Sie waren nett zu mir, ja, aber ich wusste nicht, wem ich trauen konnte und wem nicht. Das Gefühl, eine Fremde unter ihnen zu sein und dass sie hinter meinem Rücken über mich lästerten, verschwand einfach nicht, obwohl ich mich Nacht für Nacht gemeinsam mit ihnen zudröhnte. Als ob ich ein Schild vor mir hertragen würde, wo draufstand: »Tochter aus gutbürgerlichem Haus. Vorsicht! Alles nur Show!«

Ich krabbelte in meinen Schlafsack. Im Bus war es unerträglich kalt und seitdem wir hier angekommen waren, hatte ich meine Kleider nicht mehr gewechselt. Es gab keine Möglichkeit, sie zu waschen, ganz abgesehen davon, dass sie bei diesem Pisswetter und den Temperaturen sowieso nicht trocknen würden. Schon wieder klopfte es. Missmutig ging ich zur Tür und öffnete sie.

»Bist du Bettina?« Ein junger, schlaksiger Punker mit einem blauen, verfilzten Irokesenschnitt stand, die Hände unter die Achseln geklemmt, fröstelnd im Matsch. Ich nickte zögerlich. Was wollte er von mir?

»Hi, ich bin Ricardo!« Er hielt mir seine kalte Hand hin. »Ich hab gehört, dass du deinen Bus verkaufen möchtest, stimmt das?«

»Stimmt! Willst du reinkommen?«

Ricardo betrat den Bus, setzte sich aufs Bett und schaute sich um.

»Hast du das alles selbst gebaut? Warum willst du ihn verkaufen? Ist doch alles da!«

»Schon. Aber ich brauche dringend Geld und außerdem ist er mir zu klein. Ich möchte etwas Größeres. Einen Lkw, in den auch ein Soundsystem passt.«

Ricardo nickte, dann holte er ein Chillum und ein kleines Stück Haschisch aus der Innentasche seines Parkas und fing an, eine Mischung zu machen.

»Wie viel willst du für ihn haben?«

»1.500 Mark.«

Er füllte das Chillum mit der Mischung und hielt es mir hin.

»Okay! Ich möchte eine Probefahrt machen. Wenn er in Ordnung ist, brauch ich zwei Wochen Zeit, um das Geld aufzutreiben. Ich gebe dir 1.300, wenn er gut fährt.«

»Du müsstest aber mit mir nach Berlin kommen, um ihn zu kaufen. Sonst wird das mit dem Um- und Abmelden zu kompliziert«, erwiderte ich.

»Ah, Berlin«, Ricardo lachte, »da wollte ich schon immer mal hin.«

Wenn Ricardo mit nach Berlin fahren würde, dann hätte ich auch das Dieselproblem gelöst. Leisten konnte ich mir keinen, allein klauen, ohne dass jemand Schmiere stand, kam nicht in Frage. Wieder zurück in die Heimat ... irgendwie freute ich mich darauf!

»Warum bist du so zu mir? Du bist nur zu mir so!« Ricardo wischte trotzig ein paar Krümel vom Küchentisch im besetzten Haus in Berlin, wo wir vorübergehend schlafen konnten. Der Typ machte mich echt wahnsinnig: »Mann, dann mach einen Vorschlag! Wie willst du den Bus bezahlen?«

»Moment, bin gleich wieder da!«

Ricardo verschwand im Treppenhaus. Genervt goss ich mir noch einen Kaffee ein. Der Innenhof war schneebedeckt. Dicke, weiße Flocken wirbelten wild umher und hinterließen nasse Tropfen auf den Fensterscheiben.

1.300 Mark hatten wir in Mailand ausgemacht. Okay, die Zylinderkopfdichtung war auf dem Weg nach Berlin kaputtgegangen und Ricardo konnte nicht, wie geplant, mit dem Bus nach Frankreich zum Milleniums-Teknival fahren. Jetzt fehlte nur noch eine Schraube und der Bus war wieder fahrtauglich. Keine schöne Arbeit, bei dieser Kälte, aber immerhin hatten wir die Zylinderkopfdichtung fast allein repariert und mussten kein unnötiges Geld ausgeben, das wir sowieso nicht hatten. Von den ursprünglichen 1.300 Mark, die er mir bezahlten wollte, waren nur noch fünfhundert Mark übrig. Um dreihundert war ich wegen des Schadens mit dem Verkaufspreis runtergegangen. Also fehlten jetzt noch fünfhundert, plus die Kohle für die roten Nummernschilder, um den Bus zurück nach Italien zu fahren. Woher sollte er bitte fünfhundert Mark bekommen? Aber ich brauchte das Geld, verdammt!

Die Tür flog auf: »Ich hab's!« Strahlend warf sich Ricardo neben mich aufs Sofa. »Heute Nacht geh ich dieseln und morgen fahren wir, mit einem Auto, das ich mir leihen konnte, nach Holland. Da besorge ich für die fünfhundert Mark, die ich noch habe, Speed. Das kann ich dann hier in Berlin verkaufen und dann ist der Bus meiner.«

»Ich weiß nicht ... Kennst du denn jemand in Holland?«

»Ich habe die Adresse von einem besetzten Haus. Dort finden wir bestimmt etwas.«

»Denk dran, nach tausend Kilometern musst du die Schrauben nachziehen.« Wir standen vor dem besetzten Haus im Friedrichshain und ich übergab Ricardo die Schlüssel vom Bus. Dann umarmte ich ihn. Tairo stand mit wedelndem Schwanz neben mir.

»Tut mir leid, Kleiner«, ich zog ihn zu mir auf den Gehsteig, »wir finden ein neues Zuhause.«

Der Bus rollte die matschige Straße runter und verschwand an der nächsten Ampel um die Ecke.

Ich ging nach oben in die große Gemeinschaftsküche vom besetzten Haus, um einen Kaffee zu trinken. Wie immer befanden sich Berge von

Bierflaschen, Bongs und überfüllte Aschenbecher auf dem Tisch. Die frühe Februarsonne schien durch die milchigen Fensterscheiben und aus dem offenen Backofen strömte warme Luft.

Ich schob ein paar Zeitungen zur Seite, um meine Kaffeetasse abzustellen. Dabei fiel mir ein schwarz-weißer Flyer ins Auge:

»Cirkus Alien. Freetekno Party. Samstag, 23. Februar 2000. Berlin.«

Cirkus Alien ... dieses Soundsystem kannte ich noch gar nicht.

Endlich wieder eine Party mit Freetekno-Musik! Noch immer war ich traurig, dass ich das große Milleniums-Teknival im Süden Frankreichs verpasst hatte, und die Berliner Clubszene war mir zu öde und zu spießig.

Es wurde Zeit für ein eigenes Soundsystem. Das war es, was ich dieses Jahr erreichen wollte.

ERSTE SCHRITTE

Die richtigen Drogen in der richtigen Menge gut abgemixt einzunehmen, war gar nicht so einfach! Siegte die Gier oder die Angst, frühzeitig runterzukommen, hatte ich schnell zu viel intus. Das Gefühl der Schwerelosigkeit, dieser schwebende Zustand, in dem der Sturm an Chemikalien alle Gedanken wegpustete, alle Trostlosigkeit in Glück verwandelte, und die einzigartige Stärke, niemanden auf dieser Welt zu brauchen, meine eigene Party zu sein – das war es, was ich anstrebte.

Meist fing das Ganze an mit ein paar Lines Speed und reichlich Alkohol. Hin und wieder gab es auch Koks. Diese schnellen Drogen waren gut zum Reden, zum Tanzen. Sie waren nicht gut, um zu fühlen. Auch nicht zum Ficken. Hatte man zu viel intus, überschlugen sich die Gedanken und der Körper wurde steif. Dagegen halfen XTC, LSD oder gleich reines MDMA. Setzte die Müdigkeit ein und wurden die Knie von zu vielen Pillen und zu viel Alkohol weich, wurde wieder Speed nachgelegt. So schaukelte ich mich durch die Partys hoch, bis ich ganz oben in den Wolken flog. Die Momente des Glücks, des puren Freiheitsgefühls, das ich dort oben fand, waren kurz. Momente eben. Aber für sie lebte ich.

Und mein Gehirn funktionierte prächtig. Es verdrängte jedes Mal aufs Neue den Horror nach dem Drogenrausch, das schmerzhafte Runterkommen, wenn am Ende der Landebahn der Abgrund lauerte, die heftige Einsamkeit, die mich erwartete, die Scham, die jedes Mal auf den Kontrollverlust folgte, und die Sinnlosigkeit, die plötzlich allen Dingen innewohnte.

War Ketamin am Start, brauchte ich nichts anderes. Ketamin war die stärkste Droge. Ein Abflug wie eine Rakete. Wie hundert LSD-Trips auf einmal. Genauso schnell hörte die Wirkung aber auch wieder auf. Die zweite Line war nur noch ein schwacher Abklatsch der ersten. Ab der dritten fing der Kampf gegen den Abtörn an. Gegen das schale Grau, die mörderische Leere.

Die Leute, die kein Ketamin nahmen, verdammten es. Sie behaupteten, es zerstöre die Freetekno-Szene, spalte sie, mache die Energie auf den Partys kaputt. Und irgendwo hatten sie auch recht. Ketamin war das Heroin der Tekno-Szene. Doch ich konnte nie widerstehen. Ich war zu geil auf den Kick und den Knock-out, der der ersten Line folgte.

Unterwegs nach Italien. In meiner Vagina bewegte sich das gelbe Plastikei, gefüllt mit Speed und in ein Kondom gepackt, jedes Mal, wenn ich meine Sitzposition änderte. Früher, als Kinder, hatten wir voller Neugier die orange-weiße Verpackung von der Schokolade gerissen, uns die beiden Schokohälften in den Mund gestopft, um dann an den Schatz, versteckt in gelbem Plastik, heranzukommen. Wir schüttelten das Ei und lauschten, ob es klapperte, ob eine Bastelaufgabe auf uns wartete oder ob wir eine der seltenen Figuren ergattert hatten.

Mein Schatz heute waren dreißig Gramm Speed. Die mussten mich finanziell über Wasser halten, bis wieder Opiumsaison war.

Tairo lag zusammengerollt auf der Rückbank und schlief. Wir hatten eine Mitfahrgelegenheit von Berlin nach Mailand ergattert. Ich wollte die Gelegenheit nutzen, von Berlin Urlaub zu machen und Ricardo zu besuchen.

Vorsichtig klopfte ich an die Hintertür meines Ex-Busses und rief nach Ricardo. Keine Reaktion! Der Wagenplatz war genauso düster wie vor wenigen Monaten, als ich ihn verlassen hatte. Es war komisch, meinen Bus hier stehen zu sehen, der mir nicht mehr gehörte. Ich zog an meiner Zigarette und drückte den Türgriff nach unten. Der Bus war nicht abgeschlossen. Vor mir hingen meine ehemals roten Vorhänge in braunen Fetzen von der Stange runter. Es roch verbrannt. Ein Italiener in Springerstiefeln stampfte über den Platz. Tairo knurrte.

»Sorry, kennst du Ricardo? Weißt du, wo er ist?«, rief ich, während ich Tairos Schnauze zuhielt. Ich freute mich, endlich wieder Italienisch zu sprechen. Der Punker hielt an. Seine mit Nieten beschlagene Lederjacke wirkte tonnenschwer.

»Ricardo? Der ist, glaube ich, nach Florenz gefahren. Da ist ’ne Party.«

»Und was ist mit dem Bus passiert? Hat es hier gebrannt?«

Er grinste: »Ach was. Typisch Ricardo. Dem ist das Dope ausgegangen. Da hat er probiert, Gas aus dem Campingkocher zu inhalieren, ohne vorher die Kerzen im Bus auszupusten. Und dann ... bumm!« Er schüttelte lachend den Kopf.

Also würde ich mit dem Zug weiter nach Florenz auf die Party fahren.

Die Italiener fuhren auf Speed ab. Ich musste die Gelegenheit nutzen und schauen, ob ich den Inhalt meines Überraschungseis loswurde. Vielleicht würde ich Ricardo ja dort treffen.

Eine dunkle Fabrikhalle. Dunkler Sound. Davor ein Scheiterhaufen. Ein irrer Typ, der das Feuer mit alten Autoreifen füttert. Giftig grün-blauer Rauch, der in den Nachthimmel zieht. Überall weiße Ketaminlines. Ketaminkörper. Ketamingesichter. Italien ist Ketaminland. Menschen wie Gummipuppen, die um den Scheiterhaufen wabern, hinfallen und im Dreck auf dem kalten Boden liegen bleiben. Menschen in Isolation und Einsamkeit!

In der Halle kaufen die Leute Speed. Ich bin die Einzige auf der ganzen Party, die diese Droge dabei hat. Die Leute scharen sich um mich. Mein Überraschungsei leert sich schnell und füllt meine Taschen mit Geldscheinen. Ricardo ist nirgendwo zu sehen. Die Energie auf der Party ist beschissen, nur noch ein Schatten der Partys in meiner Zeit in Italien. Aber das Business läuft gut. Ich darf kein Ketamin nehmen, mahne ich mich selbst, sonst verliere ich die Kontrolle und damit das Geld, das ich so dringend brauche.

Die Zeit rast dahin, wie die Amphetamine durch meinen Körper. Der Morgen kommt und mehr und mehr Besucher verlassen die Party, bis die Halle wieder fast leer ist. Nur ein paar verpeilte Tekno-Freaks, die autistisch vor den Boxen auf- und abwippen, ihre Köpfe in Kapuzen versteckt, bleiben noch. Monoton bewegen sie sich zu dumpfen Tönen. Mein Speed ist alle, ich bin ausverkauft!

In einer Ecke der Halle, in der die Sonne kleine Lichtkegel durch die Löcher im Dach auf uns wirft, ziehe ich die Hälfte der letzten Line und reiche der Italienerin neben mir den zusammengerollten Geldschein. Wir sitzen auf dem verstaubten Boden und ich zähle die Scheine aus meiner Bauchtasche. Zehn Haufen mit zehn Scheinen lege ich vor der Frau auf den Boden. Ergibt eine Million Lire. Ergibt zwei Technik-Plattenspieler. Sie nimmt das Geld und reicht mir ihre Telefonnummer. Die Plattenspieler stehen abholbereit in ihrer Wohnung in Bologna. Die Spirale dreht sich weiter!

Ich habe Drogen auf dieser Party verkauft und kaufe nun von diesem Geld Plattenspieler, die später den Sound für viele weitere Partys liefern werden. So bekommen die Menschen zurück, was sie mir gegeben haben. Wir besiegeln den Deal, indem wir uns die Hände reichen.

Jetzt habe ich Plattenspieler, aber keinen Bus. Ich muss also zurück nach Berlin und mir ein Auto besorgen, um die Plattenspieler transportieren zu können. Und ich brauche neuen Stoff.

Der letzte Lkw, der das Partygelände verlässt, nimmt mich mit in die Innenstadt von Florenz. Es ist spät geworden. Die Nacht bricht erneut herein. Ich sitze zwischen Bierkästen, Müllsäcken und Boxen und lausche den Motorgeräuschen aus der Fahrerkabine. Eine kleine Lampe an der Decke beleuchtet schwach die Box. Zwei junge, völlig verstrahlte Italiener sind mit mir im Laderaum. Einer der beiden hält eine Plastikflasche mit grüner Flüssigkeit umklammert.

»Was ist das?«, frage ich.

»Ketamin mit Waldmeistersirup. Wir dachten, in der Flasche wäre Wasser, und haben den Sirup dazugeleert. Wie das halt so ist auf Partys, besser man passt auf, aus welcher Flasche man trinkt. Ist nicht immer drin, was draufsteht.« Er grinst schräg.

»Jetzt kann man es nicht mehr aufkochen«, erklärt der andere und zieht eine Spritze aus der Tasche. Die beiden injizieren sich das grüne Zeug in den Arm. Ich fühle mich trotz der erfolgreichen Nacht erbärmlich und einsam und beobachte die beiden neidisch. Sie sehen nicht so aus, als ob sie mir etwas abgeben würden. Dann muss einer der beiden pinkeln.

Mit einer leeren Plastikflasche stellt er sich in eine Ecke des Laderaums. Als er zurückkommt, erhasche ich einen Blick auf den Urin in der Flasche. Er ist grün! Ich schließe die Augen.

Wenig später halten wir auf einem Parkplatz in der Nähe des Bahnhofs in Florenz.

»Sorry, kann ich vielleicht ein paar Stunden bei jemandem von euch schlafen?«, frage ich. »Ich will mich einfach nur irgendwo, wo es warm ist, ein paar Stunden ausruhen und die Augen schließen.« Die Italiener murmeln eine Entschuldigung, verschwinden einfach und lassen mich auf dem Parkplatz allein.

Ich schleppe mich zum Bahnhof und erfahre dort, dass der nächste Zug nach Berlin erst am nächsten Morgen fährt. Ich will so schnell wie möglich zurück nach Berlin und mir von dem restlichen Geld ein Fahrzeug besorgen, mit dem ich meine Plattenspieler transportieren und zur Opiumernte fahren kann. Weil ich keine Leine für Tairo habe, scheuchen mich die Beamten von der Bank, die ich mir zum Schlafen ausgesucht habe, und schicken mich nach draußen. Ich bin voll am Runterkommen.

Ein Junkie, der vor dem Bahnhof rumlungert, fragt mich, ob ich für heute Nacht eine Bleibe suche, und nimmt mich mit sich mit. Mit einem öffentlichen Bus fahren wir ein paar Stationen bis an die Stadtgrenze von Florenz. Am Eingangstor des einstöckigen Hauses hängt das Schild irgendeiner Mission. Drinnen reicht mir der Junkie eine schmutzige Decke und deutet auf einen Platz am Boden, zwischen zwei alten, stinkenden Männern. Ich nehme die Decke, lege das restliche Geld unter meinen Kopf und kuschele mich an Tairos warmen Körper. Ich fühle mich wie ein Penner, heimatlos!

Wie immer türmte sich der Müll in der Küche des besetzten Hauses. Wenn so viele Leute zusammenwohnen, müsste einfach öfter abgewaschen werden. Ich zog eine dreckige Tasse aus dem Geschirrberg und spülte sie ab. Der Kaffee war gerade fertig. Ich ließ mich auf das Sofa auf dem Podest fallen und krümelte ein bisschen Gras in den Kopf einer Bong, die auf dem Tisch stand. Heute Mittag würde ich mich mit einem Autodealer treffen.

Dreihundert Mark wollte er für den goldenen Audi 80 haben. Die Plattenspieler in Italien warteten. Ich würde das Auto nicht anmelden, dafür hatte ich kein Geld. Ich würde mir rote Nummernschilder besorgen, damit nach Italien auf die Fähre fahren und in Spanien einfach wieder die alten Nummernschilder dranschrauben. Dort kontrollierte niemand, ob man versichert oder angemeldet war. Alles, was ich mitnehmen wollte, stand bereit: meine Platten, eine Hängematte, Schlafsack, ein paar Klamotten. Mit den Plattenspielern, die ich auf meinem Weg in Bologna abholen würde, Tairo und mir wäre noch genug Platz im Auto, dass ich darin schlafen konnte, wenn es regnete, und bei schönem Wetter hatte ich die Hängematte.

Ich parkte den goldenen Audi 80 in der Strada Tuscani. Ganz schön teuer, so ein Benziner. Er hatte den größten Teil meines Geldes gefressen. Was ich jetzt noch hatte, brauchte ich für die Fähre. Ich klingelte und die Tür wurde geöffnet. Es war so weit! Gleich würde ich meine beiden Technik-Plattenspieler in den Händen halten. Der erste Baustein meines Zukunftsprojekts: mein eigenes Soundsystem!

»Ciao bella«, begrüßte ich die Italienerin im Eingang. »Ich muss als Erstes aufs Klo!«

In der Toilette zog ich vorsichtig das Überraschungsei am zugeknoteten Ende des Kondoms aus meiner Vagina, dem einzigen Versteck, mit dem ich mich einigermaßen sicher fühlte, löste den Tesafilm, der die Öffnung verschloss, und zog den Plastikbeutel mit Speed daraus hervor. Beschwingt lief ich ins Wohnzimmer. Um den runden Tisch in der Mitte des kleinen Raums saßen ein paar Italiener.

»Hier, ragazzi, bedient euch.« Ich legte den Beutel auf den Tisch. »Ich gebe einen aus.«

Keiner machte Anstalten, mein Angebot anzunehmen.

»Hey, was ist denn los?«

»Ricardo ist tot!«

»Wie?«

»Wahrscheinlich Leberversagen. Er hatte Hepatitis C. Und es hat ihn nicht interessiert. In der Nacht, in der er gestorben ist, war er auf Ketamin.«

Oh Scheiße!

»Wann?«

»Vorgestern Nacht. Am Samstag ist die Beerdigung in Mailand. Wenn du willst, kannst du hierbleiben und mitkommen.«

Nie wieder würde ich Ketamin anrühren. Nie wieder! Das schwor ich mir. Jetzt und heute. Nie wieder! Im Wohnzimmer nahm ich eine Line Speed.

»Ich muss jetzt los. Ich kann nicht zur Beerdigung bleiben. Sagt bitte allen Grüße in Mailand.«

Die Plattenspieler kamen auf die Rückbank, Tairo auf den Beifahrersitz. Ich ließ den Motor an und öffnete das Fenster. Nichts wie weg hier!

Die Fabrikhallen standen direkt am Meer. Schilder warnten davor, baden zu gehen. Hier, im Industriegürtel von Barcelona, war das Meer stark verschmutzt.

Es war nicht schwer gewesen, die Soundsysteme zu finden, wenn man ihre Spuren lesen konnte. Alle waren da! Desert Storm, die Italiener, Stella und viele mehr, die ich seit dem letzten Sommer nicht mehr gesehen hatte. Ich erreichte den Platz, als die Party schon in vollem Gang war. Großes Hallo! All right, Bettina, how is it going, nice to meet you again, hey, bist du auch da, fett!

Die Partyszene in Spanien hatte sich verändert. Zweitausend Leute waren gekommen, wie damals in Italien. Die Soundsysteme hatten gemeinsam aufgebaut. Eine dreißig Meter lange Wand aus Lautsprechern erstreckte sich quer durch die riesige, unendlich hohe Halle. Und noch etwas hatte sich verändert: Es gab Ketamin! Das indische Gift hatte Spanien erreicht, es überflutete mehr und mehr unser heiliges Tekno-Land.

Mithilfe von Speed und Ecstasy versuchte ich, mich in Partylaune zu bringen, aber an Tanzen war nicht zu denken. Ich war total verkrampft. Meine Gedanken rasten in Endlosschleifen. Plötzlich wurde es taghell.

Über den Speakern schossen meterhohe Flammen in die Luft. Eine Frau im Nietenkostüm spuckte tanzend Feuer. Von links kamen weitere Performer auf Stelzen. Hoch über den Köpfen der Menschen schwankend, spielten sie mit ihren Feuerketten. Die Musik dröhnte. Die Party war fett, die Besucher amüsierten sich. Nur ich schaffte es nicht abzuheben. Einen Moment zögerte ich, dann kämpfte ich mich durch die Menge zurück zu den Lkws. Ich wusste, wo es Ketamin gab. Die Gier war stärker als das Versprechen, das ich mir gegeben hatte. Ich gab auf.

Zu meiner linken Seite erstreckte sich die Costa Brava. Immer wieder tauchten kleine Hotelburgen auf. Wir fuhren auf der Landstraße durch spanische Dörfer Richtung Süden, vor mir der grüne Lkw von Stella.

Die Leute hatten mich gewarnt. Stella sei kompliziert, es sei schwierig, mit ihr etwas auf die Beine zu stellen. Aber Stella hatte die Speaker und den Lkw, um sie zu transportieren, und ich hatte die Plattenspieler. Wir wollten es versuchen! Ein paar Kabel mussten repariert und der Verstärker überprüft werden, dann war unser Soundsystem startklar. Mein erstes eigenes Soundsystem. Meine Chance! Wir konnten gar nicht anders!

Die Sonne, die durch die Windschutzscheibe fiel, tat mir gut. Ihr Licht und ihre Wärme vertrieben die Schatten, die mich zu verfolgen schienen. Ich hasste Ketamin! Und trotzdem konnte ich nicht davon lassen. War ich abhängig? Nein ... nein, abhängig war ich nicht! Wenn keines da war, ging es ja auch. Es gab einfach keine andere Droge, die diesen Kick brachte. Aber Ketamin war ein Ego-Shooter. Auf Ketamin war man allein und brauchte nichts und niemanden mehr. Vielleicht mochte ich es deshalb so gern.

Mein Blick fiel auf die Tanknadel. Das Auto war teuer, verdammter Mist. Bis zu unserem Ziel, einem Tal in Südspanien, wo Traveller aus ganz Europa überwinterten, waren es noch ein paar Hundert Kilometer. Stella hatte einen Holländer aufgegabelt, der uns helfen würde, das Soundsystem zu reparieren, und ich konnte solange in die Opiumfelder gehen. Die ständigen Geldsorgen nervten mich an.

Das Tal lag gut geschützt in der Nähe von Granada. Ein schmales, steiniges Sträßchen führte von der Straße ab und schlängelte sich an einem ausgetrockneten Flussbett entlang in kleinen Windungen ins Tal hinunter. Je weiter man hinabfuhr, desto dichter parkten die Fahrzeuge. Die Natur war berauschend. Der Platz zwischen den verschneiten Bergspitzen der Sierra Nevada und dem Meer war wie geschaffen, um unser Soundsystem auf Vordermann zu bringen. Wir wurden kritisch beäugt. Nicht alle der im Tal lebenden Aussteiger waren Tekno-Anhänger.

Wir richteten uns einen Platz ein, spannten Planen, parkten die Fahrzeuge im Halbkreis und errichteten eine Feuerstelle.

Die Gruppe hatte sich vergrößert. Auf halber Strecke, am Strand von Alicante, waren wir unvermutet auf ein paar Italiener getroffen. Gina mit Tairos Schwester war auch dabei und ich freute mich riesig. Auch Gina wollte in die Opiumfelder, sodass wir gemeinsam gehen konnten. Ein paar Tage ohne Stella würden mir guttun. Ständig stritten wir uns um das nicht vorhandene Geld. Ich wollte, dass sie einen Teil des Benzins für mein Auto bezahlte. Schließlich waren wir ein Tribe und nutzten mein Auto zum Einkaufen, um Diesel zu klauen und für kurze Abstecher an den Strand. Sie aber weigerte sich und ihr komischer Holländer, der sie inzwischen wohl auch fickte, hielt natürlich zu ihr.

Wir blieben ein paar Tage am Strand bei Alicante und feierten im kleinen Kreis, bis die Bullen uns weiterschickten. Unser Konvoi hatte eine beträchtliche Größe erreicht. Zwei Busse mit Italienern, ein Franzose in seinem Lkw und ein Engländer, der sich mit einer Horde Hunde einen Lkw teilte, Stella und ich.

Auf unserem Weg in den Süden hielten wir an Supermärkten und durchstöberten die Container nach Essbarem. Irgendetwas gab es immer zu finden. Ein bisschen Käse, Obst und Gemüse, angeknabberte Schweinefüße. Genug zum Überleben.

Langsam lasse ich den Regler des Mixers von links nach rechts wandern, drehe dabei den Bass raus. Einen Kopfhörer auf dem Ohr, den anderen daneben.

Noch sind die Platten nicht im Einklang. Schnell den Regler wieder auf die linke Seite. Ich gebe der rechten Platte einen Stups. Setze beide Kopfhörer wieder auf. Bumm Bumm. Bumm Bumm. Fast, fast kann ich sie einspielen. Bumm Bumm. Bumm Bumm. Mit einem Finger helfe ich nach. Schiebe die dunkel glänzende Vinylscheibe an. Bumm Bumm. Bumm Bumm. Noch einen Tick, eine Umdrehung schneller. Bumm Bumm. Bumm Bumm. Jetzt, jetzt ist es gleich so weit. Die Bässe treffen sich. Schnell den Regler in die Mitte, Bass aufdrehen, bis ans Limit, die Höhen auf null. Bumm Bumm. Kopfhörer von den Ohren. Perfekt! Die Speaker dröhnen. Die Bässe rollen satt heraus. Regler nach links, Bass raus. Wieder rein. Bumm Bumm. Regler nach rechts. Bass raus. Regler in die Mitte. Höhen einspielen. Ich tanze hinter dem DJ-Pult. Bumm Bumm. Spiele mit der Musik. Spiele mit den Maschinen. Ein Spielzeug für große Kinder. Es macht Spaß. Es ist cool. Bumm Bumm.

»Du, die Bullen waren gerade da, mach mal ein bisschen leiser.« Stella hält mir einen Plastikbecher mit Wodka hin. Ich habe die Zeit vergessen. Ist die Nacht schon vorbei? Die Tanzfläche ist fast leer. Durch die Fenster fällt milchiges Licht. Ich möchte etwas sagen. Finde keine Wörter in meinem Hirn. Nur den Bass. Bumm Bumm. Bumm Bumm!

»Kein Stress. Wir sollen einfach schauen, dass wir bis Mittag vom Gelände runter sind.«

Das ist die spanische Polizei! Die sind einfach relaxter hier! Ich halte Stella die Kopfhörer hin. Sie sieht aus, als wäre sie gerade aufgestanden, so frisch. Ihre Augen leuchten und ihre Züge sind weich. So wie immer auf Partys. So wie immer, wenn sie XTC genommen hat. Die Zicke, die arrogante Tussi, die sich mit mir anlegt, wenn wir nicht am Feiern sind, hat sich verzogen. So mag ich Stella. Fast wie eine Freundin.

»Ich hab die Bar zugemacht. Kasse und Getränke sind bei mir im Lkw«, sagt sie und nimmt mir die Kopfhörer ab.

Wie auf Watte laufe ich zur Eingangstür. Draußen scheint die Sonne. Ich lasse mich ins hohe Gras fallen und blicke glücklich in den Himmel. Etwas Weiches streift meine Hand. Tairo! Ich ziehe ihn zu mir und blicke ihn zärtlich an: »Na du! Das haben wir gut gemacht, mein schöner Hund! Wir haben eine Party gemacht, hörst du. Wir haben jetzt ein Soundsystem! Und ich habe aufgelegt heute Nacht. Und«, meine Lippen versinken in seinem weichen Fell, »wir haben Opium, Kleiner. Wir werden viel Geld machen und uns wieder ein eigenes Zuhause kaufen. Einen richtig geilen, großen Lkw.«

Die Sonne blendet. Unter Stellas Lkw finde ich Schatten. Nun bin ich keine Zuschauerin mehr, kein bloßer Gast oder ein Maskottchen oder eine Geduldete auf den Partys. Jetzt gehöre ich endlich dazu!

Ich muss eingedöst sein. Es rumpelt über mir im Lkw, dessen hintere Türen weit offen stehen. Das Soundsystem ist bereits abgebaut und wird jetzt eingeladen.

»Seid ihr schon fertig?«

Stella liegt mit ihrem Holländer auf dem Hochbett. Keine Antwort. Ich schaue mich im Lkw um. Auf den Speakern ausgebreitet liegt die Plastikfolie mit dem vor sich hin trocknenden Opium.

»Kannst du das Zeug wegmachen, bevor wir fahren? Keine Lust, damit gefilzt zu werden.«

Oh, oh! Der Ton in Stellas Stimme verheißt nichts Gutes. Vorsichtig falte ich die Folien zusammen.

»Die Party war toll, was?"

Stellas Gesicht taucht am Bettrand auf. Und da ist sie wieder: die Zicke.

»Na ja, was heißt toll. Besonders viele Leute waren ja nicht gerade da.«

Ich halte in meinen Bewegungen inne und schließe die Augen. Das darf nicht wahr sein! Warum muss sie wieder alles verderben? Seit wir zusammen unterwegs sind, ist sie am Motzen, hat ständig was auszusetzen, an mir, an meinen Ideen, meinen Vorschlägen, einfach an allem. Und sie glaubt, dass sie die Superschlaue ist, die alles im Griff und alles unter Kontrolle hat.

»Was passt dir denn schon wieder nicht? Die Party war doch super. Es läuft doch alles! Wir waren, wie ausgemacht, pünktlich von der Ernte zurück, haben Opium in Hülle und Fülle ...«

»... Ja, und kaum Geld an der Bar gemacht. Super Party! Kannst du mir sagen, wer die nächste Tankfüllung für dein scheißteures Auto bezahlen soll? Hast du Geld, um Essen einzukaufen, oder willst du im Supermarkt dein Opium an der Kasse abgeben?«

Natürlich, was denn sonst. Immer ging es nur ums Geld. Scheißgeld!

»Hauptsache, du kannst meckern, dann geht's dir gut, was! Also ich fahre jetzt. Mach doch, was du willst«, sage ich beleidigt.

Auf den weiten Kurven entlang der Berge ist kaum Verkehr. Gut so. Ich brauche Ruhe für meine Gedanken. Meine Situation und dass ich von Stella so abhängig bin, stinkt mir gewaltig. Sie hat alles, was ich brauche. Den Lkw, in dem ich schlafen kann, wenn es in der Hängematte nachts zu unruhig und zu kalt ist und im Auto zu unbequem. Den Herd, um Kaffee und Essen zu kochen, den sicheren Platz für meine Platten, die Plattenspieler und natürlich das Soundsystem. Aber ihre Art, mich wie eine Bettlerin zu behandeln, kotzt mich an. So ein Leben als Squatterin ist einfach anstrengend!

Warum konnten wir uns nicht gegenseitig unterstützen, wie es die Leute von einem Tribe eben machen? Es gibt immer welche, die mehr, und welche, die weniger haben, aber was zählt, ist doch die Idee, die Vision, für die wir leben. Da muss es einfach egal sein, wer von was wie viel besitzt. Wenn das nicht so wäre, würden wir ja in genau denselben hierarchischen und materialistischen Strukturen leben, vor denen ich geflohen war.

»Wo bleiben die denn?« Besorgt schaute ich in den Nachthimmel, der mit feinem Sternenstaub übersät war.

»La pasta está pronta!« Lulus Kopf tauchte in der Tür ihrer Mercedes-Wanne auf.

»Wer hat Hunger?«

Dankbar nahm ich den Teller mit dampfenden Spaghetti entgegen. Es gab nicht jeden Tag etwas Warmes zum Essen für mich. Erst recht nicht, seit der Holländer wie ein Platzhirsch Stella und ihren Lkw immer mehr in Beschlag nahm.

Lulu war erst 14 Jahre alt. Ihr Freund, mit dem sie aus Italien zur Opiumernte angereist war, nicht viel älter. Ein paar verlorene Küken ohne Heimat. Seit der Party waren sie bei uns, wie viele andere Tekno-Traveller, die sich für eine gewisse Zeit einem Soundsystem anschlossen.

»Wartest du auf dein Auto?«, fragte Lulu kauend. Ich nickte. Ich hätte diesen Typen, ein paar englischen Hooligans, die sich, seit wir im Tal angekommen waren, bei uns durchschnorrten, mein Auto nicht geben dürfen! Eigentlich wollten sie damit nur kurz im Dorf Bier holen fahren und ich blöde Kuh hatte es ihnen geliehen.

»Sie müssten längst vom Einkaufen zurück sein.« Ich nahm das Chillum, das Lulu mir reichte, zog ein Stückchen Stoff durch die Öffnung, um es zu reinigen, und wartete auf die Mischung von Lulu. Lulu war immer am Kiffen. Immer! Ihre Kinderaugen, die wie Halbmonde zur Nase hin nach unten abfielen, waren immer gerötet. Ich füllte die Mischung ein und gab Lulu das Chillum zum Anrauchen. Die Nachtluft war frisch und voller Geräusche. Aber kein näherkommendes Motorenbrummen eines goldenen Audi 80s war darunter. Stella hatte sich den ganzen Abend noch nicht blicken lassen und ich wusste nicht, wo ich heute Nacht schlafen sollte.

Hasserfüllt trat ich gegen einen Baum. Wie konnten sie nur? Tairo hüpfte kläffend um mich rum. »Arrggh.« Ich nahm den leeren Pastatopf und pfefferte ihn auf den Boden. Ich war so wütend! Vor allen Dingen auf mich selbst! Wie hatte ich nur Marcos Worte vergessen können: »Das ist dein Bus und niemand hat darin etwas verloren, solange du nicht da bist!«

Das war mein verdammtes Auto und ich hatte die Schlüssel hergegeben. Wie konnte ich nur?

»Was ist denn los?« Stella lugte aus der Tür ihres Lkws. »Arrggh, diese Arschlöcher. Sie haben mein Auto abgezockt. Sind einfach damit nach Cáceres aufs Festival gefahren, ohne mich zu fragen.«

Stellas Blick sprach Bände: selbst schuld! Wie konnte man nur so bescheuert sein?

»Sie haben gesagt, dass sie es sich kurz leihen wollen, um Bier einzukaufen.

Woher hätte ich denn wissen sollen, dass sie damit abhauen?«, verteidigte ich mich.

»Na ja, wir wollten ja eh auf das Festival, um das Soundsystem dort aufzubauen. Dann fahren wir eben früher. Wir müssen nur noch packen«, antwortete Stella versöhnlich.

Sie hatten mir mein Zuhause geklaut! Diese Arschlöcher! Wie konnten sie nur? Ich knüpfte die Hängematte ab. Gott sei Dank waren Plattenspieler, Platten und Opium bei Stella im Lkw.

Da baumelt er! Mein Autoschlüssel, gut sichtbar angebracht an der Gürtelschlaufe dieses Penners, keine Armlänge von mir entfernt.

»Los, gib ihn mir, du Arschloch!« Wir stehen uns gegenüber zwischen Zelten, Bars und bunten Lichtern. Sein Blick, ein besoffener Triumph.

»Komm runter, Baby. Du bekommst ihn schon. Morgen. Wenn wir Getränke in der Stadt eingekauft haben. Dann bekommst du ihn.«

Ich kann diese Unverschämtheit nicht fassen. Die Wut treibt mir Tränen in die Augen. Ich spucke vor ihm auf den Boden. Asoziales Arschloch. Er grinst hämisch. Ich drehe mich um und laufe weg. Fühle mich so verdammt ohnmächtig! Renne über das Feld und kann nichts sehen, außer meiner blinden Wut. Verkrieche mich in der Fahrerkabine von Stellas Lkw und krabbele nach hinten in die Koje.

Unruhig wälze ich mich hin und her, begleitet vom lauten Donnern der Musik, bis die Tür aufgerissen wird: »Da hast du deinen Scheißschlüssel.«

Draußen ist es hell. »Halt, warte.« Ich krabbele nach vorn. »Wo ist mein Auto?«, rufe ich der sich entfernenden Gestalt hinterher.

»Auf der Straße in Richtung Stadtzentrum. Das Benzin war alle.«

Durch die Windschutzscheibe schwappen Bilder des morgendlichen Festivalgeschehens zu mir herein. Ich umklammere fest den Schlüssel.

»Es stand verlassen am Straßenrand. Beide Türen sperrangelweit auf. Deshalb haben wir es mitgenommen.« Der Polizist hinter seinem Schreibtisch schiebt Papierstapel hin und her.

»Und Sie sind sicher, dass Sie die Papiere verloren haben?« Er schaut mich fragend an. Ich nicke betreten.

»Es tut mir leid. Besorgen Sie die Zulassungspapiere, dann können Sie Ihr Auto mitnehmen.«

Ade Auto. Ade letzte Bastion meiner Unabhängigkeit. Die beiden Hooligans haben mich zur Vollblutsquatterin gemacht.

»Kann ich meine Sachen aus dem Auto holen? Es ist nicht viel. Ein paar Klamotten, ein paar Kassetten und eine Hundedecke.«

Der Polizist steht auf und führt mich in den Hof zu meinem Auto.

Mein Gott! Keine zwei Wochen war es her, dass wir diese Strecke in der entgegengesetzten Richtung unterwegs waren, trotz des Verlustes meines Autos oder vielleicht genau deswegen voller Hoffnung, in Nordspanien endlich mit Stella zu einer Familie zusammenzuwachsen. Ich hatte davon geträumt, mit unserem Frauensoundsystem oben im Nordenwesten des Landes, wo man noch keine Freepartys kannte, gut anzukommen und damit unsere Probleme in den Griff zu bekommen.

Von meinem Posten auf dem Bett hinten, auf dem ich mit Tairo lag, konnte ich Lulus Profil auf dem Beifahrersitz sehen. Nach unserem überstürzten Aufbruch heute Morgen war mir das Reden vergangen. Doch in mir war es nicht still. Meine Sprachlosigkeit war die Kette unverdauter Erlebnisse der letzten Wochen. Seit langer Zeit zog ich mein Tagebuch aus dem Rucksack hervor, der neben den Plattenspielern und meinen Platten auf dem Boden der Mercedes-Wanne lag. Lulus Freund, dem der Bus gehörte, saß am Steuer. Ich musste mich ausräumen, musste alles aufschreiben, was passiert war, sonst würde ich verrückt werden. Die letzte Eintragung lag Monate zurück und morgen hatte ich Geburtstag. Traurig blickte ich hinaus. Eigentlich hatten wir irgendwo am Meer feiern wollen, mit unserem Soundsystem. Nun würde ich ihn wohl hier im Bus, auf dem Rückweg nach Italien verbringen.

Bilder, Momentaufnahmen der letzten Wochen tauchten vor meinem inneren Auge auf: Ricardos Tod, die vielen Blackouts durch Drogen, Ketamin und Alkohol, die ganzen Männergeschichten der letzten Wochen – Nebenfolgen meines Daseins ohne eigenen Schlafplatz –, die Konfiszierung meines Autos. Und dann die letzte, beschissene Episode mit Stella und ihrem bescheuerten Holländer.

Womit sollte ich anfangen? Damit, dass die Machtkämpfe zwischen Stella und mir immer heftiger wurden, je länger wir zusammen unterwegs waren? Mit der Fahrt nach Nordspanien, wo sich ihr Holländer aufspielte, als sei er der Boss, und Stella gegen mich aufhetzte?

»Bettina«, Lulu reichte mir ein fertiges Chillum nach hinten. Ich nahm einen tiefen Zug.

Ein leichter Nieselregen hatte eingesetzt. Lulu legte eine Kassette mit italienischem Punkrock in den alten Rekorder auf der Ablage und lächelte mir zu. Ich spürte so viel Wärme bei diesem Mädchen, das noch nicht einmal die Pubertät hinter sich gebracht hatte und schon dieses krasse Leben lebte, dass ich mich fragte, woher sie die nahm. Wer ihren Vorratsspeicher an Menschlichkeit immer wieder auffüllte. Ohne sie wäre ich heute Morgen durchgedreht, dachte ich, so wahnsinnig hilflos hatte ich mich gefühlt.

Wegen einer blöden Packung Spaghetti hatte mich ihr Scheißtyp angebrüllt und Stella, die blöde Kuh, bekam ihren Mund nicht auf. Dabei hatte ich die Spaghetti nicht geklaut, verdammt noch mal. Wie auch? Ich durfte ja kaum noch den Lkw betreten.

Stella hatte unsere Pläne mit dem Soundsystem verraten und mich wie einen nutzlos gewordenen Gegenstand abserviert.

Wir passierten ein Hinweisschild: Barcelona 100 Kilometer. Es wurde dunkel. Wir waren den ganzen Tag gefahren und in ein paar Stunden hatte ich Geburtstag.

»Wir müssen bald dieseln gehen«, sagte Lulus Freund.

Ich würde versuchen, Desert Storm zu erreichen. Vielleicht waren sie ja noch in Spanien und wussten, wo und wann eine Party war. Ich musste Opium verkaufen, um das Geld für die Fähre nach Italien zu verdienen!

Bald war wieder Sommer. Wenn ich das ganze Opium verkaufte, würde ich mir am Ende des Sommers endlich einen eigenen Lkw leisten können. Ein eigenes Zuhause! So ging das nicht weiter. Das Leben auf der Straße zehrte an meinen Kräften.

Ich würde im Herbst zurück nach Berlin fahren und mit Melvin, Sascha und Tobias ein eigenes Soundsystem gründen. Ich sehnte mich so nach einer eigenen Familie, nach Menschen, auf die ich mich verlassen konnte, und nach einer Aufgabe.

Der Hafen von Barcelona. Container-City. Das Desert Storm Rig hebt sich schwarz und mächtig gegen die Containertürme im Hintergrund ab. Wohlvertraute Heimat. Fröhliches Willkommen des Tribes.

Sonnenschein am wolkenlosen Himmel. Im Hintergrund das weite, blaue Meer.

Freetekno-Musik!

Endlich tanzen!

Vergangenheit ausgelöscht!

Mein ganz persönliches Geburtstagsgeschenk!

In einem Lkw aus Berlin kreist eine Pfanne mit Ketamin: »Hier, eine Line für dich, zu deinem Geburtstag.«

Freundin K küsst mich, schließt mich in ihre Arme, nimmt mich mit auf ihre Reise aus Farben und Klang.

Endlich wieder fliegen!

Es ist Montagabend. Die Luft ist erfüllt vom Duft gegrillten Fleisches. Ein Lagerfeuer prasselt. Auf den Bierbänken stehen Schüsseln mit Salat, Brot und Fünf-Liter-Gallonen mit spanischem Wein. Die Besucher sind gegangen und der Tribe zelebriert das Ende einer gelungenen Party. Die Schatten der Containertürme zeichnen sich gegen den Nachthimmel ab. Ich habe zu viel MDMA-Pulver gezogen und kann deshalb nichts essen.

Von meinem Posten hinter den Plattenspielern beobachte ich die Szenerie, hole die nächste Scheibe aus ihrer Hülle und lege sie vorsichtig auf den Plattenteller. Mein Blick wandert zu den Boxen. Das ist meine Musik, die da läuft. Zum ersten Mal lege ich auf einem wirklich großen Rig auf. Ich bin noch unsicher, kann kaum die Plattennadel zwischen meinen zitternden Fingern halten. Aber ich traue mich! Endlich traue ich mich aufzulegen!

Ein Auto nähert sich und hält in einiger Entfernung. Jemand steht vom Tisch auf und geht zu dem Wagen.

»He, möchte jemand von euch Hasch kaufen«, höre ich ihn rufen.

»Ja, ich!« Kiffen! Genau das Richtige, um runterzukommen. Aber ich habe immer noch kein Geld. War zu verpeilt, um auf der Party mein Opium zu verkaufen. Vielleicht kann ich ja was tauschen?

»Moment!« Ganz unten in meinem Rucksack liegt der dicke, schwarze Klumpen Opium. Ich laufe zu dem Auto, in dem zwei Marokkaner sitzen.

»Wollt ihr tauschen? Ich habe Opium!«

Stolz halte ich ihnen die fette Kugel hin. Der Marokkaner auf dem Beifahrersitz zögert einen Moment, dann greift er zu. Die Reifen quietschen, als der Fahrer Gas gibt.

Vorsichtig betaste ich die Wunde auf meinem Kopf. Die drahtigen Fäden halten das Fleisch zusammen, dort, wo vorher ein Loch war. Noch immer laufen mir die Tränen runter. Seit Stunden. Ich kann mich nicht beruhigen. Bin noch immer unter Schock.

Wieder ist alles weg, meine Zukunft zerstört. In einer Sekunde, in dem Moment, in dem der Marokkaner nach meiner Kugel Opium greift und sein Kollege aufs Gaspedal drückt. Ich habe versucht, sie aufzuhalten, habe mich reflexartig am Türgriff des Autos festgekrallt und bin ein Stück über den Platz gezogen worden, bis ich loslassen musste und mit dem Kopf auf dem Boden aufgeknallt bin.

Ich schäme mich für meine Dummheit!

»Was soll ich denn jetzt machen? Ohne Geld?« Lulu hält meine Hand: »Wir fahren morgen los nach Italien. Wir können Tairo und deine Sachen mitnehmen. Wenn du Geld aufgetrieben hast, kommst du mit der Fähre nach und bleibst erst mal bei uns. Wir können dich in Genua abholen.

Mein Vater hat ein Haus in den Bergen, da bleiben wir bis zum Italien-Teknival in zwei Wochen.«

Ich muss bei meinen Eltern anrufen. Sie müssen mir Geld über Western Union schicken. Wenigstens für die Fähre.

Es ist heiß auf dem Parkplatz hinter dem Bahnhof in Bologna. Vierzig Grad vielleicht. Der Beton unter mir glüht. Ich habe jedes Gefühl für Zeit verloren. Alles verschwimmt. Löst sich auf in der durchsichtigen Flüssigkeit, die in der Schöpfkelle unter der Hitze des Bunsenbrenners zischend verdampft. Ein Blinzeln reicht und aus der Flüssigkeit ist Pulver geworden. Weißes Pulver, das durch meine Nase wandert, sich in mir verteilt, mich betäubt, mich festnagelt auf dem in der Hitze des Sommers heiß glühenden Beton. Frisches Ketamin, Direktimport aus Indien. Quelle des Vergessens.

Um mich herum bewegt sich die Welt, während ich wie zerfließende Knetmasse auf dem Beton festklebe. Um mich herum gibt es eine Welt, die vorgibt, real zu sein.

Lorenzo, ein dünner, blonder Italiener, der irgendwie seit ein paar Tagen an meiner Seite ist, hält meine Hand, die ich nicht spüren kann. Mein Körper ist taub, wie beim Zahnarzt nach der Spritze. Ich sehe seine Hand in meiner liegen und weiß, dass wir ein Paar sind seit der Nacht in seinem Bus, als ich nackt auf dem Boden lag und sich mir kleine, spitze Gegenstände in den Rücken bohrten, während Lorenzo über und in mir war.

Seine Augen sind zwei überlaufende Wassergläser, die sich in meiner Wüste verlieren. Kann ihn darin nicht finden.

Neue Fahrzeuge kommen auf dem Parkplatz an. Es werden immer mehr. Jeden Tag, jede Nacht. Mehr und mehr Soundsysteme finden sich ein.

Cirkus Alien und Sound Conspiracy sind dabei. Alle warten auf diesem Parkplatz hinter dem Bahnhof, zwischen Heroindealern, zwischen Menschenpisse und Hundekacke, auf das bevorstehende Teknival in Padua.

Nach ein paar Tagen auf dem Parkplatz fühlt sich mein Körper an wie ein Skelett aus gläsernen Kristallen. Zerbrechlich. Ein unbekannter Schmerz. Alles zieht in mir und es ist kalt, trotz der Hitze. Meine Stimme habe ich irgendwo auf dem Ketamin-Highway unterwegs verloren.

Ich will mehr! Mehr Ketamin! Brauche mehr! Die Gier schnürt mir die Kehle zu. Die Quelle hat ihre Kraft verloren. Ich habe zu viel davon getrunken. Keine Erlösung in Sicht.

Im Konvoi fahren wir Richtung Norden. Es ist dunkel. Es ist Nacht. Ich sitze im Bus einer Französin auf dem Beifahrersitz, die mich, Tairo und meine Plattenspieler mitnimmt zum Teknival. Lorenzo ist weg, nach Mailand gefahren, Ersatzteile für seinen Lkw besorgen. Hat mich allein gelassen. Wir sehen uns auf dem Teknival wieder, hat er gesagt.

Hinten im Bus sind ein paar schlafende Italiener. Ein Mädchen fickt mit jemand auf dem Boden. Ihre Köpfe stoßen gegen den Ganghebel. Ich will Ketamin!

Ich nehme die Päckchen mit Speed vom Tisch und stehe mit weichen Knien auf.

»Gib mir das Geld für die Drogen nach der Party! Hier hast du noch ein paar Trips.« Der Engländer wirft mir ein Viereck aus buntem Löschpapier zu.

»Danke!« Ich muss das Zeug verkaufen. Ich brauche dringend Geld. Schnell ziehe ich eine dicke Line Speed. Spüre, wie das Pulver meine Gehirngänge frei fegt und meinen steifen Körper beweglicher macht.

Die Lichtung mitten im Wald ist umgeben von hohen Bäumen auf sandigem, weichem Boden. Die Soundsysteme sind am Aufbauen. Es wird noch etwas dauern, bis die Party läuft. Ich suche nach meiner Quelle. Irgendwo, an einem Ort, in dieser Hülle, die mich trägt, spüre ich das dumpfe Bedürfnis nach Nahrung, nach etwas zu trinken.

Zwischen den geparkten Fahrzeugen, den Bars, die langsam Gestalt annehmen, werde ich von Freunden begrüßt. Überall sind Menschen, die ich kenne. Ich weiß, wie ich mich verhalten muss, um Freude zu zeigen. Ich habe es gelernt. Tausend Mal. Aber in mir regiert nur die Gier.

Flaschen werden herumgereicht. Wodka, Bier, Absinth. Nichts löscht meinen Durst.

Dann blicke ich in die Augen eines jungen Tschechen. Er sieht meine Qual, weiß, was ich brauche. Wir kennen uns vom Parkplatz hinterm Bahnhof. Auch er ein getriebenes Tier.

»Komm mit«, sagt er und nimmt meine Hand. Hinter einem Reifen, so groß wie ein Mühlenrad, zieht er ein Papiertütchen hervor. »Es ist frisch aufgekocht.«

Wir haben nichts, um eine Line zu legen. Ziehen das Pulver direkt aus dem Papier. Ein Teil davon staubt mir in die Lunge. Ich muss kurz husten.

Das Keta saugt wie ein Magnet die Musik in mich hinein. Meine Blutkörperchen sind angefüllt mit Tönen. Sich bewegende Farbformationen treffen auf meine Netzhaut, schweben hoch oben über der Musik am Nachthimmel.

Die Welt um mich herum verschwindet im Dunkeln, wird unter den Wellen meiner Bewegungen begraben. Auch ich werde weggeschwemmt, von explodierenden Farben und einem gigantischen Orchester, bis in den hintersten Winkel meines Körpers durchgespült.

Im Sand liegend, keinen Meter von der Boxenwand entfernt, erwache ich. Tairo sitzt mit aufgestellten Ohren neben mir. Ich raffe mich auf, scheuche ihn zur Seite. Das ist viel zu laut für ihn. Meine Beine sind steif. Ein Griff an meinen Hüftbeutel ... alles da, ich habe nichts verloren auf meinem Trip. Stolpernd laufe ich zur nächsten Bar, um Wasser zu trinken. Wieder macht sich dieses kristallene Gefühl in mir breit. Wie ein Eiszapfen, kurz bevor er auf den Boden knallt und in tausend Stücke zerspringt. Oben auf dem Soundsystem stehen zwei Fernseher mit Videoanimationen, die meinen Blick gefangen halten. Wie lange ... ich weiß es nicht. Zeitlose Endlichkeiten. Mein Kopf tut weh. Ich müsste mehr trinken.

Es ist so heiß! Es ist nicht auszuhalten. Die Sonne bricht sich an den Blättern der Bäume. Und keiner will Drogen kaufen. Es gibt kaum Gäste.

Nur Tekno-Traveller, die alle selbst versorgt sind oder kein Geld haben. Ich suche nach meiner Quelle. Kann den Tschechen nicht finden.

Verzweifelt spüle ich einen zweiten Trip mit einem Schluck Absinth runter. Keine der Drogen wirkt mehr richtig. Ich habe den Zenit überschritten, kann nicht tanzen, nicht schlafen, nicht sprechen, etwas zieht und zerrt an mir. Bin unruhig, nervös, habe Herzrasen.

Mit der Nacht tauchen auch die Partygäste wieder auf, krabbeln aus ihrem Unterschlupf in Bussen, Autos und Lkws. An einer Bar steht der Tscheche. Ein Blick von mir genügt. Wir setzen uns etwas abseits unter einen Baum. Ohne miteinander zu sprechen, reicht er mir das Keta. Endlich!

Ich schwebe weit oben über dem Teknival. Es ist dunkel, doch ich kann alles klar und deutlich erkennen. Ich sehe mich, meinen Körper zusammengerollt, unter dem Baum liegen.

Wo bin ich?

Orientierungslosigkeit!

Mir ist schlecht! So schlecht, wie noch nie in meinem ganzen Leben. Mein Herz rast, rast so schnell, dass ich kaum atmen kann. Meine Hände tasten suchend in der von kurzen Lichtintervallen zerschnittenen Dunkelheit, stoßen an einen Gegenstand. Es fühlt sich an wie Rinde. Ein Baum. Eine Wurzel. Mein Schädel dröhnt. Gleich zerspringt er. Ich versuche, auf alle viere zu kommen. Jede Bewegung löst Schmerz aus. Ein Schmerz, der überall ist. Ich muss mich übergeben. Die heiße Flüssigkeit läuft an mir herunter. Alles ist so schwer. Die Glieder aus Blei. Ich krieche weiter, Stück für Stück. Suche Schutz.

Irgendwie schaffe ich es zum Bus der Französin, mit der ich hergekommen bin. Die Tür steht offen. Ich krabbele aufs Bett.

Oh Gott, was ist das? Ich sehe den Tod! Ich werde sterben! Jetzt! Ich weiß es! Ich kann es spüren! Er zieht mich zu sich. Zieht an meinem Körper. Ich kämpfe gegen ihn. Ich will noch nicht gehen.

»Bettina? Was hast du?«

Verschwommen sehe ich ein Gesicht im Eingang des Busses auftauchen.

»Lorenzo? Ist Lorenzo da? Bitte hol ihn«, flüstere ich.

Ich kämpfe weiter. Wälze mich auf den Decken. Mein Körper ein einziger Krampf.

»Hey, was ist denn mit dir?« Lorenzo ist gekommen! Er legt sich neben mich, will mich beruhigen. Es hilft nichts! Ich kann nicht ruhig liegen. Mein Herz rast und rast. Ich muss etwas tun. Ich brauche Medizin. Opium! Opium kann mir jetzt helfen.

»Bitte, ich brauche Opium, bitte, schnell!«, krächze ich. Nur noch ein paar Minuten durchhalten!

Ich stecke mir die schwarze Kugel Opium, die Lorenzo bringt, von hinten in den Darm, damit das Gift meinen angefressenen Magen nicht weiter zerstört. Das Opium muss mein Herz beruhigen, die Schmerzen dämpfen, muss mir helfen, runterzukommen. Ich kann das Wasser, das Lorenzo mir reicht, nicht trinken. Meine Kehle ist wie zugeschnürt.

»Lass mich allein!« Ich drehe mich weg. Beobachte, wie mein Herzschlag langsam, ganz langsam, ruhiger wird. Bin erschöpft. Meine Muskeln entspannen sich etwas. Ich schlafe ein.

»Du musst entscheiden, was du tun willst. Ich muss in Italien bleiben. Ich habe noch Dinge zu erledigen hier.«

Das Sonnenlicht glitzert in Lorenzos Augen. Er sieht müde aus. Durchgefeiert und dreckig. Wir sprechen nicht über die Nacht.

Die Party lief weiter. Natürlich! Nach meinem Zusammenbruch haben wir am nächsten Tag im nahen Fluss gebadet. So getan, als ob nichts passiert wäre. Haben zusammen getanzt und XTC genommen. Jetzt ist alles gepackt, bereit zur Abfahrt.

Wenn ich in Italien bleibe, ist das mein Todesurteil. Italien ist Ketaminland. Die rote Lampe blinkt. Ich kann sie nicht mehr verdrängen.

»Gut, dann fahre ich mit Cirkus Alien in die Tschechei weiter«, sage ich und hoffe, dass er mich bittet, bei ihm zu bleiben.

»Ja okay, kein Problem. Dann sehen wir uns in ein paar Wochen auf dem CzechTek!« Er küsst mich zum Abschied.

Ich bin ihm zu viel, zu viel Verantwortung, zu durchgeknallt! Er ist froh, mich loszuwerden, lese ich in seinem Blick.

»Okay«, sage ich und lasse mir nichts anmerken. Fühle auch nichts. So ist Freetekno eben. Ein Moment der Begegnung und schon ist er wieder vorbei und die Spirale dreht sich weiter. Es gibt nichts, woran du dich festhalten kannst.

Mit Cirkus Alien geht es durch Österreich, wo wir uns durch die Supermärkte klauen, weiter nach Tschechien. Irgendwo im Süden der Tschechei halten wir an, um in einem See zu baden und uns den Schweiß und Dreck der zurückgelegten Kilometer abzuwaschen. Wir lassen uns von hohen Steinen in das kühle Nass fallen, toben und jauchzen. Ich feiere meine Rückkehr ins Leben. Die Sonne küsst sanft die Wassertropfen von unseren Körpern und bunte Schmetterlinge flattern über der ausgebreiteten Decke mit Wurst, Käse und Brot darauf. Wir ruhen uns im Schatten der Bäume aus, die Grillen zirpen.

Cirkus Alien ist ein Soundsystem der alten Schule, noch aus den Anfangszeiten der Freetekno-Bewegung. Sie teilen miteinander, was sie haben, auch wenn es nicht viel ist. Sie passen aufeinander auf, sind eine Familie und leben den alten Spirit.

Auf einer kleinen Bundesstraße fahren wir in Richtung Pisek, wo der Tribe für das kommende Wochenende eine Party plant. Die urwaldartige Landschaft mit ihren lianenbehangenen Bäumen und riesigen Farnen passt zu dem Freiheitsgefühl, das mich, seit Langem wieder einmal, wie ein erfrischender Sommerregen überkommt.

Mit einem langen, intensiven Kuss verabschiedete sich Tomas von mir. Er musste zur Arbeit. Noch ein Kuss. Wir würden uns eine Zeit lang nicht mehr sehen. Aus seiner Hosentasche kramte er etwas selbst angebautes Marihuana hervor, legte es neben mich aufs Kissen und stieg dann die

Holzleiter seines Hochbettes herunter. Ich hörte, wie die Tür auf- und wieder zuging.

Es war dunkel auf dem Hochbett von Tomas, in dem kleinen Zimmer unter dem Dach, obwohl draußen die Sonne schien. Er lebte in einem alten besetzten Gehöft, hoch oben auf einem Berg, mitten in einem Park über Prag. Durch das schmale Fenster konnte ich auf eine grüne Wiese blicken und auf die Straße dahinter, die in die Prager Innenstadt führte.

Seitdem ich in der Tschechei angekommen war, vor allem seit der Party in Pisek, ging es endlich wieder bergauf. Die Party war das bisherige Highlight dieses Sommers gewesen. Es hatte kein Ketamin gegeben, dafür war ich endlich wieder in dem Gefühl geschwommen, mit der Musik und den Menschen dieser Bewegung verbunden zu sein. Ich war zu mir zurückgekehrt, hatte mich vor lauter Übermut auf dem Boden vor den Boxen herumgewälzt, verliebt in dieses Leben, in die Menschen und in die Musik. Im Hintergrund stand der großartige, schwarz vibrierende Altar. Endlich konnte ich das, was ich anbeten wollte, wieder anbeten. Alles stimmte wieder. Ich stimmte wieder.

Cirkus Alien akzeptierte mich und ich durfte den 17 Tonnen schweren Lkw mit dem Soundsystem im Anschluss an die Party in Pisek nach Prag zurückfahren. Tomas, eines der jüngsten Mitglieder von Cirkus Alien, bot mir einen Schlafplatz bei sich in Prag an. Er war süß, jung und unverdorben. Er ging neben den Partys ganz legal arbeiten, um ein bisschen Geld zu verdienen, und er spielte abends am Lagerfeuer auf seiner Gitarre, während die anderen sich besoffen.

»Not taking many drugs, Bettina. Better working«, war einer der wenigen Sätze, die er immer wiederholte. Nimm keine Drogen, arbeite lieber! Er meinte es gut mit mir, versorgte mich mit Essen und mit Gras. Es war nicht schlimm, dass wir nicht dieselbe Sprache sprachen. Unsere Körper verständigten sich auch ohne Worte.

Ich drückte den Joint aus. Ich würde seine Zärtlichkeit vermissen und seine unbändige Lust auf Sex. Aber ich musste los nach Berlin, musste Drogen besorgen, um sie auf dem bevorstehenden CzechTek zu verkaufen.

Noch immer hatte ich kein Geld und meinen ständig wechselnden Liebhabern auf Dauer auf der Tasche zu liegen, gefiel mir nicht. Ich hatte mich bei Tomas erholt und wollte mein Leben wieder in die Hand nehmen.

MEIN EIGENES SOUNDSYSTEM

Ich krabbelte vom Bett, auf dem ich mit Tairo herumgetobt hatte, und ging durch die halb offen stehende Holztür in den verwilderten Vorgarten, der zu dem kleinen Häuschen in einem Dorf nahe der slowakischen Hauptstadt Bratislava gehörte. Die Blätter der Bäume waren noch grün, doch schon bald würden sie ihre Farbe wechseln, würden erst rot, dann gelb werden und schließlich leise, unmerklich abfallen und den Baum nackt zurücklassen, damit er sich im kommenden Frühjahr ein neues, frisches Kleid zulegen konnte. Das Alte stirbt, um dem Neuen Platz zu machen.

Auch ich würde meine alte Partyidentität der verpeilten Bettina, die nichts auf die Reihe bekam, sterben lassen und der Neuen – einer Frau mit eigenem Soundsystem und Verantwortung – Platz machen. Dieses Mal würde es funktionieren. Dieses Mal musste es funktionieren!

Ich hatte das ewige Partyfeiern satt. Es langweilte mich. Alles schien nur eine endlose Wiederholung derselben Sache. Schon hundert Mal gelebt. Wie ein Loop, in dem ich festhing. Mein Geist war müde und von vielen Drogen zerfressen. Meine Konzentrationsfähigkeit ließ immer mehr nach und meine Gedanken entwischten mir immer öfter.

Das Czech-Teknival, das nun vier Wochen zurücklag, war nur noch ein schlechter Abklatsch von meinem ersten, vor drei Jahren, gewesen.

Die Szene hatte sich verändert. Tausende Raver waren da gewesen, viele neue kleine Soundsysteme hatten sich gebildet, Leute, die ich nicht kannte, noch nie gesehen hatte. Ich hatte dieses krasse polnische Speed gezogen, das wie kleine Diamanten aussah und das mich drei Tage am Stück wach gehalten hatte. Am Ende des Teknivals blieb ein schales Gefühl zurück, so, als ob ich alles verpasst hätte. Immer häufiger hatte ich mit schlimmsten Paranoia-Attacken zu kämpfen, fühlte mich überall falsch, überall beobachtet und sah in den Augen der Menschen um mich herum nur Ablehnung und

Misstrauen ... und noch immer hatte ich kein eigenes Zuhause, kein Schlupfloch, in das ich mich hätte verkriechen können. Nach vier Tagen wurde das Teknival geräumt. Eine Armee schwarz gekleideter Bullen, mit Gaspistolen und Wasserwerfern, war unter dem Vorwand, dass das Feld mit Hepatitisviren verseucht wäre, über das Teknival gestürmt und hatten alle, die nicht sofort zusammenpacken wollten, brutal angegriffen und vertrieben.

Doch trotz solcher Vorkommnisse wollte ich nach wie vor als Freetekno-Travellerin leben. Ein anderes Leben kam für mich einfach nicht infrage. Freetekno war alles, was ich hatte, alles, womit ich mich identifizierte, alles, woran ich glaubte! Aber ein neuer Abschnitt musste nun beginnen. Ich brauchte wirklich eine Aufgabe und Verantwortung. Etwas, das meinem Leben wieder einen Sinn gab. Nur Party feiern und drauf sein reichte mir nicht mehr.

Die Tür zum Häuschen öffnete sich und Petr kam mit zwei Flaschen Bier in der Hand zu mir nach draußen. Petr war ein begeisterter Freetekno-Anhänger und bewegte sich bereits seit Jahren in der Szene. Er arbeitete daran, die Freetekno-Kultur in seinem Land zu stärken, und es war seine Idee gewesen, ein Teknival im Osten der Slowakei, nahe der ukrainischen Grenze, zu organisieren.

»Ich bin sehr froh, dass wir diese Party zusammen gemacht haben. Es war ein Risiko! Noch nie vorher hat jemand ein Teknival so tief drin in der Slowakei veranstaltet. Dafür lief es ganz gut, finde ich!«, eröffnete er ernst das Gespräch. Ich nahm einen Schluck Bier und nickte.

»Und ich bin froh, dass ich nach dem CzechTek nicht in der Tschechei geblieben, sondern mit euch mitgefahren bin. Wir können es wirklich schaffen, unser eigenes Soundsystem zu gründen. Das haben wir uns mit der Party bewiesen. Wie viele Leute waren es wohl?« Ich blickte ihn an.

»Vielleicht hundertfünfzig, maximal zweihundert.«

Unser Konvoi bestand aus drei Lkws. Tobias, der inzwischen selbst einen Lkw hatte und aus politischer Überzeugung im Namen von Freetekno unterwegs war, Sascha mit seinem alten IFA und ein Freund von Petr aus Bratislava, der uns sein kleines Soundsystem zur Verfügung stellte.

Ein Fahrzeug nach dem anderen war auf dem langen Weg quer durch die Slowakei kaputtgegangen, bis wir alle – zwölf Leute plus Soundsystem – bei Tobias im Truck Platz finden mussten. Mit einem Tag Verspätung waren wir vor Ort eingetrudelt.

Im Nullkommanichts waren Soundsystem und Bar aufgebaut und ein riesiger Topf LSD-Bowle angesetzt.

Diese Party war das Sprungbrett auf eine neue Stufe! Allen Widrigkeiten zum Trotz standen wir dort, waren Freunde und Weggefährten, die nichts davon abhalten konnte, die Party ins Laufen zu bringen. Trotz Pannen auf dem Hinweg, obwohl ein Plattenspieler kaputtgegangen war und obwohl es auch dort, am Ende der Welt, wieder ein Arschloch unter den Partygästen gab, das uns unser Geld aus der Kasse hinter der Bar geklaut hatte.

»Wir brauchen eigenes Equipment«, sagte ich zu Petr.

»Ja, definitiv! Ich bleibe mit Zuzana hier und arbeite am Networking. Zuzana und ich wollten uns Soundmachines kaufen und selbst Musik produzieren. Vielleicht könnt ihr ja nach Berlin fahren und LSD besorgen, das wir in Bratislava verkaufen können. Wenn wir zusammen ein Soundsystem machen wollen, dann geht das nicht ohne Geld.«

Ich nickte. Irgendetwas mussten wir uns überlegen. Keiner von uns hatte im Moment genug Geld, um davon Speaker und Verstärker bezahlen zu können, aber wir durften die Energie der letzten Tage nicht einfach so verpuffen lassen. Ich glaubte an uns, an meine eigene Familie, meinen eigenen Tribe. Ich würde endlich wissen, wo ich hingehörte.

»Ich fahre morgen früh mit Sascha los«, sagte ich, »es gibt eine Party am Wochenende in Dresden. Von da aus finde ich bestimmt einen Lift nach Holland auf das Teknival in zwei Wochen. Unterwegs kann ich mir in Berlin Geld leihen und mich in Holland eindecken. Danach komme ich hierher zurück und dann haben wir bald die Kohle zusammen, um uns eigene Boxen zu kaufen.«

Wir tranken unser Bier aus. Die paar Tage hier in der friedlichen Atmosphäre des kleinen Dörfchens hatten mir gutgetan. Ich fühlte mich frisch und klar und ich hatte Pläne für meine Zukunft.

Die Kiesgrube in Dresden ist eine riesige Mulde inmitten meterhoher Hügel aus Sand und Kieselsteinen. Sie sieht aus, als würde dahinter das Meer beginnen. Der brachiale, monotone Sound hämmert und zischt unter einem strahlend blauen Himmel. Es ist Sonntagmittag. Ich bin total drauf. Kenne einfach zu viele Leute inzwischen. Werde überall eingeladen. Zu Pillen, Lines und Getränken.

»Hey Bettina, auch hier, willst du ...« Und immer rein damit. Die Partyikone wird ihrem Ruf gerecht.

Plötzlich steht Melvin neben mir, einfach so. Unsere letzte Begegnung auf dem CzechTek war kurz gewesen. Ohne viele Worte. Beide zu verpeilt.

Wir setzen uns auf den Boden in einen Kegel aus Sonnenschein. Melvins Hände in seinem Schoß sind schmutzig. Sie haben sich mit den Jahren verändert. Aus den Jungenhänden sind Männerhände geworden. Ich berühre sehnsüchtig seine Finger. Das warme Gefühl, einen alten, lang verlorenen Freund wiedergefunden zu haben, breitet sich in mir aus. Ich spüre, wie allein ich ohne ihn in den vergangenen Jahren war.

Wir schauen uns an, bis Melvin verlegen lachend zur Seite blickt. Seine Pupillen sind kleine Stecknadelköpfe. Also stimmte es, was die Leute über ihn erzählen: Melvin ist auf Heroin. Melvin! Mein Bruder Melvin. Das darf nicht sein.

»Melvin, wir sind doch noch Freunde, oder? Bin ich denn noch wichtig für dich?«, frage ich und greife nach seiner Hand. Er ist so weit weg ...

»Ja klar, Mann!«, erwidert er empört.

»Dann lass uns Blutsbrüder werden«, sage ich und greife nach einem Messer, das auf der Bar liegt, vor der wir auf dem Boden sitzen. Schnell säbele ich mir mit der stumpfen Klinge quer über die Innenseite meines linken Unterarms. Das heraustropfende Blut ist leuchtend rot. Ich halte Melvin meinen Arm und das Messer hin: »Jetzt du.«

»Sag mal, spinnst du?«

Mit einem Satz springt er auf, tippt sich an die Stirn und stolpert rückwärts von mir weg. Ich schaue ihm nach, bin gelähmt, halte meinen blutenden Arm hoch.

»Wohin gehst du?«, schreie ich ihm nach.

Jemand kippt mir Whisky über die Wunde, ein auseinanderklaffender, tiefer Schnitt. Es brennt nicht. Ich schaue noch immer in die Richtung, in der Melvin verschwunden ist. Warum ist er weggelaufen?

Zwei Hände greifen von hinten unter meine Achseln und ziehen mich hoch. Sascha hält mich einen kurzen Moment fest, drückt mich an sich und sagt: »Mensch Bettina, du baust immer nur Scheiße!« Sascha, der mich nur ficken will.

Willenlos lasse ich mich von ihm über die Party schleifen. Ein Schatten kommt von links angeflogen und landet mit einem metallenen »Klonk« auf meinem Nasenrücken. Es tut kurz weh. Aus einem offenen Lkw ruft ein verstrahlter Typ: »Oh, sorry, das wollte ich nicht!« Die Coladose, in deren Schusslinie ich gelaufen bin, liegt mit einer Delle am Boden. Blut tropft von meiner Nase auf den Boden. Überall ist Blut. Ich muss lachen, kriege mich nicht mehr ein. Sascha verarztet mich in seinem Lkw.

Nach der Party fahren wir auf die Wagenburg in Dresden. Melvin und Sascha haben Solarmodule aufgetrieben, die sie spät nachts gegen einen 2,5-Kilowatt-Verstärker tauschen. Mir tut alles weh, aber ich freue mich, weil unser Baby wächst. Jetzt haben wir meine Plattenspieler und einen Verstärker.

Zu dealen ist kein einfacher Job. Du musst ständig aufpassen, nicht erwischt zu werden. Das ist anstrengend. Du musst verhandeln, ohne dabei Lieferant und Abnehmer zu vergraulen. Du musst aufpassen, nicht abgelinkt zu werden. Und du weißt nie, ob die Leute nett zu dir sind, weil du gut ankommst, weil sie dich mögen, oder nur, weil sie sich bei deinen Drogen durchschmarotzen wollen. Als Dealer hast du viele Freunde und bist gleichzeitig vollkommen allein. Am schlimmsten ist aber, dass du keine Ruhe mehr hast. Wenn es klingelt, musst du aufmachen. Es könnten ja Kunden sein. Oder auch die Polizei. Richtig schwierig wird es, wenn du noch nicht mal eine eigene Wohnung hast, von der aus du dein Business betreiben kannst. Allerdings verringert das die Gefahr, dass sie dir auf die Schliche kommen.

Wir brauchten Geld! Viel Geld, um endlich unser Soundsystem zu kaufen.

Sascha, Tobias und Melvin versuchten, in Berlin Kohle zu machen, während ich zwischen Amsterdam, Berlin, Prag und Bratislava hin- und herpendelte.

LSD war am ertragreichsten und am einfachsten zu transportieren.

Die Grenzen des neuen Europa waren inzwischen offen und die Busgesellschaft, mit der ich nach Amsterdam fuhr, wurde kaum kontrolliert. Trotzdem stand ich auf jeder Fahrt Höllenängste aus.

In Berlin verkaufte ich den größten Teil innerhalb der Szene. Man erwartete mich immer sehnsüchtig. Der Stoff war gut. Ich bekam Anerkennung für meinen Einsatz, vor allen Dingen von den jungen Typen, die mich in ihrer Bude wohnen ließen und dafür von mir mit Drogen versorgt wurden. Wir kannten uns noch aus den Zeiten im besetzten Haus. Nach jeder Fahrt wurde erst einmal groß Party gefeiert und im Kühlschrank war zwar nie was Essbares zu finden, aber dafür gab es jede Menge Drogen. An den Wochenenden feierten wir in einem der vielen Partykeller, irgendwo im Untergrund der mit Graffiti bemalten Häuser des Friedrichshains.

In der Tschechei wartete Tomas in seinem Bett in Prag auf mich. Bei ihm konnte ich mich von dem Stress meines Dealerdaseins ausruhen. Er fand nicht gut, was ich tat. Aber er war verknallt und ahnte wohl, dass er mich von nichts abhalten konnte. Wir liebten uns mehrmals jede Nacht, wenn ich bei ihm war. Ich spürte nicht mehr viel beim Sex, aber immerhin verscheuchte er für Momente die Einsamkeit, die mich überkam, sobald ich irgendwie nüchtern wurde oder zu lange an einem Ort verweilte. Allzu oft kam das allerdings nicht vor.

Nach ein paar Nächten bei Tomas fuhr ich weiter nach Bratislava, um dort das übrig gebliebene LSD abzuliefern.

Drei Mal zog ich die Tour durch. Beim vierten Mal gab es Schwierigkeiten.

Ich musste zwei Tage in Amsterdam auf meine Bestellung warten, da aus Gründen, die mir keiner erklären konnte, kein LSD aufzutreiben war. Im Zimmer meines Dealers wurde ein neuer Drogencocktail probiert: Calvin Klein. Kokain mit Ketamin gemischt.

Dicke Lines davon verschwanden in unseren Nasen. Eine Mischung, die dir alles wegbläst. Zuerst setzt der Ketaminflash ein und beim Runterkommen bist du auf Koks.

Zwischen den Lines hatte ich Sex. Es gab ja sonst nichts zu tun, um die Wartezeit, bis die Lieferung kam, auszufüllen. Dann endlich trafen die Trips ein. Viel zu wenig, sodass ich noch XTC-Pillen für den Rest meines Geldes mitnehmen musste. Als ob ich es nicht geahnt hätte ...

Zurück in Berlin, brachten mir die Leute enttäuscht die Trips zurück, die sie gekauft hatten. Sie wirkten nicht. Auf dem Löschpapier war kein LSD. Man hatte mich abgezogen. So viel Kohle am Arsch! Aber ich konnte jetzt nicht aufhören. Wir waren so kurz vor dem Ziel.

Der typische graue Berliner Novemberhimmel war mit dichten Wolken behangen. In dem Zimmer einer der Wohnungen im Friedrichshain, in der wir uns trafen, wenn alle Mitglieder der Crew in Berlin waren, war es schummrig. Eine Bong wurde herumgereicht. Sie blubberte leise vor sich hin, wenn jemand an ihr zog. Tobias, Sascha, Melvin, seine neue Freundin Ilona, eine hübsche Schweizerin, die er auf dem letzten CzekTek aufgegabelt hatte, und ihr Zwillingsbruder Jakob, welcher ganz heiß darauf war, mit uns ein Soundsystem zu gründen, waren anwesend.

»Die Boxen sind echt geil. Vier Bassrutschen, zwei Mitten, zwei Höhen. Insgesamt sieben Kilowatt. Ein richtig fetter Sound.« Sascha rieb sich das Kinn. Eine Geste, die er immer machte, wenn er angestrengt nachdachte.

»Sie wollen dreitausend dafür haben. Dafür brauchen die Bässe neue Treiber. Die kann ich in Dresden besorgen.«

»Monitorboxen haben wir schon, Plattenspieler auch. Dann fehlt nur noch ein guter Mixer«, sagte Tobias, dessen Augen vom vielen Kiffen so klein waren, dass er aussah, als hätte er die Nacht durchgeheult.

»Na ja, und Kabel, ein paar Lichter, eine Nebelmaschine und ein Generator wären auch nicht schlecht«, warf Melvin ein.

»Dann lasst uns noch einen fetten Deal machen und nach Amsterdam fahren!«

»Aber die Typen haben dich doch abgezockt.«

»Eben deswegen. Sie schulden mir was. Ein zweites Mal passiert mir das nicht. Wie viel Kohle haben wir zusammen?«

Wir kamen auf knapp tausend Euro. Viel war das nicht. Wir mussten uns noch Geld leihen oder die Abnehmer um Vorauskasse für den Stoff bitten.

»Wir fahren mit deinem Lkw?« Ich schaute Jakob an. Er hatte einen kleinen, unauffälligen Truck, der sich bestens für die Tour eignete. Wenn er dazugehören wollte, konnte er jetzt beweisen, wieviel ihm das Wert war.

»Von mir aus«, zuckte er mit den Schultern.

»Okay. Wir gehen heute Nacht dieseln. Dann können wir morgen, wenn wir ausgeschlafen haben, losfahren.« Wir mussten jetzt Nägel mit Köpfen machen.

»Hauptsache, das Soundsystem wirft dann auch Geld ab. Ansonsten weiß ich nämlich nicht, für was wir diese ganze Scheiße überhaupt machen.« Sascha war aufgestanden und lief jetzt unruhig im Zimmer auf und ab.

»Hey, du immer mit deiner Scheißkohle. Wir machen das für die Revolution. Gegen den Kapitalismus, kapierst du das nicht? Beschäftige dich doch mal mit den Ansätzen von Spiral Tribe. Freetekno ist eine politische Aktion.«

Mit einem Mal war Tobias hellwach. Die Diskussion, die jetzt kam, hatte ich schon hundert Mal gehört.

»Ach, so ein Quatsch, Mann«, rief Sascha aufgebracht. »Ich will Kohle machen mit dem Ding, na klar, was denn sonst? Spaß haben, natürlich. Party feiern schön und gut, aber wenn ich nichts zum Fressen habe, bringt mir das auch nichts.«

»Kohle, Kohle, Mann. Du hast echt nichts kapiert! Darum geht es doch gar nicht! Ich will Projektionen mit politischen Botschaften auf unseren Partys laufen lassen. Ich will, dass die Leute aufwachen und sich gegen die kapitalistische Ausbeutung wehren. Ich will doch nicht genau den gleichen profitorientierten Scheiß machen, nur dass ich es dann Freetekno nenne.« Tobias nahm die Bong. Er war total aufgebracht.

»So, so. Und mit was, denkst du, haben die anderen Soundsysteme ihre Boxen bezahlt? Mit politischen Postkarten, oder was? Natürlich geht's ums Geld, um was denn sonst?«

»Mann, um den Vibe und den Spirit! Um den Zusammenhalt. Auf einem Teknival hilft jeder jedem! Meine Vision hat auf alle Fälle nichts mit deinem Geldfilm zu tun.« Tobias zog an der Bong und bekam einen Hustenanfall.

»Ich glaube, es ist besser, wenn ich und Melvin mit nach Amsterdam fahren. Ihr beide stresst euch eh nur.«

»Soll mir recht sein«, Tobias zog beleidigt sein Käppi in die Stirn.

»Na, mir auf alle Fälle auch.« Wütend verließ Sascha das Zimmer und knallte die Tür hinter sich zu.

Das sollte vorerst die letzte Fahrt nach Holland werden. Ich hatte genug vom Dealen. Danach musste das Soundsystem unsere Lebensgrundlage sein. Wir würden ab und zu ein bisschen Eintritt auf unseren Partys nehmen, wir könnten T-Shirts drucken, Platten verkaufen, Essen und Getränke ... alles würde gut werden!

Eine Woche später trudelten wir unversehrt aus Amsterdam wieder in Berlin ein, unsere Ware mit Bienenwachs geruchsneutral verpackt und in der Verkleidung von Jakobs Truck gebunkert.

Ich döste auf dem alten Sofa im Hänger von Melvin und Ilona vor mich hin. Durch die offenen Türen des Hängers konnte ich Melvin zusehen, wie er an seinem Wohnmobil schraubte, um es für unsere Tour nach Spanien fit zu bekommen. Ich machte mir Sorgen um ihn. Er war dabei, sich zu verändern, und ich konnte nichts dagegen tun. Er entfernte sich immer mehr von uns und schloss sich oft stundenlang zusammen mit Ilona im Hänger ein.

Vielleicht war unsere Spanientour die letzte Chance, um die beiden vor der Sucht zu retten. Sie mussten weg von hier. Weg von dieser Wagenburg, weg vom Heroin. Wenn wir mit unserem Soundsystem in Spanien Erfolg hatten, würden sie das Zeug vielleicht vergessen. Ein böser Hustenanfall schüttelte mich. Ich setzte mich etwas auf und drückte die Zigarette aus, die in meiner Hand vor sich hin glimmte. Dieses Mal war die Bronchitis besonders schlimm. Wenn ich mich hinlegte, pfiffen meine Lungen wie eine alte Dampflokomotive und ich bekam keine Luft mehr.

»Verdammte Scheiße!« Jakob betrat über die kleine, an den Eingang gelehnte Eisentreppe den Hänger und ließ sich keuchend neben mir ins Sofa fallen. Sein Käppi, dass er nur zum Schlafen auszog, hing ihm schräg in die Stirn . Nervös kaute er auf seiner gepiercten Unterlippe rum.

»Was ist?«

»Die Bullen haben uns beim Dieseln erwischt.« Er wischte sich mit dem Unterarm den Schweiß aus der Stirn. »Wir hatten gerade angefangen, der Diesel lief schon, da kam ein Bullenauto angefahren. Wir konnten nur noch weglaufen. Haben alles stehen und liegen lassen.«

»Wie? Ihr habt den Lkw dagelassen?«

»Ja klar, Mann. Wenn der Diesel übergelaufen ist, gibt's zusätzlich auch noch 'ne fette Anzeige vom Umweltamt. Meinen Lkw sehe ich dann nie wieder.«

Typisch Anfänger, dachte ich. Aber Jakob strengte sich an und tat alles nur Erdenkliche, damit wir ihn als Soundsystemmitglied respektierten.

»Schöne Scheiße! Das bedeutet, dass wir noch ein Silvester in Berlin verbringen müssen.«

»Sorry, ich hoffe nur, dass ich meinen Lkw wiederkriege, sonst kann ich nicht mit nach Spanien«, erwiderte Jakob zerknirscht.

»Ciao Antonio, ciao, ciao. Wir sehen uns bald. Ich komme nach Turin, versprochen.« Tilda ließ den kleinen Italiener los. Die beiden gaben ein lustiges Bild ab. Sie eine kräftige, hochgewachsene Frau mit blonden, bis unter den Po reichenden Dreadlocks und er ein dünnes Kerlchen, das in ihren Armen zerbrechlich wie eine Puppe aus Porzellan wirkte.

Antonio blickte mich mit seinen haselnussbraunen Kinderaugen zum Abschied sanft an. Dabei liefen warme Schauer durch meinen Körper. Er war so ganz anders als die anderen Männer in der Szene. Wenn er etwas sagte, suchte er die Worte sorgfältig aus. Wenn er etwas tat, dann mit Bedacht.

Er wirkte bescheiden und schien das übliche Profilierungsgehabe nicht nötig zu haben. Außerdem war er clean. Keine Drogen, kein Alkohol. Er sagte, er würde sie nicht vertragen. Er würde mir fehlen! Ich hatte mich in sein kindliches Gemüt verliebt, in seine bedachte Art, mir etwas zu erklären, in seine Sanftheit und in sein unschuldiges Lächeln.

Wir schlossen das Tor des Wagenplatzes, nachdem wir seinem Bus hinterher gewinkt hatten, bis er nicht mehr zu sehen war.

»Lass uns bei mir einen Kaffee trinken«, sagte Tilda, die ihren Lkw gegenüber von Melvins und Ilonas Hänger geparkt hatte.

Tilda war eine starke Frau und eine Einzelkämpferin, die alles, was sie sich in den Kopf gesetzt hatte, auf die eine oder andere Weise erreichte. Sie verdiente ihr Geld damit, auf der Straße Saxofon zu spielen und mit Feuerketten aufzutreten. Ihren Lkw hatte sie selbst ausgebaut. Täglich graste sie die Container der nahe liegenden Supermärkte nach Essen ab und kam mit einem prall gefüllten Rucksack zurück. Sie war überzeugt davon, in einer Wegwerfgesellschaft wie der unseren zum Leben kaum Geld zu brauchen. Auf Drogen hatte sie keinen Bock, dafür war sie zu beschäftigt. Ihr Lkw war ihr ganzer Stolz und ihr Reich.

Zwischen all den Junkies und den polnischen Punks, die die Wagenburg bewohnten, wirkte sie wie ein exotischer Vogel, um den die Leute eher einen Bogen machten. Sie war irgendwie eigenartig, auch sie schien nirgends wirklich dazuzugehören. Aber ich mochte sie und irgendwie waren wir uns auch ähnlich. Nach außen wirkte Tilda unumstößlich und wenn sie eine ihrer Ideen verfolgte, konnte sie alles, was sich ihr in den Weg stellte, wie ein Bulldozer plattwalzen. Aber dahinter konnte ich ihre Unsicherheit spüren und ihre Empfindsamkeit.

»Und, was ist jetzt der Plan?«, fragte Tilda und heizte den Allesbrenner an. Das Feuer verbreitete sofort eine angenehme Wärme im Lkw. Wir setzten uns auf das mit Flokatis und Decken ausgelegte Bettpodest. Ich berichtete ihr vom neuesten Stand der Dinge: Wie Jakob unglaublicherweise seinen Lkw zurückbekommen hatte, indem er auf dem Polizeirevier behauptet hatte, dass jemand den Schlüssel von seinem Lkw in jener Nacht, als sie beim Dieselklauen fast erwischt worden wären, entwendet hätte. Da er mit so vielen Leuten auf einer Wagenburg zusammenwohnte, konnte so was schon mal passieren. Er hatte natürlich keine Ahnung, wer es gewesen sein könnte. Da aufgrund des Diesels keine Fingerabdrücke auf den Kanistern festgestellt werden konnten, hatten die Bullen keine Beweise gegen ihn in der Hand. Er bekam seinen Lkw wieder.

»Dann fahrt ihr doch noch für Silvester nach Spanien?«

»Nein, dafür ist es jetzt zu spät. Das schaffen wir bis Silvester nicht mehr. Außerdem läuft Melvins Wohnmobil immer noch nicht.«

»Glaubst du wirklich, dass die beiden mitkommen nach Spanien?« Der Kaffee brodelte auf dem Herd und Tilda stand auf, um uns einzugießen.

»Ja, sie müssen mitkommen. Sie gehören mit zum Soundsystem.« Ich schloss für einen Moment die Augen.

Unser Soundsystem!

Wir hatten es noch immer nicht geschafft, uns auf einen Namen zu einigen. Wie sollte das weitergehen, wenn wir schon daran scheiterten?

»Wir wollen zu Silvester einen ehemaligen Club im Osten der Stadt besetzen und danach fahren wir los«, sagte ich.

»Vielleicht kann ich mitkommen nach Spanien und auf euren Partys Feuershows machen? Ich hab keine Lust, den Winter in Berlin zu verbringen. Das Problem ist nur: Ich habe keinen Führerschein.«

Ich blickte Tilda einen Moment lang an. Das war die Lösung! Ich hatte noch immer keinen eigenen Lkw und um einen zu kaufen, mit dem ich unser Soundsystem transportieren konnte, fehlte mir nach wie vor die Kohle. Aber ich würde in Spanien wieder Opium machen und dieses Mal besser darauf aufpassen. Nächsten Sommer war mein eigener Lkw fällig, das hatte ich mir geschworen.

»Ich habe einen Führerschein. Mensch Tilda, lass mich deinen Lkw fahren. Was ist, hast du Bock?«

»Echt? Na klar! Du kannst dann bei mir wohnen. Das ist perfekt!« Sie lachte. Wir prosteten uns mit dem heißen Kaffee zu.

In einem richtigen Lkw hinter dem Steuer zu sitzen, hoch oben über den anderen Autos, war ein großartiges Gefühl. Tilda, die liebend gern selbst gefahren wäre, saß in sich gekehrt auf dem Beifahrersitz.

»Wir sollten bald mal anhalten und nach Frauke und Paul schauen.«

Am nächsten Parkplatz setzte ich den Blinker. In der Box hinten, auf Tildas Bett, schaute Tobias' Freundin verschlafen hoch, neben sich ihren vierjährigen Sohn.

»Sind wir schon da?«, fragte sie.

»Nein, schön wär's. Das dauert noch. Geht es euch gut?«

»Ja. Paul schläft.«

Die beiden taten mir leid. Frauke wäre bestimmt lieber bei Tobias im Lkw mitgefahren, aber er und Jakob hatten beschlossen, bei Melvin und Ilona zu bleiben, bis sie endlich ihr Wohnmobil zum Laufen brachten und losfahren konnten. Tobias war überzeugt, dass die beiden inzwischen voll auf Heroin waren und in Berlin kleben bleiben würden, wenn er nicht auf sie wartete. Sie brauchten uns und wir brauchten sie!

Die Silvesterparty war schiefgelaufen. Schon um halb eins hatten die Bullen den Club im Prenzlauer Berg, den wir uns ausgesucht hatten, geräumt und die Plattenspieler konfisziert. Dieses Mal hatte es auch eine Strafanzeige wegen illegaler Stromnutzung und Hausfriedensbruch gegeben. 1.200 Euro hatte uns das Auslösen der Plattenspieler gekostet.

Sascha hatte nach dieser Aktion die Schnauze endgültig voll und war mit seiner neuen Flamme nach Costa Rica geflüchtet. Blieben Melvin, Ilona, Tobias, Jakob und ich als Verantwortliche für das Soundsystem übrig. Petr und Zuzana saßen in der Slowakei fest. Sie hatten kein Geld, um mit nach Spanien zu kommen.

Tilda und ich beschlossen, vorzufahren, weil wir den Umweg über Genua machen mussten, um die Fähre zu nehmen. Frauke und Paul, die nicht weiter warten wollten, packten wir hinten rein. In spätestens einer Woche wollten wir uns alle in Barcelona wiedertreffen.

Die Kerzenflamme flackerte leicht. Antonios Gesicht war ganz nah vor meinem. Unsere Lippen berührten sich fast. Alles prickelte. Ob er das auch spürte? Sein Mund näherte sich und landete mit unendlicher Sanftheit auf meinem. Ein Kuss. Ein einfacher Kuss, der mich mehr berührte als irgendein Schwanz in den letzten Monaten. Was, um Himmels Willen, war das? Langsam löste er sich wieder von mir. Ich schloss die Augen. Ein Moment voll Zärtlichkeit.

»Komm, Bettina«, er strich mir über die Wange, »lass uns rübergehen zu den anderen.«

Der Parkplatz vor einer stillgelegten Schule lag ein wenig außerhalb der Stadt. Wir schlenderten Hand in Hand von Tildas Lkw rüber zu Antonios roter Wanne.

»Da seid ihr ja. Wie wollen wir das jetzt machen mit der Überfahrt? Das Ticket für meinen Lkw ist viel teurer als für ein Auto!« Tilda wedelte aufgeregt mit einem Prospekt der Schifffahrtsgesellschaft in der Luft rum. Ich goss mir Wein aus der großen Glasgallone ein, die auf dem Tisch stand.

»Wenn das Geld nicht reicht, müssen wir als blinde Passagiere mitfahren. Hinten im Lkw versteckt«, überlegte ich.

»Wie lange dauert denn die Überfahrt?«

»19 Stunden. Mit Ein- und Ausschiffung vielleicht zwanzig.«

»Halt mal! Das schafft Paul nicht und das kann ich ihm auch nicht zumuten. Wie soll denn das gehen?«, warf Frauke ein.

»Hm ... hast du einen Führerschein, der bis 7,5 Tonnen zulässig ist?«, fragte ich. »Schaffst du das, den Lkw aufs Boot und wieder runter zu fahren? Eine Mutter mit Kind ist außerdem eine gute Tarnung. Da checken die bestimmt nicht die Box.«

Ich schaute zu Tilda: »Du, Tairo und ich bleiben in der Box im Schiffsbauch. Wenn das Schiff abgelegt hat, können wir bestimmt mal die Türen aufmachen und ein bisschen frische Luft schnappen.«

»Okay!« Tilda nahm einen Schluck Wein. »Und was passiert, wenn sie den Lkw doch checken?« Ich schüttelte den Kopf: »Das glaube ich nicht. Nicht, wenn Frauke und Paul vorn sitzen.«

»Ich komme auch nach Spanien«, sagte Antonio. »In ungefähr einem Monat. Bis dahin muss ich hier in Italien noch was erledigen.«

Ich hielt kurz den Atem an. Das hatte Lorenzo auch gesagt! Ob er wirklich nachkommen würde?

Es war stickig in der Box und die Luft zum Atmen schien immer weniger zu werden. Vier Personen plus Tairo mussten sich das bisschen Sauerstoff teilen. Lorenzo, den wir überraschend an der Fähre getroffen hatten, ein italienischer Freund von ihm, Tilda und ich.

Es war seltsam, dass Lorenzo jetzt neben mir auf dem Bett lag. Das letzte Mal, als wir uns gesehen hatten, waren wir noch ein Paar gewesen. Lorenzo wollte mir erklären, warum er letzten Sommer nicht auf dem CzechTek aufgetaucht war, um mich abzuholen. Aber es interessierte mich nicht mehr. Das war Vergangenheit. Jetzt interessierte mich nur noch Antonio.

Wir waren einverstanden, die beiden in der Box hinten mitfahren zu lassen. So konnten wir uns die Kosten für den Lkw, für Frauke und Paul teilen und es war für uns alle billiger. Wie immer hatte keiner wirklich Geld.

Ich schaute auf den kleinen Wecker, der neben Tildas Bett stand. Vierzehn Stunden waren wir bereits unterwegs. Unten polterte es. Tilda deckte den Eimer, den wir als Klo in einer Ecke des Lkws aufgestellt hatten, mit einem alten Topfdeckel ab und kam wieder aufs Bett geklettert.

»Ich hab solches Kopfweh«, sagte sie und ließ sich neben mich plumpsen.

»Ja, ich auch. Mir ist außerdem schlecht.«

Lorenzo hatte nach dem Ablegen in Genua Opium verteilt. Wir waren guter Dinge gewesen und hatten die kleinen schwarzen Kügelchen mit Wodka runtergespült. Nun bereute ich es. Anstatt ruhig davon zu werden und die Fahrt im Halbschlaf zu überstehen, begleitete mich ein permanentes Kotzgefühl.

Tairo lag zusammengerollt auf dem Boden und gab keinen Mucks von sich, als ob er genau wissen würde, dass er sich ruhig verhalten musste. So ein intelligenter Hund!

Draußen mischten sich unter das gleichmäßige Brummen der Motoren immer wieder Geräusche, als wenn dort Menschen herumlaufen würden. Wir trauten uns nicht, die Tür zu öffnen, um Luft hereinzulassen.

»Ich glaube, ich bin seekrank. Ich muss mich gleich übergeben.«

»Das ist bestimmt das Opium.« Tilda reichte mir die Wasserflasche. Es war so stickig hier drin.

Die Zeit verging nicht. Unruhig wälzten wir uns auf dem Bett hin und her. Wir hatten Angst! Wenn wir nicht bald ankamen, würde uns der Sauerstoff ausgehen und wir mussten die Box verlassen. Man würde uns erwischen und uns verhaften Plötzlich durchzuckte ein Ruckeln den Schiffsbauch.

»Leute«, flüsterte ich, »ich glaube, wir sind da!«

Neue Geräusche waren zu hören, Stimmen, die dumpf zu uns in die Box drangen, Türen, die auf- und wieder zugingen. Dann spürten wir, wie Frauke die Tür der Fahrerkabine öffnete und einstieg. Sie ließ den Motor an und kurze Zeit später kam der Lkw ins Rollen. Ich holte Tairo aufs Bett – sicher war sicher!

Frauke stoppte den Lkw. Eine Männerstimme sagte irgendetwas. Wortlos schauten wir uns an. Das musste der spanische Zoll sein. Ich hielt den Atem an und sendete ein Stoßgebet zum Himmel. Bitte! Lass alles gut gehen! Dann ein erneutes Wackeln und ein Ruck nach vorn. Wir fuhren wieder. Das war's! Jetzt mussten wir in Spanien sein!

Wir setzten uns im Bett auf. Jetzt gleich, gleich würden wir aus dieser Scheißkiste aussteigen können. Plötzlich wurde erneut gebremst. Der Lkw kam zum Stehen und im nächsten Moment rüttelte jemand an der Seitentür zur Box. Mit einem Griff warf Tilda eine Decke über uns und schon ging die Tür auf. Wir hörten Stimmen auf Spanisch miteinander reden. Ich umklammerte Tairos Schnauze, der jetzt leise zu knurren anfing. Dann ein Knall, die Tür wurde geschlossen, der Motor angelassen. Wir fuhren!

Keiner traute sich mehr, die Decken wegzunehmen. Nach ein paar weiteren Minuten hörten wir Frauke sagen: »Alles klar, ihr könnt jetzt rauskommen.«

Das helle Sonnenlicht blendete uns. Tief sog ich die frische Meeresluft in meine Lungen. Wir hätten keine weitere Stunde durchgehalten. Hinter uns lagen der Hafen von Barcelona und das Schiff, das uns hierher transportiert hatte.

Tairo lief etwas belämmert, aber schwanzwedelnd um uns herum. Das Wasser, das ich ihm in einer Schüssel hinstellte, wollte er nicht trinken. Wahrscheinlich war er auch seekrank.

Der von Palmen umsäumte Platz am Stadtrand von Valencia, wo wir unser Lager auf unserem Weg nach Süden aufgeschlagen hatten, lag direkt am Meer, neben einem großen Einkaufszentrum. Ein paar Meter weiter standen die Wohnwagen einer Gruppe Zigeuner. Verglichen mit ihrem beschaulichen Reich, das aus Campingstühlen, frisch gewaschenen Kleidern, die auf Wäscheleinen in der leichten Brise vor sich hin trockneten, ein paar Hühnern, die im Sand scharrten, und diversen alten Autos bestand, war unser Revier das reinste Chaos.

Um die große Feuerstelle in unserer Mitte stapelte sich der Müll. Bierdosen, Plastiktüten, altes, in der Sonne vor sich hin faulendes Obst und Gemüse in Holzkisten, das wir vom Markt in Valencia aus den großen Containern geholt oder vom Boden aufgesammelt hatten. Dazwischen lagen unzählige McDonalds-Tüten, angefressene Hamburger und Plastikschalen mit Pommes. Seit wir hier gelandet waren, stillten die halb aufgegessenen Menüs aus den Mülleimern vor der McDonalds-Filiale im Einkaufszentrum unseren Hunger. Immer, wenn unsere Mägen nach etwas Essbarem schrien, stiefelte eine Mannschaft rüber ins Einkaufszentrum. »Uncle McDonalds will help«, war das Stichwort.

Was sollten wir tun? Seit unserem Aufbruch in Barcelona, wo sich die Silvesterparty über drei Wochen hingezogen hatte, waren wir zu einer riesigen, unübersichtlichen Truppe hungriger, verwahrloster Gestalten angewachsen, die alle kein Geld hatten.

Da war Cirkus Alien mit sieben, acht Mann, die mit einem weiteren tschechischen Soundsystem etwas abseits in einer Ecke des Platzes parkten.

Sie hatten ihre eigene Feuerstelle, um die herum es sauberer war als bei uns. Weiter unten am Strand stand ein Lkw von Desert Storm.

Wir hatten uns einen Platz unter einer Palme ausgesucht. Ein Haufen Italiener und ein paar Franzosen, verstreute Tekno-Traveller, bildeten mit uns zusammen einen Kreis.

Ungeduldig erwarteten wir die Ankunft unserer Freunde und unseres Equipments. Sie hatten bereits zwei Wochen Verspätung und Frauke war stinksauer.

Unsere Situation war angespannt. Paul brauchte viel Ruhe. Er musste seinen Mittagsschlaf einhalten und ging abends früh zu Bett. Wenn Paul schlief, durfte keiner den Lkw betreten, damit er nicht wieder aufwachte und zu schreien anfing. Frauke hatte dafür plädiert, den Lkw etwas abseits von den anderen zu parken, um nicht mitten in dieser Müllhalde zu wohnen. Doch wir brauchten den Schutz der Leute, um nicht von den Zigeunern ausgeraubt oder von der Polizei vertrieben zu werden. Am Telefon erklärte Tobias, dass er immer noch auf Melvin und Ilona wartete, die aus irgendwelchen zwielichtigen Gründen einfach nicht von Berlin loskamen.

Immer mehr Italiener kamen auf unserem Platz in Valencia an. Punker-Bestias – ein dreckiger, saufender Haufen grölender Italiener, die sich vom ersten Kaffee am Morgen bis zur letzten Zigarette vor dem Schlafengehen bei uns durchschnorrten und warteten, bis es Zeit für die Opiumernte war. Das Chaos wurde immer größer, der Müll immer mehr und die hygienischen Verhältnisse wurden langsam zum Risiko für uns alle. Streptokokken waren im Umlauf und die Punker-Bestias trugen ihre knochentiefen Wunden zur Schau. Überall fand man die mit gelblichem Eiter durchtränkten Verbände auf dem Platz. Frauke hörte gar nicht mehr auf, sich über das rücksichtslose Verhalten der ständig besoffenen Punks zu beschweren.

Ich saß auf den Treppenstufen im Eingang von Tildas Lkw und trank meinen Morgenkaffee, in der Hoffnung, dass mich niemand beobachtete und ich ihn allein trinken konnte. Frauke badete Paul in einem großen Kochtopf unter einer der Palmen, Tilda trainierte mit den Feuerkegeln. Sie war gut. Sie schaffte es, sechs Kegel in der Luft zu halten und dabei kleine

Kunststücke zu machen. Das dünne Ende der Kegel war mit Stoff umwickelt, den sie in Lampenöl tauchen konnte, um sie anzuzünden. Die Italiener sortierten eine Kiste fauliger Orangen. Im Schatten der Wagen dösten die Hunde, Mastinos, groß wie Kälber, Kampfhundmischungen mit zerbissenen Gesichtern, die ihr Revier bewachten. Tairo traute sich kaum unter unserem Lkw hervor. Ein paar junge Italiener, alle mit Käppis und Piercings, legten im Schatten einer Plastikplane Platten auf und ließen ein Chillum kreisen.

Weiter hinten, bei Cirkus Alien, war es ruhig. Tomas saß allein auf einer Box und übte auf seiner Gitarre. Er schien meinen Blick zu spüren und schaute zu mir rüber. Für ihn schien sich nicht viel geändert zu haben seit unserer Episode vor gut einem halben Jahr und er zeigte mir seine Gefühle in unbeholfenen Annäherungsversuchen. Abends am Feuer stellte er sich hinter mich, kraulte meinen Nacken und fragte flüsternd in mein Ohr: »Sleeping in my bed, Bettina?«

Ein paar Nächte vorher, nachdem wir uns gemeinsam mit Bier und Schnaps betrunken hatten, war ich mit ihm mitgegangen. Aber ich konnte keinen Sex mit ihm haben. Meine Gedanken waren bei Antonio. Wie sollte ich Tomas erklären, dass zwischen uns nichts mehr lief? Wir sprachen ja noch nicht mal dieselbe Sprache.

Knapp neben mir, auf der Höhe meines Gesichts, klatschte eine Orange gegen den Lkw. Tilda kam um die Ecke und eine Orange traf sie am Bein.

»Mann, hört auf, basta!«, rief ich. Die Typen wussten einfach nicht, wohin mit ihrer Energie.

»Wie geht es deinem Zahn?«, fragte Tilda.

»Es geht so.« Seit der Party in Barcelona hatte ich Zahnschmerzen. Ein andauerndes, dumpfes Pochen in meiner rechten Backe, das nur mit Schmerztabletten einigermaßen auszuhalten war. Natürlich hatte es auf der Party Ketamin gegeben und nach der langen abstinenten Zeit – in Berlin war Ketamin nur schwer zu besorgen – konnte ich kaum erwarten, mich damit wegzuballern. Nachdem ich von meinem Trip wieder runter war, fingen diese höllischen Zahnschmerzen an.

Frauke hatte Paul fertig gebadet und kam zu uns herüber. »Wollen wir gleich los zur Caritas?«

Eine Alternative zum McDonalds-Fraß und zum Obst und Gemüse vom Markt war die Caritasstation in einem nahe gelegenen Dorf. Dort bekamen wir umsonst ein warmes Mittagessen und Vesperpakete für den Abend.

Auf unseren Streiftouren durch Valencia und auf der Suche nach Essen versuchten wir, auf der Straße an Geld zu kommen. Tilda spielte auf ihrem Saxofon und ich rannte mit meinem Käppi den Passanten hinterher und mimte den Clown, der um ein paar Peseten bettelte. Wenn es dunkel wurde, gingen wir zum großen Platz mit den vielen Cafés und legten eine Kassette mit Drum 'n' Bass in den kleinen Gettoblaster, den wir mitgebracht hatten. Tilda entzündete ihre Feuerketten und spielte damit. Am Höhepunkt ihrer Show nahm ich einen Schluck Lampenöl, entflammte einen der Kegel und spuckte Feuer zu der Performance. Aber unsere Bemühungen brachten meist nicht viel ein.

»Ich bleibe lieber hier«, sagte ich. Ich wollte mich ausruhen und meine Backe kühlen.

Im Truck machte ich einen Lappen nass und legte mich damit aufs Bett. Das Pochen wurde immer schlimmer. Inzwischen halfen auch die Schmerztabletten nicht mehr richtig. Wenn das so weiterging, musste ich mir einen Zahnarzt suchen. Aber wer würde mir helfen, ohne Geld und ohne Krankenversicherung?

Es klopfte. Ich stieg vom Bett und öffnete die Tür. Eine der Frauen vom Desert-Storm-Soundsystem, die ich noch von meinen ersten Tagen in Fintek kannte, stand davor. Sie begrüßte mich und setzte sich in den Eingang des Lkws. Dann schaute sie eine Weile still in den Himmel.

»Wir, mein Freund und ich, haben uns getrennt«, sagte sie ernst.

Was? Die beiden? Das Herzstück von Desert Storm ... wie konnte das sein? Sie waren doch mein großes Vorbild und der Grund, warum ich immer daran geglaubt hatte, dass die Freetekno-Kultur etwas Gutes auf dieser Welt bewirken konnte. Sie hatten meinem Leben eine Richtung gegeben. Ich bewunderte sie so sehr für ihren Zusammenhalt, ihre Kreativität, ihre

Professionalität, ihre Musik, für ihr Rig, das mit zu den besten gehörte, die ich kannte. Für ihren Einsatz in Bosnien und dafür, dass sie ihr Geld wirklich mit ihrer Musik und nicht mit schrägen Geschäften verdienten.

Autsch! Mein Zahn! Wie ein Presslufthammer pochte der Schmerz in meinem Schädel und schwoll immer weiter an.

»Fünf Jahre Beziehung sind eine lange Zeit«, fuhr sie fort, »fünf Jahre zusammen in einem Lkw zu leben, auf ein paar Quadratmetern jeden Tag miteinander zu verbringen unter härtesten Bedingungen, ist nicht einfach. Jahr für Jahr, tagein, tagaus nur für die Partys zu leben. Immer Leute um dich herum, das strapaziert jede Beziehung.«

Sie sah traurig aus. Und sie schien jemanden zu brauchen, dem sie ihr Herz ausschütten konnte. Mir! Ich strengte mich an, ihren Worten zu folgen. Aber ich konnte kaum klar denken. Mein Zahn nahm meine ganze Konzentration in Beschlag.

»Das Soundsystem war immer das Wichtigste für uns. Es war der Kern, der uns zusammenhielt. Es war unser Baby, um das wir uns gekümmert haben.«

Sie schien nicht mitzubekommen, welche Qualen ich gerade ausstand.

»Wir haben die Energie hochgehalten, so gut wir konnten. Wir haben uns immer bemüht, eine positive Energie in die Szene zu bringen. Es war eine wichtige Zeit. Aber jetzt werden wir uns wohl trennen.«

»Hmm ...« Ich stand auf und stürzte zum Wasserkanister. »Sorry«, murmelte ich, »aber ich habe Zahnschmerzen.«

Sie zuckte zusammen, als ob sie eine Ohrfeige bekommen hätte. »Oh«, sagte sie und erhob sich, »ich dachte, es würde dich interessieren.«

Sie stand auf und stieg die Stufen runter. Langsam ging sie über den Platz, zurück zu ihrem Fahrzeug. Scheiße! Das wollte ich nicht. Au!

»Aua, aua!« Ich donnerte mit meinem Kopf gegen die Scheibe des Bullis. Der Franzose hinterm Lenkrad schaute mich mitleidig an. »Halt durch, wir sind gleich da.«

Gott sei Dank kannte er sich in Valencia aus. Zielgerichtet fuhr er den Bulli durch den abendlichen Berufsverkehr. Ich presste eine Hand gegen meine Backe. Gleich würde ich durchdrehen. Vor einem Gebäude mit einem roten Kreuz auf den Fenstern hielt er an.

»Ich soll ihn also ziehen?« Der Arzt wies auf die Zange in seiner Hand.

»Ja, bitte. Raus damit. Schnell.«

Eine Spritze, dann hörte ich es krachen. Wie bei einem Baum, den man samt Wurzeln aus der Erde reißt. Ich war es los. Das Mistding.

Als wir kurze Zeit später wieder auf den Platz rollten, waren sie da. Schon von weitem sah ich Tobias' auffällig gestrichenen Truck, Jakobs kleineren, weißen Lkw in dessen Schatten. Daneben parkte das graue Wohnmobil von Melvin und Ilona. Unser Soundsystem war angekommen!

Spanien war das richtige Land für uns. Endlich lief unser Soundsystem, ohne dass die Bullen mitten in der Nacht kamen und uns den Spaß verdarben. Wenn alles aufgebaut war, das Soundsystem schnurrte, die Tanzfläche sich nach und nach füllte und die Energie hochging, wenn unsere Arbeit sich in den glücklichen Gesichtern der Partygäste spiegelte, dann waren wir stolz darauf, wie weit wir es gebracht hatten. Wir tanzten gemeinsam vor unseren Speakern und klopften uns gegenseitig auf die Schultern. Wir hatten unser Ziel erreicht, unser Traum war Wirklichkeit geworden. Die Streitigkeiten vor und nach den Partys waren dann für einen Moment vergessen, die Machtkämpfe, die Rechthaberei, die ewigen Diskussionen.

Jede Entscheidung, die wir zu treffen hatten, artete in Streit aus. Wo wir parken wollten, wann und wo die nächste Party steigen sollte, welche Preise wir für die Getränke verlangten, wer den nächsten Flyer entwerfen sollte, wer wann auflegen durfte, wer welche Aufgaben zu übernehmen hatte. Allen voran Melvin und ich. Es gab keinen einzigen nüchternen Moment, in dem wir uns in Ruhe lassen konnten.

Doch während der Party spülte die Musik alles weg und trug uns euphorisch und zuversichtlich auf den Bässen durch die Nacht. Jede gelungene Party war ein Grund, weiterzumachen.

Es ist Karneval in Cádiz und wir haben das Soundsystem neben dem Hafen unten am Meer aufgebaut. Ein Haufen verkleideter Spanier tanzt vor unseren Boxen. Ich stehe an den Decks und lege auf. Ich habe inzwischen gut dreihundert Platten. Es passiert nicht oft, dass ich mich traue, auf einer Party aufzulegen. Häufig bin ich zu verstrahlt oder ich habe ohne Drogen nicht den Mut, mich hinter die Decks zu stellen. Aber jetzt gerade passt es!

Durch das Sichtfenster zwischen den mit Planen abgedeckten Monitorboxen sehe ich die Leute begeistert zu meiner Musik im Sand rumhüpfen. Sie finden mich gut, finden meine Musik gut. Sie pfeifen und wollen mehr davon. Ich lege sicher auf, weiß, wann ich welche Platte wie einspielen muss.

Melvin kommt mit einer Line Speed und einem Wodka hinter das DJ-Pult. »Geile Mucke«, sagt er. In seinen Augen spiegelt sich Anerkennung und ich bin glücklich. Mehr brauche ich nicht. Mehr will ich nicht.

Am Meer entlang geht es nach der Party weiter Richtung Málaga. Um diese Jahreszeit ist der Atlantik stürmisch. Es weht ein rauer Wind, der die feuchte Luft unangenehm kalt erscheinen lässt. Wir wollen in das Travellertal, das ich von meinem letzten Winter in Spanien kenne, als ich noch den goldenen Audi 80 fuhr. Dort wollen wir darauf warten, dass die Opiumfelder reif für die Ernte werden. Wir lassen uns Zeit auf unserer Reise, halten an den schönsten Stränden an, bauen ein paar Boxen auf und fahren erst weiter, wenn uns die Bullen verscheuchen.

»Meinst du, das kann man noch essen?« In Melvins Wohnmobil staute sich die Hitze. Neben der Kochplatte gammelte eine Packung Hackfleisch vor sich hin, die von unserer letzten Tour zu den Mülltonnen in Granada übrig geblieben war. Bunt schillernde Schmeißfliegen hatten kleine Löcher in die dünne Plastikfolie der Verpackung gebissen und surrten munter darauf herum. Unter den aufgeplatzten Stellen hatte das Fleisch eine grüne Farbe angenommen.

»Bestimmt haben die Fliegen Eier reingelegt«, gab ich zu bedenken. Der Schweiß tropfte mir von der Stirn.

»Scheißegal. Eier sind auch nur Proteine. Ich brate das jetzt an. Willst du?«

Melvin verscheuchte die Fliegen mit einem Handschlag und setzte die Pfanne auf den Herd. Abwesend nickte ich.

Aus meinem Hüftbeutel holte ich eine Rolle Geldscheine und fing an zu zählen. Das war alles, was ich in den letzten Wochen mit ein paar kleineren Deals verdient hatte. Unsere Partys warfen nicht wirklich Geld ab. Wir verlangten keinen Eintritt und das bisschen, was die Bar abwarf, hielt uns nur notdürftig über Wasser.

»Fertig!« Melvin stellte einen Teller mit angebratenen Fleischbällchen vor mich hin. Sie waren scharf gewürzt. Ich steckte mir eines in den Mund und schaute durch die verdreckten Scheiben nach draußen.

Das Festival in einem benachbarten Tal, von dem wir gerade erst zurückgekommen waren, hielt meine Gedanken noch gefangen, obwohl die Erinnerungen daran immer mehr verwischten, so als ob es diese letzte Nacht auf dem Festival nur in meinen Träumen gegeben hätte.

In meiner Lieblingssommermontur, einer blauen Trägerlatzhose und darunter ein silberner Bikini, war ich von Soundsystem zu Soundsystem gewandert, high, jenseits aller Realität. Auf einem unglaublichen Soundteppich schwebend, hatte ich gespürt, wie jemand an meinen Hosenträgern zog und mich von der Tanzfläche zerrte. Es war einer der Punker-Bestias, der seit Valencia hier und da mal auftauchte. Er hatte sich eine Matratze, die an einen Lkw gelehnt stand, geschnappt und mich ein paar Meter in die Dunkelheit geschoben. Schneller als ich es begreifen konnte, hatte er mich ausgezogen und seinen Schwanz in mich gestoßen. Irgendwie war ich danach aufgestanden, um weiterzufeiern.

Am nächsten Tag war er an Tildas Truck vorbeigeschlendert, hatte mich angegrinst und nach Kippen gefragt und ich hatte ihm eine gegeben.

»Hey.« Jakob erschien am Eingang des Wohnmobils. »Na, alles klar?«

»Klar, willst du einen?«, grinste Melvin und hielt ihm den Teller mit Fleischbällchen hin.

»Ihh.« Er rümpfte die Nase. Jakob war überzeugter Vegetarier. »Tilda meinte gerade, dass unter den Italienern Hepatitisviren kursieren und das schon seit Valencia.«

Ich schluckte. Hoffentlich hatte der Typ mich nicht angesteckt!

»Ich muss was mit euch besprechen. Komm mal rein, Jakob, und mach die Tür zu.« Ich nahm noch eines von den Fleischbällchen.

»Passt auf! Auf dem Festival habe ich von einer Engländerin die Nummer von einem Haus in Ceuta bekommen.«

»Wo liegt den Ceuta? Boah, stinkt das hier.« Jakob stand auf, um ein Fenster zu öffnen. Ich hielt seine Hand fest und schüttelte den Kopf. Uns sollte niemand hören.

»Das ist eine kleine spanische Enklave in Marokko. Mit der Fähre von Algeciras aus in zwei Stunden zu erreichen. Wenn man diese Nummer also anruft und sagt, man will Jussuf sprechen, bekommt man eine Adresse, zu der man sich dann mit einem Taxi fahren lässt. Ich will dort Hasch kaufen. Gutes Hasch und billiges Hasch. Ich habe es auf dem Festival probiert.«

»Und wie willst du das Hasch aufs Festland schmuggeln?« Melvin nahm ein altes Shirt und wischte sich damit über die Stirn.

»Schlucken! Bevor man die Hascheier schluckt, muss man Tabletten gegen Durchfall nehmen, damit sie lang genug im Magen bleiben. Am besten gehen sie wohl mit Trinkjoghurt runter.«

Wir schwiegen eine Weile.

»Jakob«, ich schaute ihn an, »ich möchte, dass du mit mir mitkommst. Ich habe genug Geld, um ein Kilo zu kaufen. Das kann ich aber nicht allein schlucken. Wenn man es zum ersten Mal macht, sollte man sich nicht zu viel vornehmen. Ein halbes Kilo, höchstens ein dreiviertel.«

»Oh Mann, ich weiß nicht ...«

»Dafür, dass du mitkommst, und dafür, dass du das Hasch dann in deinem Lkw nach Deutschland fährst, schenke ich dir ein Viertel Kilo, quasi als Bezahlung«, unterbrach ich ihn.

»Ein Viertel Kilo!« Jakob stand auf. »Das muss ich mir durch den Kopf gehen lassen. Ich sag dir später Bescheid.«

Als er gegangen war, sagte ich zu Melvin: »Ich will endlich einen eigenen Lkw! Ich halte das so nicht mehr aus! Ich brauche unbedingt ein eigenes Zuhause!«

Antonio war angekommen. Seit wir in Turin losgefahren waren, hatte ich auf diesen Moment gewartet. Dass ich wieder voll auf Drogen war, war mir peinlich. Antonio verhielt sich entsprechend distanziert, redete kaum ein Wort mit mir und zeigte keinerlei Interesse an Sex. Er lud mich nicht zu sich in den Bus ein und ich schlief weiter draußen im Schlafsack am Feuer.

Eines Morgens wachte ich auf und hatte solche Sehnsucht, dass ich an seiner Tür klopfte. Er öffnete mir und bat mich herein. Ich setzte mich auf die zu einem Bett umgebauten Bänke und beobachtete ihn, wie er Wasser für Tee heiß machte.

»Darf ich mal schauen«, fragte er, kam zu mir und zeigte zwischen meine Beine.

»Was meinst du?«, fragte ich.

»Na, das da. Kannst du die Hose bitte ausziehen?«

Ich schälte mich aus meiner Latzhose. Antonio kniete sich vor mich hin und öffnete meine Beine.

»Was machst du da?«, fragte ich.

»Nichts. Ich wollte mir das mal genau ansehen.«

»Dann lass mich auch!«

Antonio zog ebenfalls seine Hose aus. Vorsichtig nahm ich seinen Penis in die Hand, der darin langsam steif wurde. Irgendwie war das ein intimer Moment. Antonio beugte sich zu mir und küsste mich, dann lehnte ich mich zurück und wir schliefen ganz ruhig miteinander.

»Du solltest nicht so viele Drogen nehmen«, sagte er, nachdem wir fertig waren, »das macht dich hart.«

»Ich weiß, Antonio, ich weiß!«

Im Schein des Lagerfeuers zählte ich die Gesichter. Melvin, Ilona, Jakob und Antonio. Tilda war nicht mehr da und auch Tobias hatte uns gemeinsam mit Frauke und Paul verlassen, um zurück nach Berlin zu fahren. Tilda war nicht glücklich gewesen mit uns. Sie hatte sich allein und unausgelastet gefühlt, die ganze Drogennehmerei ging ihr auf die Nerven. Sie wollte zurück nach Berlin, um ihren Führerschein zu machen. Frauke war froh, endlich den hygienischen Risiken entkommen zu können, und Tobias hatte seinen Platz an Jakob abgetreten.

»Ich finde, wir sollten morgen früh in die Opiumfelder aufbrechen und nur mit dem Wohnmobil fahren. Jakobs Lkw lassen wir hier.«

»Ja, Opium. Ja, warum nicht«, sagte Antonio und lächelte ins Feuer.

Vorsichtig ziehe ich meinen Bauch ein und spüre die vielen in Klarsichtfolie eingepackten Eier, wie sie in meinem Magen gegeneinanderreiben. Mir ist schlecht, schwindlig und ich werde das Gefühl nicht los, dass meine Magensäure die Folie angreift und die darin steckenden Giftstoffe auflöst. Jakob sitzt kreidebleich neben mir. Dann legt das Boot ab.

Ich lehne mich zurück, hoffe, dass die Überfahrt nach Algeciras schnell vorbeigeht. Bilder ziehen durch meinen Kopf, vermischen sich mit der von der Folie verursachten Benommenheit: die Tage im Opiumfeld. Bauern mit Schrotflinten, die ihre Felder bewachen und auf uns schießen. Dörfer voll ausgehungerter Junkies. Die Gier in Melvins und Ilonas Augen, beim Bearbeiten der blutenden Pflanzen. Die Kolumbianerin, bei deren Mann eines der Kokspäckchen im Magen aufgegangen ist ...

Antonios verständnisloses Gesicht, als er von meinem Plan hörte, nach Ceuta zu fahren, um Haschisch zu kaufen.

»Kein Hasch, Bettina, mach das nicht«, hatte er mich gebeten.

Aber ich musste fahren. Ich wollte meinen Lkw!

Die Garage in Ceuta, der Kocher, Kinderhände, die Hascheier formen. Jakob, der verzweifelt würgt und nichts runterbekommt. Eier, die in meinem Magen verschwinden. Eines nach dem anderen. Fast ein ganzes Kilo! Ich musste sie alle schlucken, ich hatte sie ja bereits bezahlt!

Das Boot schaukelt. Gleich sind wir da. Vor uns der Zoll. Wir werden ohne Kontrolle durchgewunken. Gut, dass ich die Piercings rausgemacht habe.

Im Gebüsch direkt hinter dem Hafen gehe ich in die Hocke und halte eine Plastiktüte unter. Die erste Ladung kommt rausgeschossen, wie Patronen aus einem Maschinengewehr.

Oh Gott, was ist bloß mit Antonio los? Da sitzt er in seinen Schlafsack gehüllt auf dem dreckigen Boden und raucht ein Chillum nach dem anderen mit meinem Haschisch. Seine Augenbrauen hat er abrasiert. Seine Haare: abrasiert. Er schaukelt hin und her, hin und her. Dabei redet er laut vor sich hin. Ich kann den, mit dem er redet, nicht sehen, aber ich kann die Worte, die er zu ihm spricht, verstehen. Und es tut weh, was er sagt.

Jetzt lacht er, schüttelt den Kopf und sagt: »Nein, ich brauche keine Frau, die wie ein Roboter, die wie ein Mann ist! Was ich brauche, ist eine zarte Freundin, klein und zierlich. Ein empfindliches Wesen, mit einem großen Herzen, kein Diktator, der nichts fühlt. Eine süße Frau, mit der ich Sex haben kann, eine, die Sex genießen kann ...«

Jetzt schaut er mich an und schaut durch mich hindurch. Wieder lacht er, als ob ich gar nicht da wäre.

Es liegt an dem Hasch! Seit er angefangen hat, Hasch zu rauchen, hat er sich verändert. Jeden Tag ein bisschen mehr.

Ich fühle mich schuldig, irgendetwas stimmt nicht mit ihm. Antonio, bitte komm zurück!

»Ja, so eine niedliche Frau, mit der ich Sex haben möchte, eine, die ist wie ich. Eine, die mich versteht. Eine, die keine Drogen nimmt. Frauen, die Drogen nehmen, sind eklig, sind hässlich, sind tot ...«

Ich gehe weg. Warum tut er das? Warum sagt er diese Dinge? Er will mich treffen und er trifft mich. Ganz tief drin.

Ich lasse den Motor an. Melvins Wohnmobil setzt sich in Bewegung. Im Rückspiegel taucht Antonio auf, den Schlafsack um seinen nackten Körper gelegt. Er läuft dem Wohnmobil hinterher und ruft mir zu: »Kauf dir keinen Lkw! Was du brauchst, ist ein Militärfahrzeug.«

Weg hier! Nichts wie weg von diesem Horror!

Wir erreichen die Straße und verlassen das Tal. Ich kann die Straße durch den Schleier meiner Tränen kaum erkennen. Wie ein tausendfach gezacktes Messer stecken Antonios Worte in meiner Brust. Welcher Dämon hat von ihm Besitz ergriffen?

Ilona, neben mir auf dem Beifahrersitz, reicht mir eine Zigarette. »Alles wird gut«, sagt sie. Aber ich glaube nicht, dass alles gut wird. Alles in mir ist dunkel. Abgründe tun sich auf und ich drücke das Gaspedal bis zum Anschlag durch, weil ich hoffe, dass ich nur schnell fahren muss, um ihnen zu entkommen. Jakob ist jetzt irgendwo ganz allein in seinem Lkw unterwegs, mit all unseren Drogen, allein auf dem Weg nach Berlin. Hoffentlich geht bei ihm alles gut! Mit dem Erlös würden wir unser Soundsystem aufrüsten und im Herbst nach Indien fahren. Die Flucht nach vorn scheint das Einzige zu sein, was noch übrig bleibt.

ABGEFUCKT

Sascha stand, die Hände in den Hosentaschen vergraben, in der offenen Eingangstür von Ilonas Hänger. Hinter ihm flitzten die Ratten über den zugemüllten Wagenplatz. Ein paar besoffene Punks zankten sich mit der blonden Junkiebraut, die im Wagen nebenan wohnte.

»Sie haben Jakob erwischt. Gerade hat mich sein Anruf erreicht. Ein paar Zivilbullen haben ihn in Köln gefilzt und das ganze Zeug gefunden. Verdammte Scheiße! Er hatte es fast geschafft.« Sascha schloss die Tür zum Hänger hinter sich.

Die Nachricht traf mich so heftig, als ob mir jemand einen Stein in den Magen gerammt hätte. Was, wenn Jakob plauderte und sagte, von wem er die Drogen hatte? Ich wollte nicht wieder in den Knast! Und was war mit unserem Soundsystem? Schon wieder war alles weg. Schon wieder hatte ich kein Geld. Ich hielt das alles, hielt mein Leben nicht mehr aus!

Sascha erzählte, was er gehört hatte. Jakob war ohne Probleme an den Grenzen bis Köln gut durchgekommen. Hier wollte er sich für eine Nacht ausruhen. Da bisher nichts passiert war, hatte er gedacht, er könne sich nun einen Joint gönnen. Er hatte das Versteck geöffnet und die Drogen rausgeholt. Gerade, als alles auf dem Tisch lag, donnerte es gegen die Tür. Draußen standen die Bullen. Jakob wurde verhaftet, Drogen, Soundsystem und der Lkw wurden konfisziert. Nach 24 Stunden wurde er wieder entlassen, keiner wusste, warum. Er hatte Sascha angerufen und war jetzt auf dem Weg nach Berlin.

»So ein Penner! Wie kann man so kurz vor dem Ziel das ganze Zeug rausholen?«, regte Melvin sich auf.

»Tja, das wird wohl nix mit Indien!« Sascha suchte nach einem Platz, um sich hinzusetzen.

»Warum ist er denn schon wieder frei? Ob er erzählt hat, wem die Drogen gehören?« Ich hatte Angst. Bevor ich nicht genau wusste, was passiert war und was Jakob ausgesagt hatte, konnte ich den Wagenplatz nicht verlassen. Hier war ich halbwegs sicher.

Spät nachts klopfte Jakob gegen die Tür des Hängers. Ich war eingenickt. In der Zwischenzeit hatten Melvin und Ilona Heroin genommen. Ich konnte es an ihren Pupillen erkennen, daran, wie sie sich rieben und kratzten. Spanien hatte sie nicht von ihrer Sucht abbringen können.

Im Wagen war es schummrig. Von draußen dröhnte krachende Punkmusik zu uns herein. Jakob sah müde aus.

»Ja, Scheiße, Mann, das war alles so heftig«, sagte er und setzte sich zu mir aufs Sofa. Wir blickten ihn an und warteten. Dann erzählte er uns seine Geschichte:

Dass er in den Bergen in Spanien drei Tage stehen musste, weil er sich beim Dieselklau eine Dieselvergiftung zugezogen hatte. Dass er Angst gehabt hatte, allein und mit schmerzenden Lungen in dem stickigen, heißen Lkw zu sterben. Wie er in Frankreich in einer Schule nach etwas Essbarem gesucht hatte, die ganze Zeit ohne einen Pfennig Geld unterwegs war und aus lauter Verzweiflung seine Mutter angerufen hatte. Wie stolz er gewesen war, als er in Köln ankam. Dass er gedacht hatte, jetzt hätte er es geschafft.

»Ich hab den Bullen erzählt, dass ich das Zeug von ein paar Spaniern habe, die mir Geld für den Transport geben wollten, wenn ich es in Berlin abliefere. Sie haben es geglaubt. Aber kann sein, dass ich observiert werde. Wir müssen vorsichtig sein.«

»Hey, wie kann man nur so blöd sein. Scheiß Kiffer!«, schnauzte Melvin.

»Was ist denn jetzt mit dem Soundsystem? Wann bekommen wir es wieder?«, fragte ich.

»Möchte nicht wissen, was der Anwalt kosten wird. Ich bezahle den auf jeden Fall nicht«, sagte Sascha.

»Sag mal, spinnt ihr alle? Ich bin gerade verhaftet worden, hab uns aus der Scheiße rausgeredet und ihr denkt nur an Kohle, ans Dope oder an die Boxen. Wie es mir dabei geht, interessiert wohl niemanden.«

Es war wieder wie in Spanien. Jeder dachte nur an sich! Ich war sauer, weil ich wieder vor dem Nichts stand, Melvin und Ilona waren sauer, weil sie ihr Opium verloren hatten, Sascha, weil er uns alle für unfähig hielt, und Jakob, weil er sich alleingelassen und verraten fühlte. Der Einzige, der die ganze Zeit kein Wort gesagt hatte, war Tobias. Er war innerlich bereits ausgestiegen, das konnte man ihm ansehen. Dass er Melvin und Ilona nicht helfen konnte und dass Frauke und Paul die ganze Spanientour als kompletten Reinfall erlebt hatten, hatte ihm den Rest gegeben.

Wir diskutierten, wie es jetzt mit uns weitergehen sollte. Nach ein paar Stunden konnten wir uns auf eine Sache einigen: Wir wollten eine letzte gemeinsame Soliparty geben, um die Anwaltskosten zu finanzieren, und danach ging jeder seiner Wege.

Der Bauwagen war nicht gerade schick, aber besser als gar nichts. Das Ding stand verlassen auf der Straße. Hin und wieder hatte er als Unterschlupf für heimatlose Junkies gedient. So sah er auch aus. Nachdem wir ihn mit Mühe auf den Platz gerollt und neben Ilonas Hänger platziert hatten, machte ich mich ans Putzen. Ein Podest war schon eingebaut, auf das ich eine alte Matratze legte. Von Melvin bekam ich einen Eisentisch und zwei Stühle. In den Ecken waren Löcher in dem morschen Holz, aber noch war es warm.

Ich zog in den Bauwagen ein, mit meinen Platten, einem Rucksack voll Klamotten und Tairo. Tairo mochte die Wagenburg nicht. Die anderen Hunde stellten ihm nach, wenn wir über den Platz liefen. Er musste sich einen Schleichweg unter den anderen Wagen hindurch suchen, um heil vom Eingangstor zum Bauwagen und zurück zu kommen. Immer wieder haute er ab, war ein, zwei Tage verschwunden. Dann bekam ich einen Anruf, dass er im Friedrichshain im besetzten Haus vor der Tür auf Einlass gewartet hatte und ich ihn abholen könne.

Ich war nur froh, einen Platz zu haben, wo ich die Tür hinter mir schließen konnte. Von der Treppe aus, auf der ich morgens in der Sonne meinen Kaffee trank, hatte ich zur linken Seite Tildas Truck und zur rechten Melvins und Ilonas Reich im Blickfeld.

Ich verbrachte viel Zeit bei Tilda. Zusammen durchstöberten wir die Container der Umgebung nach Essen, suchten auf der Straße nach Möbeln und Geschirr für meinen Bauwagen. Melvins Tür blieb immer öfter für mich verschlossen. Er redete kaum noch mit mir. Ich war ausgetauscht worden. Seine beste Freundin hieß jetzt Heroin. Wenn ich auch welches nehmen würde, vielleicht wären wir dann wieder gute Freunde? Obwohl Tilda nach besten Kräften versuchte, mich aufzumuntern, konnte sie die Traurigkeit und das Gefühl von Sinnlosigkeit nicht vertreiben, die mich seit Spanien nicht losließen.

Ich lege die Sprühdose zur Seite. »FREETEKNO« steht in leuchtenden Lettern an der Wand. Die beiden »E« habe ich in zwei Boxen verwandelt und über dem »T« ein großes Martinshorn gemalt. Ich bin zufrieden. Wie oft habe ich dieses Wort schon an eine Mauer gesprüht und die Schriftzüge dabei immer mehr verfeinert? Unzählige Male! Jedes Mal mit tiefster Überzeugung, dass Freetekno die einzig wahre Lebensweise für mich verkörpert. Tekno und Freiheit! FREETEKNO!

Ich setze mich auf den staubigen Boden und lege eine Line Speed. Meine Lippen und Backen sind ganz aufgeschürft vom vielen Kauen. Ich habe lange nicht mehr geschlafen, lange nichts gegessen. Um mich herum herrscht geschäftiges Treiben. Lampen werden aufgehängt, Boxen überprüft. Nur noch wenige Stunden und es geht los.

Melvin und Ilona sind seit Tagen mit der Dekoration des verlassenen Gebäudes nahe dem Rosenthaler Platz beschäftigt. Was sie geschaffen haben, ist toll.

Sie haben es geschaffen! Nicht wir. Wir haben nur gestritten. Darüber, wer mehr drauf ist, wer verpeilter ist, wer was vergessen hat. Ich spüre die Eifersucht. Die beiden arbeiten zusammen und brauchen mich nicht.

Ich bin mal wieder überflüssig. Fehl am Platz. Dabei scheint es eine gute Party zu werden. Die DJs sind informiert, die Soundsysteme startklar.

Wir nehmen fünf Euro Eintritt. Es ist die Soliparty für die Anwaltskosten. Die Räume füllen sich mit Gästen. Letzte Bilder werden aufgehängt. Wir bekommen Komplimente. Geile Party!

Die beiden Stockwerke fangen an zu wummern. Im unteren Bereich laufen Ragga und Drum 'n' Bass. Oben Techno. Aber anders als sonst stehen wir dieses Mal nicht zusammen vor den Boxen und feiern uns. Die Geschichte mit Jakob hat uns endgültig getrennt.

Um fünf Uhr morgens stürmen Bullen das Gebäude. Die Musik wird gestoppt, die Partybesucher rennen nach draußen. Melvin und ich schleppen eine der großen Bassboxen die steile Treppe runter. Ich schwitze, bin am Ende meiner Kräfte. Renne nochmals in das Gebäude rein, hole die Plattenspieler. Als ich wieder auf die Straße trete, wird Melvin gerade von einem Bullen in einen Streifenwagen gesteckt.

Meine ganze Wut entlädt sich. Ich schleudere die Wodkaflasche, die ich in einer Hand halte, auf die Straße, wo sie in tausend Stücke zerbricht.

»Ihr Schweine«, schreie ich und fange an zu heulen. Die Bullen glotzen mich blöd an.

In der Kasse sind ein paar Hundert Euro.

Bruno wirft mir eine Zigarette vor die Füße und stellt eine Pulle Jägermeister dazu. Ich sitze in meiner orangefarbenen BSR-Hose im Eingang meines Bauwagens und trinke Bier. Spätsommerliche Hitze liegt über der Wagenburg. Es riecht nach Essensresten, Alkohol und Pisse. Auf Brunos nacktem Oberkörper zeichnen sich unter einem glänzenden Film aus Schweiß schwarze Striemen ab. Sie lassen seinen braunen Teint noch dunkler erscheinen. Der Rest von ihm steckt in einem dreckigen Overall, dessen Ärmel er um die Hüften zusammengebunden hat. Die ausgelatschten Springerstiefel stehen offen.

»Merci!« Ich hebe die Zigarette auf. Das ist seine Art der Fürsorge. Seit der ersten Nacht, die wir zusammen verbracht haben, passt er auf, dass ich immer genug Alkohol, Zigaretten und Speed habe. Morgens schüttet er mir ein bisschen was davon in meinen Kaffee, damit ich aufstehen kann.

Ich brauche einiges, um mich auf meinem Level halten zu können. Einen Liter Hart-Alk, fast immer Jägermeister, ein Gramm Speed, zwei bis drei Gramm Gras, unzählige Zigaretten und Bier. Damit komme ich über den Tag und die Nacht. Das ist die Grundversorgung. Ohne die funktioniere ich nicht mehr. Schaffe ich es auf eine Party oder kommt Besuch vorbei, nehme ich gierig alles, was ich sonst noch angeboten bekomme. Hauptsache, es dröhnt.

Bruno ist noch ärmer als ich. Seine beiden Werkzeugkästen und der Schrott, den er bei seinen nächtlichen Streifzügen sammelt, stapeln sich in meinem Bauwagen. Ich liebe ihn nicht. Manchmal sehe ich ihn an und habe das Gefühl, er ist ein Monster. So kaputt. Er ist am kaputtesten von uns allen. Wir sprechen auch nicht miteinander. Aber er ist allein und ich bin allein, und wenn ich richtig drauf bin, finde ich ihn manchmal ganz süß.

Wenn Bruno von seinen nächtlichen Touren zurückkommt, bindet er die Ärmel seines Overalls auf und lässt ihn auf den Boden gleiten. Dann steht er nackt und mit verstrahlten Augen vor meinem Bett und ich weiß, was nun kommt: Er will vögeln, will sich vom Speed runtervögeln. Ich lasse ihn. Es ist mir egal. Bin mit den Gedanken woanders, denke an den Sommer, der zu Ende geht.

Dieser vergehende Sommer ... alles war wie immer und doch war nichts mehr so, wie es mal war. Das CzechTek, die vielen anderen Partys ... ich habe mich reden hören, tanzen sehen, doch es war, als ob ich nur noch aus einer empfindungslosen Hülle bestanden hätte.

Ich beobachte Bruno, wie er einige Packungen eingelegtes Fleisch, die er von seiner Containertour mitgebracht hat, aus seinem Rucksack zieht und mit schweren Schritten zum hinteren Teil der Wagenburg stapft, wo die Feuerstelle ist. Wir werden wohl grillen.

Melvin liegt mit Ilona in der Hängematte, die er gleich neben meinem Bauwagen aufgespannt hat. Plötzlich kann ich die Tränen nicht mehr zurückhalten. Auf den Stufen meines Bauwagens sitzend, stürzt die Einsamkeit des ganzen Sommers mit einem Mal über mich herein. Sie schüttelt mich, als ob sie mich wachrütteln möchte. »Wach auf«, sagt sie. Geh weg! Es ist vorbei! Dein Traum ist ausgeträumt!

Aber wo soll ich denn hin? Ich kann den Film nicht mehr zurückdrehen. Ich kann auch nicht aufhören. Den Ausstieg habe ich schon lange verpasst.

Melvin schält sich aus der Hängematte und kommt auf mich zu.

»Na, alles okay«, fragt er und will mich in den Arm nehmen. Ich stoße ihn weg. Hau ab! Auch du hast mir wehgetan. Sofort schnappt er ein.

»Na, dann halt nicht«, sagt er und trollt sich in Richtung Feuerstelle.

Ich gehe zu Ilona, lege mich zu ihr in die Hängematte. Wie schauen uns an. Das Sonnenlicht blendet. Sie lächelt mir aus ihren Stecknadelpupillen zu. Ich trinke einen großen Schluck Jägermeister. Langsam hört der brennende Schmerz in meiner Brust auf. Die Flut zieht sich zurück und hinterlässt einen dunklen, schlammigen Morast.

Ich sitze voll auf LSD allein am Feuer. Neben mir auf dem Boden liegt ein rostiger Nagel. Ich hebe ihn auf und lege ihn in die Flammen. Als er zu glühen anfängt, drücke ich das orange leuchtende Ende auf meinen Arm. Es tut nicht weh. Meine Haut schrumpelt dort, wo ich den Nagel aufsetze, und bildet in der Mitte einen feinen Graben. Es riecht nach verbranntem Fleisch. Ich wiederhole das Ganze und beobachte fasziniert, wie die Wunde immer tiefer wird. Jemand stupst mich an, es ist ein Junkie aus einer benachbarten Wagenburg. »He«, sagt er, »was machst du denn da?«

»Hast du vielleicht Ketamin?«, frage ich. Er nickt. Ich gehe zu Bruno in den Bauwagen, um ihm Bescheid zu sagen.

Gemeinsam verlassen wir die Wagenburg und folgen dem Junkie. Alles ist unwirklich. Als wir auf der Wagenburg des Junkies ankommen, führt er uns zu seinem kleinen Anhänger, in dem er wohnt, und lässt uns für einen Moment allein. Bruno verbindet meine Wunde mit einem alten Küchentuch. Ich spüre noch immer keinen Schmerz.

Als der Junkie wiederkommt, hat er Ketamin für mich und Bruno dabei. Wir ziehen uns das Pulver rein. Während ich ins Jenseits abdrifte, kann ich noch sehen, wie der Junkie eine Portion Heroin für sich aufkocht.

Als wir vom Ketamin runterkommen, liegt der Junkie mit verdrehten Beinen auf dem Boden und schnarcht. Wir stolpern zurück zu meinem Bauwagen.

Am nächsten Morgen dreht Bruno eine Runde und schaut bei dem Junkie vorbei, ob alles mit ihm in Ordnung ist. Als er zurückkommt, erzählt er mir, dass der Junkie tot ist. Er hat sich eine Überdosis gesetzt.

Eine Stimme in mir sagt, dass ich an seinem Tod schuld bin. Wahrscheinlich wollte er mich mit zu sich nehmen, um mit mir zu vögeln, und hat nicht damit gerechnet, dass ich Bruno mitbringe.

Ich gieße mir ein Glas mit billigem Fusel ein und setze mich damit auf die Treppe von meinem Bauwagen. Der Wagenplatz liegt düster und von Müll übersät vor mir. In mir drin herrscht bodenlose Dunkelheit. Ich fühle mich so beschissen wie noch nie und finde mich selbst zum Kotzen. Mir bleibt nur noch eine Wahl. Entweder ich gehe jetzt rüber zu Melvin und bitte ihn, mir einen Schuss zu setzen, oder ich verschwinde von hier, und zwar für immer.

Das warme Wasser tat gut. Schon lange fühlte sich mein Körper an wie ein Betonklotz. Irgendetwas stimmte nicht mit mir. Seit über einem Monat blutete ich jeden Morgen, als ob ich meine Tage bekommen würde, aber gegen Nachmittag versiegte die Blutung wieder. Zum Arzt gehen und mich checken lassen ging nicht. Ich hatte schon lange keine Krankenversicherung mehr.

Bruno lag auf der anderen Seite der Badewanne in einer öffentlichen Badeanstalt, in die wir in unregelmäßigen Abständen gingen, um uns zu waschen. Die Spitze seines Gliedes ragte erigiert aus der Wasseroberfläche und er lächelte mich gierig an. Er wollte Sex, aber ich konnte einfach nicht mehr. Er ekelte mich an, wie er mir jede Nacht seinen vom Speed vergifteten Samen einspritzte. Bestimmt war er der Grund für meine morgendlichen Blutungen.

Ich nahm die Zeitschrift, die auf dem Badewannenrand lag, und tat so, als würde ich darin lesen. Bruno hörte beleidigt auf, meine Schenkel zu streicheln. Auf der Seite, die ich aufgeschlagen hatte, stand eine Anzeige:

»Basiskurs in energetischer Massagearbeit – kostenloser Infoabend.«

Ich riss die Seite raus. Ich würde da hingehen. Vom Dealen auf dem Wagenplatz in den letzten Wochen hatte ich ein bisschen Geld. Genug für ein Flugticket nach Indien, dem Land, in dem man Ketamin in der Apotheke kaufen konnte. Ich würde diesen Kurs machen, nach Indien fliegen und in Goa am Strand Massagen anbieten. Wenn schon nicht mit Soundsystem nach Indien, dann eben allein. Damit wäre ich auch Bruno los.

DIE WENDE

Der Raum ist groß und hell erleuchtet und es riecht nach Räucherstäbchen. Ich mag den Geruch. Eine hübsche Frau mit pechschwarzen Haaren sitzt am Eingang und notiert sich meinen Namen. Sie grinst, als sie die Dichtungsringe entdeckt, die als Schmuck um meine Hand- und Fußgelenke baumeln, und fragt, ob es mir was ausmachen würde, sie abzunehmen. Die Piercings kann ich drin lassen.

Schräg gegenüber vom Eingang, am anderen Ende des Raums, entdecke ich einen liebevoll gedeckten Tisch mit Tee, Kaffee und Keksen darauf. Dankbar, mich an etwas festhalten zu können, schenke ich mir einen Becher Kaffee ein und schaue mich unsicher um. Ich fühle mich total fehl am Platz. Die Leute um mich herum wirken entspannt und fröhlich, als ob es auf dieser Welt nichts gäbe, um was sie sich sorgen müssten. Leise indische Musik, die aus einer Anlage im Hintergrund plätschert, untermalt die von einer sanften Leichtigkeit getragene Atmosphäre im Raum. Verkrampft nippe ich an meinem Kaffee und fühle mich immer unwohler in meiner Haut. Am liebsten würde ich wieder gehen. Ich betrachte flüchtig die einzelnen Gesichter und kann nicht sagen, ob ich jemals so gesund ausgesehen habe.

Ich werde in meinen Gedanken unterbrochen. Durch eine Tür im hinteren Teil des Raums kommt ein Mann mit Bart und einem langen Zopf auf uns zu. Das muss der Gruppenleiter sein. Ich beobachte, wie die Leute ihn teilweise herzlich begrüßen, und mir dämmert es, dass die meisten sich hier wohl schon kennen.

Nach der Begrüßung fordert er uns auf, uns in einem Kreis aufzustellen. Der Reihe nach sagen die anderen Gruppenteilnehmer ihre Namen und den Grund, warum sie den Massagekurs machen wollen. Meine Stimme versagt und ich flüstere nur ganz leise, wie ich heiße, mehr kommt aus mir nicht raus.

Dann macht der Gruppenleiter Musik an und die Leute beginnen, nach der Musik zu tanzen. Meine Beine sind tonnenschwer und unbeweglich, wie einzementiert. Es ist mir peinlich, dass das Licht an ist und alle sehen können, wie steif ich bin. Aber als ich mich umschaue, sehe ich, dass die anderen ihre Augen geschlossen haben, was mich wundert. Ich mag die Musik nicht! Sie ist viel zu soft und zu langsam und bei dem Gedanken, dass jemand aus der Tekno-Szene mich hier sehen könnte, spüre ich, wie Scham in mir aufsteigt. Angenervt hoffe ich, dass diese Sequenz bald vorbei ist, und überlege bereits, wie ich hier wieder rauskomme.

Nach einer gefühlten halben Ewigkeit ist es endlich vorbei und wir werden aufgefordert, uns einen Partner oder eine Partnerin zu suchen, weil jetzt eine Übung zu zweit folgt. Noch immer stehe ich wie festgenagelt auf meinem Platz, unfähig, mich zu bewegen. Da kommt eine Frau in meinem Alter lächelnd auf mich zu und stellt sich vor mich hin. Sie schaut mir direkt in die Augen. In ihrem Blick liegt eine Offenheit, die mich nervös macht. Gleichzeitig genieße ich die Wärme, die sie ausstrahlt. Wir werden angeleitet, mit den Händen den Körper unseres Gegenübers zu berühren, vom Kopf bis zu den Füßen, den Nacken zu massieren, Druck auszuüben, mal sanft, mal fester, um auszuprobieren, was sich gut anfühlt. Ich werde noch nervöser, fange an zu schwitzen, weiß nicht, was ich jetzt tun soll. Die Hände der Frau auf meinem Körper fühlen sich gut an. Ich versuche, zu verfolgen, was sie macht, um es ihr nachzumachen. Manche Stellen streichelt sie sanft, an anderen geht sie richtig tief rein und bearbeitet meine harten Muskeln. Ich habe kaum Gefühl in meinen Händen und stehe total unter Spannung. Am Ende der Übung hält sie lange meinen Kopf und nimmt mich dann in die Arme. Ich habe einen Kloß im Hals und drücke die aufsteigenden Tränen weg. Warum sollte ich denn jetzt weinen? Es ist doch gar nichts passiert ...

Nach der Übung setzen wir uns in einem Halbkreis auf den Boden. Der Gruppenleiter steht vor uns und schaut uns an. Sein Blick bleibt an mir hängen und ich erschrecke, als er mich zu sich winkt. Er will an mir demonstrieren, was energetische Massagearbeit ist. Ich soll mich vor ihn auf die Bodenmatte legen und die Augen schließen.

Ich schäme mich etwas. Die Jogginghose, die ich anhabe, stinkt ein bisschen. Und überhaupt komme ich mir plötzlich, obwohl ich frisch gebadet bin, schmutzig vor. Als ich merke, dass es ihm nichts auszumachen scheint, kann ich mich ein wenig entspannen. Erneut versuche ich zu verfolgen, wie und wo ich angefasst werde, denn schließlich will ich das in drei Monaten selbst können. An irgendeinem Punkt verliere ich jedoch die Kontrolle über das, was da gerade mit mir geschieht. Ich fange an, am ganzen Körper zu vibrieren, als ob elektrischer Strom durch mich hindurchfließen würde, und meine Finger krampfen, ohne dass ich etwas dagegen tun kann. Überall kribbelt es, am stärksten in meinem Kopf. Dabei arbeitet der Kursleiter nur mit meinen Beinen. Ich verstehe das nicht!

Als es vorbei ist, bin ich verwirrt. Ich habe keine Ahnung, wie lange ich dort auf dem Boden lag und was eigentlich mit mir passiert ist. Und obwohl ich nicht weiß, was ich hier soll und ob ich hier das lernen werde, was ich für mein Vorhaben brauche, buche ich am Ende des Abends den Kurs.

»Der Abstrich hat ergeben, dass sie einen HP-Virus haben, der Gebärmutterhalskrebs verursachen kann, und er hat sich auch schon etwas ausgebreitet.«

»Was? Was heißt denn das?«

Die Frauenärztin mustert mich eine Zeit lang mit ernstem Blick: »Das heißt, dass Sie mal nachschauen müssen, ob es etwas in Ihrem Leben gibt, das Sie vielleicht ändern müssen! Etwas, das mit Ihrer Gesundheit, vielleicht mit Ihrem Sexualleben zusammenhängt.«

Ich werde rot. Mir ist die Situation peinlich, als ob die Ärztin wissen könnte, wie ich mit mir und meinem Körper umgehe.

Sie nimmt ihre Brille ab: »Noch besteht die Möglichkeit, dass sich die Krebszellen zurückbilden, aber sollten sie weiter wachsen, dann müssen wir Sie wahrscheinlich operieren.«

Ich nicke. Krebs! »Bruno, du Schwein!«, schießt es mir durch den Kopf. Du hast mich mit deinem Speedsperma verseucht! Wütend radle ich zur Wagenburg zurück, fest entschlossen, mich sofort von Bruno zu trennen.

Ich habe ihn sowieso nicht geliebt, höchstens gebraucht, und jetzt fühle ich nur noch Ekel und Hass. Nie wieder wird er seinen verseuchten Schwanz in mich stecken!

»Verpiss dich!«, schreie ich. »Raus! Raus aus meinem Leben!« Brunos Schrott, seine Werkzeugkisten, altes Eisen, das er von seinen nächtlichen Touren anschleppt und für das er ein bisschen Geld bekommt, seine dreckigen Klamotten, die Rucksäcke mit Containeressen, der ganze stinkende Scheiß, der sich in meinem Bauwagen stapelt, fliegt vor die Tür. Ich hätte das sowieso nicht mehr lange ausgehalten!

Stunden später höre ich Bruno auf den Wagen zustampfen und verriegele die Tür von innen.

»Shit, was soll das?« Er donnert gegen die Wagentür. »Hey, was soll das! Bist du verrückt geworden? Lass mich rein, Mann!«

Ich halte mir die Ohren zu, will, dass er weggeht, dass er mich in Ruhe lässt. Bruno flucht und schreit, rüttelt an der Tür und schmeißt mit irgendwelchen Sachen dagegen. Ich sitze drinnen am Tisch und bete, dass er den Bauwagen ganz lässt. Irgendwann geht ihm die Puste aus und er fängt an zu jammern. In einem alten Sessel vor dem Bauwagen sitzend, wartet er darauf, dass ich ihn wieder zu mir reinlasse. Aber das wird nicht passieren.

»Warum?«, ruft er wieder und wieder. »Warum? Warum? Warum tust du das? *Warum?*

Er bleibt die ganze Nacht stur vor meinem Wagen sitzen und heult. Als es draußen hell wird, höre ich, wie er seinen Kram zusammensucht und geht.

Es ist wieder kalt geworden. Wenn ich morgens aufwache, bedeckt der zu einer dünnen Eisschicht gefrorene Atem die Fenster. Dick eingemummelt in Jogginghose, Kapuzenpulli und einen schwarzen Fliegeroverall schmeiße ich den Allesbrenner an und räume den Müll wieder zurück in den Eimer, den die Ratten nachts durchwühlt haben. Sie sind frech und haben keine Angst vor Tairo. Richtig warm wird es im Bauwagen nie, dafür fehlt die Isolierung. Schon morgens trinke ich Tee mit Rum und rauche einen dicken Joint dazu. Ich versuche, weniger chemische Drogen zu nehmen und nur noch am Wochenende Pulver zu ziehen oder Pillen zu schlucken. Sie lösen sowieso keine schönen Gefühle mehr aus, aber irgendwie brauche ich sie, um mich unter die Leute zu trauen.

Nur mittwochs, wenn ich zum Massagekurs gehe, versuche ich, den ganzen Tag nüchtern zu bleiben.

Vor mir auf dem Tisch liegt ein Berg Fotos und Flyer, welche ich in den letzten Jahren gesammelt habe. Ich will ein Fotocollagenbuch basteln, das meine Zeit mit den Soundsystemen dokumentiert. Dafür habe ich bunten Karton gekauft und Zeitschriften organisiert, um Buchstaben und Wörter auszuschneiden, und ich habe Farben zum Malen besorgt. Das Buch beschäftigt mich und gibt mir eine Aufgabe, wenn nach dem Aufwachen ein langer, leerer Tag vor mir liegt. Mit jedem einzelnen Foto tauchen Erinnerungen und Gefühle auf, die mich nachdenklich machen. Während ich Fotos raussuche, Negative sortiere und die wenigen Tagebucheintragungen der vergangenen Jahre lese, wird mir klar, dass das Buch mit der Geburt meines eigenen Soundsystems enden soll, denn das war der Anfang vom Ende. »Unser Soundsystem« – für das wir noch nicht mal einen Namen finden konnten – hat die wenigen Freundschaften, die mir noch geblieben waren, zerstört. Wir hatten es nicht geschafft, zu einer Familie zusammenzuwachsen, Verantwortung zu übernehmen und uns selbst eine Aufgabe zu schaffen in der Freetekno-Welt. Wie sollte ich mit diesem Leben weitermachen, jetzt, wo klar war, dass ich mein Ziel nicht erreicht hatte und auch nie erreichen würde? Ich hatte dafür gelebt, ein eigenes Soundsystem zu haben, um etwas geben zu können, um mitspielen zu können und weil ich eine Aufgabe brauchte. Dieses Vorhaben war gründlich schiefgegangen.

Mit jeder Stunde, die ich an dem Fotocollagenbuch sitze und bastle, werde ich mir klarer darüber, dass ich dabei bin, Abschied zu nehmen von meiner Zeit mit den Soundsystemen. Es ist wie ein Ritual: Der Abschied von einer Zeit, in der ich geglaubt hatte, mein Glück, meinen Platz in dieser Welt gefunden zu haben. Für vieles, das ich erlebt habe, bin ich dankbar und ich habe das Gefühl, mich von etwas befreit zu haben, aber gleichzeitig spüre ich auch Zweifel. Ich kann spüren, dass diese Welt meine Sehnsüchte nicht stillen konnte, dass ich mich verrannt und zu viel erwartet hatte, und so wird das Fotobuch immer mehr zum Symbol eines Abschieds von all meinen unerfüllten Hoffnungen und Träumen, die ich mit der Welt der Freetekno-Soundsysteme und einem freien Leben auf der Straße verbunden hatte. Es fällt mir schwer, loszulassen. Loslassen tut weh!

Wenn ich einmal in der Woche nachts vom Massagekurs komme, erscheint mir die Wagenburg viel dunkler als sonst, fast bedrohlich – wie der Vorhof zur Hölle.

Diese Welt, in die ich nun einmal in der Woche eintauche, ist so ganz anders als die Welt, aus der ich komme. Jedes Mal, wenn ich das Zentrum betrete, in dem der Kurs stattfindet, fühle ich mich zunächst verunsichert und irritiert. Die Menschen aus dem Massagekurs gehen so herzlich miteinander um, sie sind ausgelassen, entspannt und lachen viel. Ich werde offen empfangen und es fühlt sich an, als würden sie sich freuen, mich zu sehen. Das verstehe ich nicht. Ich wundere mich, warum sie so nett zu mir sind, obwohl sie gar nichts von mir wissen. Niemand stellt mir Fragen und ich werde in Ruhe gelassen, gleichzeitig bin ich herzlich willkommen. Ich bin neidisch, dass sie sich alle so gut verstehen, und wieder einmal fühle ich mich wie eine Außenseiterin. Aber in wenigen Wochen werde ich sowieso mit einem großen Joint in Goa am Strand liegen und mir die Sonne auf den Pelz brutzeln lassen, tröste ich mich. Ich brauche diese Leute nicht. Das Einzige, was ich hier will, ist, massieren zu lernen! Ob ich das wirklich hier lernen kann, weiß ich allerdings nicht und in mir regen sich Zweifel an dem Kurs. Wir lernen keine Massagegriffe, keine strukturierten Techniken, die ich später verwenden könnte. Die Arbeit ist intuitiv und häufig weiß ich gar nicht, was ich machen soll, kann nicht spüren, wo ich meine Hände aufsetzen soll, und fühle mich völlig blockiert und hilflos. Das macht mich dann wütend!

Unser Gruppenleiter erklärt viele Dinge, die mir fremd sind und die ich nicht verstehe. Trotzdem höre ich ihm gebannt zu, wenn er spricht. Ich kann mir nicht erklären, warum ich mich von ihm so angezogen fühle, warum ich die ganze Woche an den Mittwochabend denken muss, wenn ich wieder zum Kurs gehen und ihn sehen und hören kann. Auch dass wir den ganzen Abend über nicht zum Rauchen in den Hof dürfen, stört mich kaum.

Einige Kursteilnehmer haben Namen, die ich noch nie gehört habe. Sie sind die Schüler des Mannes mit den langen Haaren und dem Bart, der den Massagekurs leitet und der neben seinem Beruf als Therapeut und Gruppenleiter auch spiritueller Lehrer und Sufimeister ist. Ich kenne mich mit so etwas nicht aus, spüre aber, dass er für alle eine große Bedeutung hat und dass die Menschen um ihn herum ihn lieben und in seiner Nähe sein wollen. Auch ich sehne mich danach, von ihm begrüßt und in den Arm genommen zu werden, aber ich habe auch Angst, auf ihn zuzugehen. Misstrauisch beobachte ich ihn, um herauszufinden, ob er mich nun mag oder nicht.

In einer Gesprächsrunde, die manchmal nach der Massagearbeit stattfindet, gebe ich meinem Frust Ausdruck. Ich habe das Gefühl, nichts dazuzulernen. Bald ist der Kurs vorbei und ich kann immer noch nicht gut genug massieren, um damit in Indien Geld zu verdienen.

Als der Sufimeister von meinen Plänen hört, schaut er mich einige Augenblicke eindringlich mit seinen leuchtenden Augen an und sagt: »Ich empfehle dir, nicht nach Indien zu fahren, sondern hierzubleiben und mit dieser Arbeit weiterzumachen. Wenn du nach Indien fährst, kommst du nicht mehr zurück. Du wirst das nicht überleben!«

Seine Worte treffen mich wie ein Blitzschlag. Dabei weiß ich irgendwo, tief in mir drin, dass er recht hat. Ich schaue in die Augen dieses Mannes und ich weiß, dass mir nichts anderes übrig bleibt, als zu vertrauen. Indien heißt frei verfügbares Ketamin, Indien heißt Party, Indien heißt, mit dem weitermachen, was ich bereits kenne. Das alles erinnert mich an meine Flucht nach Kolumbien vor ein paar Jahren, die auch schiefgegangen ist. Es wird Zeit, dass ich endlich aufwache!

Auf dem Weg zurück zur Wagenburg spüre ich Erleichterung. Gleichzeitig wehrt sich noch immer etwas in mir vehement dagegen, die ganze Reichweite dessen, was der Sufimeister zu mir gesagt hat, zu begreifen.

Ich werde tatsächlich den einzigen Plan, den ich noch habe, aufgeben müssen. Und ich weiß nicht, was stattdessen auf mich zukommen wird. Noch immer habe ich tausend Zweifel und frage mich wieder und wieder, was dieser Mann von mir will, warum es ihm anscheinend irgendwie am Herzen liegt, was aus mir wird. Ist das, was mir gerade widerfährt, eine letzte Chance, mein Leben zu retten?

Noch nie habe ich ein privates Wort mit dem Sufilehrer gewechselt, habe ihm kaum etwas von mir erzählt. Er kennt meine Vergangenheit nicht und trotzdem scheint er zu wissen, wer ich bin. Das berührt mich und gleichzeitig macht es mir Angst. Aber einmal in der Woche, am Mittwochabend, spüre ich, wie gut es mir tut, dass ich einfach ich sein darf, und wie ich dadurch ein bisschen ruhiger werde.

Auf der Matratze in meinem Bauwagen überfällt mich plötzlich eine unendliche Traurigkeit. Ich spüre eine Trauer in mir, die so abgründig ist, dass ich Angst habe, darin zu versinken und nicht mehr aufzutauchen. Zum ersten Mal spüre ich in vollem Ausmaß, das ich keine Wurzeln, keine Heimat in mir habe, nichts, worauf ich zurückgreifen könnte. Ob das schon immer so war oder ob dieses Gefühl durch meinen Lebenswandel in den letzten Jahren erzeugt wurde, weiß ich nicht. Vielleicht war es vorher schon da und auch der Grund, warum ich auf der Straße gelandet bin?

Ich erinnere mich an die Zeit, als der Film *Christiane F.* in den Kinos lief. Ich war noch nicht alt genug und durfte mir den Film nicht ansehen. Aber ich war fasziniert von den Bildern auf den Kinoplakaten. Sie hatten eine magische Anziehungskraft auf mich und ich stand stundenlang davor, um sie mir anzusehen. Das Bild, auf dem Christiane F. neben einem Klo mit einer Spritze im Arm auf dem Boden liegt, hatte es mir besonders angetan. Kurz nachdem der Film in den Kinos anlief, haute ich von zu Hause ab, um nach Berlin zu fahren und Christiane F. zu treffen. Meine Eltern fingen mich mit Polizeieinsatz in meiner Stammkneipe ab, in der ich versuchte, das Geld für den Zug nach Berlin zusammenzuschnorren.

Plötzlich wird mir klar, wie absurd das ist, dass Christiane F. damals so etwas wie ein Vorbild für mich war und dass mich dieses Bild die ganzen Jahre hindurch getragen hat.

Erst seitdem es den Mittwochabend gibt, kann ich spüren, wie tot ich bin. Am Mittwochabend wird etwas in mir berührt, das sich noch sehr zart anfühlt, etwas Empfindliches, das sich danach sehnt, leben zu dürfen. Es sind die einzigen Stunden in der Woche, in denen das hungrige Monster in mir, das mich ansonsten beständig antreibt, mich in die Dunkelheit treibt, ruhiger wird.

Die Zweifel lassen mich nicht schlafen. Wie soll es weitergehen, wenn ich hierbleibe? Der einzige Orientierungspunkt sind die Gruppe und der Sufimeister. Aber ich passe doch überhaupt nicht zu den Menschen aus der Gruppe. Ich bin noch immer drogenabhängig, verdiene mein Geld mit Dealen – das Einzige, was ich wirklich kann – und ich wohne auf einer Wagenburg. Ich treibe mich in dunklen Kellern rum und identifiziere mich noch immer mit diesem Leben. Wie soll meine Zukunft aussehen, wenn ich hierbleibe? Dafür habe ich keinen Plan!

Der Massagekurs endet mit einem Intensivwochenende. Wir verbringen den ganzen Samstag und den ganzen Sonntag im Zentrum. Am Freitagabend gehe ich trotz guter Vorsätze, über das Wochenende clean zu bleiben, auf eine Party. Ich halte es allein in meinem kalten, von Ratten zerfressenen Bauwagen nicht aus. Ich will auf der Party nur ganz kurz bleiben ...

Um neun Uhr am Samstagmorgen rufe ich im Zentrum an und sage, dass ich nicht kommen kann, weil ich feiern war, betrunken bin und Drogen konsumiert habe. Zu meinem Erstaunen wird mir gesagt, dass ich trotzdem zum Kurs kommen soll, egal, in welchem Zustand ich bin. Mit einem wahnsinnig schlechten Gewissen fahre ich ins Zentrum und fühle mich wie früher, wenn ich von meinen Eltern erwischt wurde, wenn ich viel zu spät und sturzbetrunken aus der Disco kam. Irgendwie erwarte ich auch jetzt, für mein Verhalten bestraft zu werden. Zum ersten Mal ist es mir peinlich, dass ich auf Drogen bin und in dem Zustand gesehen werde.

Im Zentrum angekommen, setze ich mich zu den anderen in den Kreis. Erschrocken halte ich den Atem an und schaue beschämt zu Boden, als der Sufimeister vor mir stehen bleibt und in ernstem Ton sagt: »Du siehst gut aus. Vielleicht solltest du öfters mal feiern gehen.«

Die Leute um mich herum kichern, aber als ich mich verdutzt umschaue, sehe ich Mitgefühl in ihren Augen. Ich verstehe die Welt nicht mehr und mein Verstand schlägt Purzelbäume. Ich habe erwartet, dass ich eine Standpauke bekomme, dass man sich mit mir beschäftigt und mich fragt, warum ich Drogen nehmen muss. Oder warum ich auf die Party gegangen bin, obwohl mir klar war, dass heute das Intensivwochenende beginnt. Ich erhalte jedoch für den Rest des Samstags keine besondere Aufmerksamkeit mehr. Ich entspanne mich etwas. Während ich langsam von den Drogen runterkomme, kann ich spüren, dass ich nur mir selbst geschadet habe, weil ich mich kaum konzentrieren kann und weil ich mich so schäme, dass es mir schwerfällt, den anderen Kursteilnehmern offen zu begegnen.

Dann, am Sonntag, soll ich vor der Gruppe hin- und herlaufen und etwas über mich erzählen. Die Teilnehmer kommentieren, wie sie mich sehen und welche Gefühle ich in ihnen auslöse. Das meiste hört sich positiv an. Aber es sind auch Begriffe dabei wie: zurückgenommen, abwehrend, ausdruckslos, im Widerstand, voller Selbstzweifel. Ich stehe total unter Druck, der immer mehr zunimmt, als ob sich etwas in mir zusammenbraut, ein Gewitter, das sich jeden Moment entladen kann.

Später, in der Pause, während wir unten stehen und rauchen, erinnere ich mich an eine Nacht, kurz nach meinem vierzehnten Geburtstag. Ich kletterte damals aus dem Fenster im Haus meiner Eltern, um auf eine Party von ein paar stadtbekannten Rockern zu gehen. Auf der Party hatte ich mich heillos betrunken und zum ersten Mal in meinem Leben gekifft. Irgendwann bin ich auf dem Fußboden eingeschlafen, bis ich davon geweckt wurde, dass einer der Rocker auf mir lag und gerade dabei war, mir meine Hose aufzumachen. Er raunte in mein Ohr, dass er mir nicht wehtun würde, dass er ganz vorsichtig wäre. Ich hielt den Atem an, weil ich wusste, dass jetzt das kam, worüber alle immer redeten und was ein paar meiner

Freundinnen auch schon getan hatten. Während er mir die Hose auszog, wurde seine Stimme immer drängender. Ich bekam Angst und wollte unter ihm wegkriechen. Aber gleichzeitig wollte ich ihn nicht verärgern, weil ich nicht wusste, wie er dann reagieren würde. Ich hörte sein Keuchen, als er seinen Schwanz in mir drin hatte, und wie er leise stöhnte. Er sagte, dass ich schön eng wäre und dass es Spaß mit mir machte. Es tat nicht weh und ich hielt einfach still, um nichts falsch zu machen.

Als es vorbei war, graute draußen schon der Morgen und ich musste mich sputen, um wieder zurückzusein, bevor meine Eltern entdecken konnten, dass ich in der Nacht ausgebüxt war. Zu Hause schrieb ich verwirrt in mein Tagebuch, dass ich jetzt Sex gehabt hatte und vielleicht die Freundin von diesem Rocker wäre. Ich rief mir immer wieder seine Stimme ins Gedächtnis und wie er zu mir gesagt hatte, dass es schön mit mir war. Irgendwie war ich stolz, dass er mich ausgesucht hatte, und bildete mir ein, ich wäre jetzt verliebt in ihn. Als ich später einer Freundin davon erzählte, fuhr die mich an, dass ich total bescheuert wäre, dass der Typ mich vergewaltigt hätte und ich nur zu blöd wäre, das zu schnallen. Ich nahm den Rocker in Schutz, denn vielleicht hätte er ja aufgehört, wenn ich mich wirklich gewehrt hätte. Ich wollte glauben, dass er das gemacht hatte, weil er mich toll fand. Aber nach dieser Nacht interessierte er sich nie wieder für mich.

Nach der Pause stehe ich wieder vor den Leuten, habe Angst zu sprechen und druckse herum. Plötzlich übernehmen mich meine Gefühle. Ich weine und zittere am ganzen Körper. Mein Unterleib schmerzt und ich begreife plötzlich, dass ich irgendwie kaputt bin da unten und dass das Erlebnis mit dem Rocker die Grundlage dafür war, dass ich Hunderte Male meine Beine breitgemacht habe in der Hoffnung, dafür geliebt zu werden, und wie ich mich dabei jedes Mal selbst gedemütigt hatte. Der Gruppenleiter nimmt mich an der Hand und führt mich zu einer Matte, auf die ich mich legen soll. Alle Teilnehmer setzen sich um mich herum und legen eine Hand auf meinen zitternden Körper. Als ich die Augen zwischendurch kurz öffne, sehe ich, dass ein paar der Frauen mit mir weinen. Sie fühlen mit mir und ich fühle mich tief mit ihnen verbunden.

Der Sonntag geht zu Ende und ich muss mich verabschieden. Ich bin sehr aufgewühlt, fühle mich verletzlich und offen. Dieser Zustand macht mir Angst, aber das ist besser als die Taubheit, die Glasglocke, unter der ich mich sonst befinde.

Ich möchte diese Menschen wiedersehen! Mein Herz ist voller Dankbarkeit für die Annahme, die ich in den letzten Wochen durch sie erfahren habe, und ich merke, wie viel es mir bedeutet, diesen Kurs gemacht zu haben. Durch die Nacht radle ich zur Wagenburg. Alle Lichter scheinen heller, intensiver als sonst. Fast wie auf LSD. Mein Körper prickelt. Tränen laufen mir die kalten Wangen runter. Ich lebe! Ich spüre, dass ich lebe!

Als ich dort ankomme, ist es auf der Wagenburg dunkel. Auf den Kühlschränken, die vor den Bauwagen stehen, sitzen die Ratten in fetten Haufen. Plötzlich schießt mir ein ziehender Schmerz in den Bauch. Es ist, als ob in meinem Bauch, wie durch ein offenes Loch, die ganze dämonische Energie von dem Platz in mich hineinströmen würde. Von Krämpfen geschüttelt, kotze ich auf den Boden vor meinem Bauwagen. Ich muss hier weg, denke ich, das alles macht mich krank!

»Na also, der Abstrich ist gut. Die Zellen haben sich zurückgebildet. Kommen Sie in einem halben Jahr wieder zur Kontrolle.«

Fröhlich hüpfe ich die Stufen der Frauenarztpraxis runter. Das war die beste Nachricht seit Langem!

Auf direktem Weg fahre ich zum Reisebüro und storniere meinen Flug nach Indien.

Heike hält mir den Joint hin. Auf meinem kleinen Eisentisch im Bauwagen steht das Frühstück, das wir kaum angefasst haben. Ein paar Strahlen der hellen Februarsonne fallen zu uns herein.

Heike, der ich hier und da mal auf einer Berliner Party begegnet bin, braucht eine Wohnung, weil sie sich von ihrem Freund getrennt hat, und ich brauche eine Wohnung, weil ich nicht länger auf der Wagenburg leben will. Deshalb haben wir uns heute getroffen.

»Ich weiß vielleicht was, wo wir ab dem ersten März einziehen können. Da wohnt im Moment noch ein Kumpel von mir. Ist nur eine kleine Zweizimmerwohnung, mit Kohleofen und Außenklo im Friedrichshain. Aber sie ist total günstig.«

Sie nimmt den letzten Zug vom Joint und drückt ihn im Aschenbecher aus, dann steht sie auf.

»Ich muss jetzt gehen. Aber ich melde mich, wenn wir die Wohnung anschauen können, okay?«

Wieder in eine Wohnung ziehen ... Bei dem Gedanken wird mir etwas mulmig. Zurück ins bürgerliche Leben ... Wie es wohl sein wird, wieder in vier festen Wänden zu leben, an Ort und Stelle festgenagelt zu sein? Verantwortung zu tragen, Miete zu bezahlen und nie wieder morgens an irgendeinem fremden Ort, am Meer oder in den Bergen aufzuwachen und mich frei zu entscheiden, ob ich bleiben oder fahren möchte. Wohin dann mit meiner inneren Getriebenheit, die noch immer jeden Tag in mir wütet? Mit diesem Schritt wäre mein Leben als Freetekno-Travellerin endgültig beendet. Ich würde mir einen Job suchen und auf legale Weise Geld verdienen müssen. Ich würde nicht mehr selbst über meine Zeit entscheiden können, würde mich anpassen und an gesellschaftlich festgelegte Regeln und Normen halten müssen, die ich doch eigentlich noch immer zutiefst ablehne. All das macht mir Angst! Aber andererseits hat mich dieses Leben hier nicht glücklich gemacht, auch nicht stark und unabhängig, wie ich es mir erhofft hatte. Wenn ich auf die letzten Jahre zurückblicke, gibt es wenig, auf das ich stolz sein kann, wenig, wofür ich mich anerkennen kann, und nichts, was ich mir aufgebaut habe. Im Gegenteil, ich muss froh sein, dass ich überhaupt überlebt habe. Die Zeit ist reif für einen Neubeginn.

Ende Februar ist es so weit. Die wenigen Dinge, die ich mit in die Wohnung nehmen möchte, passen in ein Auto: mein Rucksack mit ein paar Klamotten, meine Platten, die Plattenspieler und Tairo.

Melvin und Ilona lassen sich zum Abschied nicht blicken. Nur Tilda kommt und verspricht, mich im Friedrichshain zu besuchen. Es tut nicht weh zu gehen. Ich schaue mich noch nicht einmal um, als ich das Tor der Wagenburg hinter mir schließe.

EPILOG

Paris, Bobigny, 21. Juni 2011, 8.30 Uhr.

Das Gebäude hatte sich nicht verändert. Ein Betonkomplex mit verglaster Vorderfront und blauen Plastiktüren, mit Sicherheitspersonal hinter der Haupteingangstür. Leise nieselten feine Regentropfen vom grau getünchten Pariser Himmel, genau wie damals, vor über vierzehn Jahren!

Unter dem Vordach des Justizgebäudes von Bobigny wartete ich auf meinen Anwalt. Wir würden uns heute, am Tag meiner Verhandlung, zum ersten Mal persönlich begegnen. Mein Gefühl sagte mir, dass ich mit ihm eine gute Wahl getroffen hatte. In meiner Handtasche steckte das Schreiben der Staatsanwaltschaft, die Vorladung für den Prozess, den ich im vergangenen Jahr in die Wege geleitet hatte: mein Antrag auf Aufhebung des lebenslangen Einreiseverbotes in französisches Hoheitsgebiet. Noch immer war die französische Bürokratie nervtötend langsam. Ich hätte gute Chancen, meinte mein Anwalt, den ich über die Internetseite des deutschen Konsulats in Paris gefunden hatte. Ich wäre eine interessante Persönlichkeit und die Nachweise über meinen Lebenswandel in den letzten zehn Jahren lagen dem Gericht in beglaubigten Übersetzungen vor: Arbeitsverträge, Zeugnisse, Steuerbescheid, Mietvertrag, Gutachten, Lebenslauf, Gutgläubigkeitsbescheinigungen.

Die Zeit war gekommen, mit meiner Vergangenheit aufzuräumen und die letzten Verbindungsfäden zu durchtrennen!

Der Anwalt kam im dunklen Anzug durch den Regen auf mich zugelaufen. Genauso hatte ich ihn mir vorgestellt. Ein älterer Herr mit energischem Gesichtsausdruck und wachen, lächelnden Augen. Er spürte meine Anspannung.

»Sie müssen keine Angst haben«, sagte er. »Hat Ihnen der Knast damals geholfen, Ihr Leben zu regeln?« Ich schüttelte den Kopf.

»Na also, sehen Sie. Damit sind Sie die Klägerin und Frankreich steht in Ihrer Schuld.« Er lächelte verschmitzt.

Gemeinsam betraten wir das Gebäude und mein Anwalt eilte los, um herauszufinden, in welchem Saal die Verhandlung stattfinden würde. Ich setzte mich auf eine Bank, um auf ihn zu warten. Eine Frau in Zivil zog sich einen Kaffee aus dem Automaten gegenüber. Ich starrte auf den beige gekachelten Boden, als mich plötzlich ein kalter Schauer durchfuhr. Die Erinnerung an jene Stunden in der Gemeinschaftszelle im Keller des Gerichtsgebäudes von Bobigny war plötzlich so lebendig und so nah, als ob es gestern gewesen wäre. Das endlose Warten auf einen Becher mit Wasser, dass ich stundenlang nicht auf die Toilette durfte, die Wut und die Demütigung, weil niemand auf unser Klopfen und unsere Schreie reagierte.

Die Stimme des Anwalts riss mich jäh aus meinen Gedanken: »Kommen Sie, die Verhandlung beginnt in zehn Minuten.«

Ich stand auf, schloss für einen Moment die Augen, um mich zu besinnen, und lächelte. Diese Bilder gehörten der Vergangenheit an. Heute war mein Tag und ich war hier, um für mein Recht einzutreten! Mit zitternden Knien, aber voller Zuversicht und mit aufrechtem Gang folgte ich meinem Anwalt in den Gerichtssaal.

Die Verhandlung dauerte knapp zwanzig Minuten. Ich musste vortreten, während der Richter nochmals die Anklageschrift vom 23. März 1996 sowie den Antrag auf Aufhebung des Einreiseverbotes in französischer Sprache vorlas. Rechts von mir saß die Staatsanwältin, die mich aufmerksam musterte, hinter mir mein Anwalt. Als der Richter fertig vorgelesen hatte, fragte er mich, ob ich noch irgendetwas hinzuzufügen hätte. Entschlossen blickte ich die Staatsanwältin an, dann wendete ich mich an den Richter: »Was ich damals getan habe, bereue ich zutiefst. Aber ich habe dafür bezahlt und habe Verantwortung für mein Leben übernommen. Nie wieder möchte ich sagen müssen, dass ich nicht nach Frankreich einreisen darf.«

Ich habe den Prozess gewonnen und darf nun offiziell wieder französischen Boden betreten!

Im Oktober 2001, ein halbes Jahr, nachdem ich von der Wagenburg in die kleine Wohnung im Friedrichshain gezogen war, fasste ich den Mut, mein Studium der Sozialpädagogik wieder aufzunehmen. Die kleinen Nebenjobs, die ich gefunden hatte und die mich finanziell über Wasser hielten, füllten mich nicht aus. Ich wollte etwas Sinnvolles machen, einen Beruf finden, in dem ich mich entwickeln konnte.

Ich beantragte beim Evangelischen Studienwerk für Begabtenförderung ein Stipendium, nachdem ich das Grundstudium mit hervorragenden Noten hinter mich gebracht hatte. Ich brauchte die finanzielle Unterstützung, um weiterstudieren zu können. Der Sufimeister, dem ich von meinem Vorhaben erzählte, riet mir, bei der Wahrheit zu bleiben und in der Bewerbung für das Stipendium offen mit meiner Vergangenheit umzugehen.

Ich bekam das Stipendium für den Rest meines Studiums bewilligt und durfte die unglaubliche Erfahrung machen, dass ich belohnt werde, wenn ich bei der Wahrheit bleibe!

Zu meiner großen Überraschung wurde meine Diplomarbeit zum Thema Paar- und Sexualtherapie kurz nach dem Abschluss von einem wissenschaftlichen Verlag veröffentlicht. Heute arbeite ich als Therapeutin mit Einzelklienten und Paaren am Institut für Beziehungsdynamik in Berlin, das ich mitbegründet habe, und leite spirituelle Frauengruppen.

Auf diesem Weg, der nicht immer einfach war und ist, haben mir die Gruppe und die therapeutische und spirituelle Arbeit des Sufimeisters Halt gegeben. Mit den Jahren haben sich tiefe Freundschaften und Beziehungen daraus für mich entwickelt.

Ohne diesen Rückhalt wäre es mir wohl kaum möglich gewesen, die emotionale Achterbahn nach meinem Ausstieg aus der Freetekno-Szene und den Suchtdruck, der mich immer wieder überfiel, auszuhalten und meine destruktiven Persönlichkeitsanteile unter Kontrolle zu bekommen. Und natürlich lief nicht alles immer glatt und ich hatte in den ersten Jahren mit diversen Rückfällen zu kämpfen.

Im Zuge meiner Recherchen zu diesem Buch bin ich noch einmal an einem Sonntag im August für zwei Stunden auf ein Teknival im Osten Deutschlands gefahren, um zu sehen, wie sich die Szene verändert hat.

Das Teknival war auf einer Lichtung im Wald aufgebaut. Nüchtern und bei klarem Verstand bin ich über die Party gelaufen und habe die Szenerie beobachtet, die mir einmal so viel bedeutet hat. Es war wie damals und doch war alles völlig anders!

Ich habe mich vor einen Boxenturm gestellt und mit einem Mal wurde mir bewusst, dass es möglich ist, alles auf dieser Welt zum eigenen Himmel und zur eigenen Hölle zu machen! Und dass alles nur ein Spiegel innerer Vorstellungen und Projektionen ist.

In die Freetekno-Szene hatte ich alle meine Sehnsüchte nach einem Platz auf dieser Welt, nach Geborgenheit, Anerkennung und Liebe hineinprojiziert und natürlich konnte ich damit nur enttäuscht werden.

Heute lebe ich mit Menschen zusammen, denen ich vertraue und mit denen ich mich verbunden fühle. Ich habe Momente des Friedens und der Ruhe in mir und ich habe gelernt, an mich zu glauben.

Tairo, den ich oft schlecht behandelt habe, ist mir ein treuer Gefährte geblieben. Nach und nach konnte er mir meine Schandtaten verzeihen und je mehr ich mich veränderte, desto mehr Nähe hat er zugelassen.

Auch ich habe angefangen, mir zu verzeihen.

Die Reise zu mir ist beschwerlich und ich habe noch nicht das Optimum erreicht, aber es geht mir immer besser und im Vergleich zu dem, wo ich herkomme, bin ich heute glücklich. Ich kann immer mehr sehen, dass die Dinge gut für mich laufen, dass ich geliebt werde und dass ich stolz auf mich sein kann.

Und noch immer strebe ich nach Liebe und nach Freiheit. Aber ich weiß inzwischen, dass ich nur das bekommen werde, was ich in mir erreicht habe, dass ich die Freiheit, die ich so lange im Außen gesucht habe, nur in mir drin finden kann. Und deshalb bin ich noch nicht angekommen, aber – ich bin auf dem Weg!

DANKSAGUNG

Ich möchte Shakti Leonhard für ihr unermüdliches Schleifen an den Kanten dieses Buches danken, Ingrid Keach, die mir mit fachlicher Beratung und ermutigenden Worten zur Seite gestanden hat, Olaf Maier für seinen orthografischen Spontaneinsatz, Jürgen Lemke, der mir die Tür zum Markt geöffnet hat, Heike Wilhelmi, die von Anfang an von diesem Projekt begeistert war, Ingeborg Hagedorn für ihr einfühlsames Lektorat, den Frauen von Eden Books, Annapurna, Saraswati, Kamal und Heinrich für ihre freundschaftliche Unterstützung.

Ein besonderer Dank geht an meine Freunde und Kollegen vom Institut für Beziehungsdynamik in Berlin, mit denen ich seit vielen Jahren einen gemeinsamen beruflichen Erfolgsweg gehe.

Dem Evangelischen Studienwerk für Begabtenförderung habe ich zu verdanken, dass ich mein Studium durch ein Stipendium zu Ende bringen konnte.

IMPRESSUM

Eden Books ist ein Imprint der Edel Germany GmbH
© 1. Auflage 2013 Edel Germany GmbH, Neumühlen 17, 22763 Hamburg
www.edenbooks.de | www.edel.com

Einige der Personen im Text sind aus Gründen des Persönlichkeitsschutzes anonymisiert.

Projektkoordination: Nina Schumacher
Lektorat: Ingeborg Hagedorn
Umschlagabbildung: © Privat
Umschlaggestaltung, Layout, Herstellung und Satz: Bon Bon Büro, Berlin
www.bonbonbuero.de
Druck und Bindung: optimal media GmbH,
Glienholzweg 7, 17207 Röbel/Müritz

Alle Rechte vorbehalten. All rights reserved.
Das Werk darf – auch teilweise – nur mit Genehmigung des Verlages wiedergegeben werden.

Printed in Germany

ISBN 978-3-944296-01-2

Weitere Titel von Eden Books

Sunny wächst in einer großen und scheinbar glücklichen Arztfamilie auf – bis sich eine Tragödie ereignet. An einem wunderschönen Sommertag ersticht sich ihr Vater und raubt Sunny damit die Möglichkeit einer unbeschwerten Kindheit.

Zwanzig Jahre später begibt sich die Tochter auf eine Spurensuche in die Vergangenheit. Zum ersten Mal setzt sie sich intensiv mit der Geschichte ihres Vaters und den Motiven für seine erschreckende Tat auseinander. Dabei kommt sie zu überraschenden Erkenntnissen, die sie nicht nur ihrem Vater, sondern auch sich selbst ein Stückchen näherbringen.

Alexa von Heyden
HINTER DEM BLAU
Ein kleines Mädchen verliert seinen Vater. Eine junge Frau findet zu sich.

192 Seiten | Klappenbroschur | 13,5 × 21 cm | 12,95 € (D) / 13,40 € (A)
Als eBook für Kindle und iPad erhältlich | Kostenloses eBOOK inside
ISBN: 978-3-944296-03-6

Weitere Titel von Eden Books

Al Bornstein durchlebt eine behütete Kindheit. Doch schon früh hat er das Gefühl, im falschen Körper zu stecken.

Mit Anfang zwanzig überzeugen ihn Scientologen, dass Körper lediglich die Hüllen geschlechtsloser Seelen sind. Er tritt der Sekte bei und bleibt zwölf Jahre lang ein ranghohes Mitglied.

Als er erfährt, dass die von ihm akquirierten Spendengelder veruntreut werden, fällt er vom Glauben ab. Al verlässt die Sekte und macht sich mutig auf den Weg, sein eigenes Schicksal zu ergründen. Er wird zu Kate Bornstein, die heute in New York lebt und eine glückliche Beziehung mit einer Frau führt.

Kate Bornstein
EIN SCHÄDLICHER EINFLUSS
Die wahre Geschichte eines netten jüdischen Knaben, der bei Scientology landete und zwölf Jahre später zu der hinreißenden Lady wurde, die sie heute ist.

352 Seiten | Klappenbroschur | 13,5 × 21 cm | 14,95 € (D) / 15,40 € (A)
Als eBook für Kindle und iPad erhältlich

ISBN: 978-3-944296-08-1

HINTERGRÜNDE
GEWINNSPIELE
VERANSTALTUNGEN
AKTIONEN
DISKUSSIONEN
NEUIGKEITEN

Alle aktuellen Infos zu unseren Titeln

www.facebook.com / EdenBooksBerlin

www.edenbooks.de
hallo@edenbooks.de

Eden BOOKS